·主编寄语·

20世纪初，当茅以升先生在美国加州理工学院读到泰罗的《科学管理原理》（F.W.Taylor，1911）时，"管理"还只是象牙塔尖里的学问。今天，时隔不到百年，它已经成为人们使用最多的一个词汇了。而且，人们还把管理同技术一起并称为推动经济增长的"两个车轮"。更重要的是，在跨国界、跨文化的研究中，人们发现，国家间在经济发展上的差距并非只是由于技术的原因，而更可能是管理或其他因素出了问题。为此，第二次世界大战结束后，在欧洲大陆还曾展开过一场激烈的论战：欧洲的科学技术并不比美国落后，可经济发展为什么落在美国后面？于是，人们试图从比较研究的视角去"揭示工业增长过程与管理间的密切联系"，并形成了比较管理分析的最初范式，其代表作就是《工业世界的管理：国际分析》（F.Harbison和A.Meyers，1959），由此正式拉开了比较管理分析的序幕。美国纽约大学在1970年举办的比较管理学学术研讨会，被认为是比较管理学形成的重要标志。比较管理研究初期的特点是注重建立概念体系、分析框架，探讨管理是否具有可移植性，而20世纪80年代出现的"管理新潮流的四重奏"则采用案例研究方法比较日美企业管理的异同，更具有实证性特点。90年代以后，"硅谷模式"举世瞩目，比较研究的论著层出不穷，从最初的文化比较（AnnaLeeSaxenian，1994）到后来的比较制度分析（Masahiko Aoki，1999），研究不断深入，越来越深刻、精细。这期间，福山先生的专著《信任——社会美德与创造经济繁荣》（Francis Fukuyama，1995）研究了信任结构与企业模式的关系，令人耳目一新，堪称比较文化管理研究的典范。

尽管比较管理研究的历史还相当短暂，但学者们的研究话题几乎涉及这一领域的各个方面：一国的管理特别是企业管理的方式和特点是什么？各国的企业管理有无异同优劣之分？影响各国企业管理的因素究竟有哪些？各国企业管理方式根植于何种不同的背景和环境？经历了怎样的演化过程？管理方式与经济发展究竟是什么关系？各国的企业管理方式之间是否具有可选择性、可移植性和互补性？是否存在特定的比较管理分析框架、范式和方法？无论从哪个角度观察和评价，这些问题的研究都还远远没有完成，更何况实践仍在发展着。因此，从比较研究的视角，用比较分析的方法去解读管理特别是企业管理问题，就成为我们创办《比较管理》的初衷，也是这本杂志所追求的特色。不知是机缘还是天意，它竟然是目前国内第一本专门立足于比较管理研究的学术刊物！因此，究竟如何迈步、走向何方，不仅要靠我们自己的努力，更有赖于作者和读者们的智慧。我们会竭尽全力，力图形成自己特定的分析范式、专业话语、品位和风格，同时又符合国际通行的学术规范，成为管理学界的一流刊物。因此，我们不仅突出其学术性、前瞻性，更注重其现实性，使其成为管理学领域解读"真实世界"的一个窗口。

《比较管理》的创办得到了国家自然科学基金委员会管理学部的悉心指导，以及清华大学、北京大学、中国人民大学、浙江大学、南京大学、中山大学、武汉大学、南开大学、大连理工大学、成都电子科技大学、山东大学、东北大学、汕头大学、北京交通大学、东北财经大学、西南财经大学、西北大学、南京工业大学、南京理工大学、重庆工商大学、江西财经大学以及辽宁大学等院校（还有许多院校，恕不一一列举）的同行专家及管理学院院长们的大力支持，中国企业管理研究会和经济管理出版社更是鼎力相助，我们非常欣慰，倍受鼓舞，在此一并表示谢意。

正值谷雨时节，绵绵春雨，处处新绿，启窗送目，气爽神怡，于不经意间发现，一粒种子已然植入土中……

2009年4月20日清晨

比 较 管 理

Comparative Management

2009 年 10 月
第 2 期

目 录

Comparcative Management
No.2, 2009

比 较 管 理
Comparative Management

Oct., 2009

Main Contents

织存在的问题及其对所经营国经济发展的贡献；Samli（1978）对东欧七国的营销系统进行了概括分析；渡边达郎（1988）进行了环太平洋地区流通机构的比较；铃木谅一（1996）对几个主要国家的批发、零售业进行了国际比较；铃木武则对日本和德国流通业从结构、竞争、政策等方面进行了比较分析。从代表性研究成果来看，国家间营销制度和活动的差异明显，而且研究认为营销制度和活动与国家经济发展状况相关。

（二）环境条件

国际营销面对不同的环境条件，该领域是比较营销研究的重点内容之一。很多学者讨论了环境条件与营销过程之间的关系，探讨了各种环境条件与营销的关联性，这些讨论主要集中在营销活动与经济发展的关系，分析营销活动对经济增长和经济发展的贡献。

早在 1958 年的一篇经典文章中，Drucker 就指出营销对经济的增长起到了关键的作用（Drucker，1958）。按照 Drucker 的观点，营销活动产生了可能的经济整合，带来了国家所拥有的生产能力的充分利用，而且营销超越了制造和建设的经济活动，为发展中国家带来了最大的挑战和回报（Drucker，1958）。McMarthy（1963）提出经济发展能从一个阶段进步到另一个阶段，有效的营销制度是必需的，而且这种营销制度对经济发展是完全必要的。也有学者认为营销和经济发展的关系非常复杂，单纯认为营销对经济增长的主导作用是有争议的。尽管营销对经济增长的影响方面有不同的观点，普遍的观点认为营销是经济增长中的一个重要的要素，但在经济发展计划中却没有得到足够的重视。

营销和经济发展关系的实证研究也得到了比较复杂的结论。Wadinambiarachi（1965）发现一国的营销制度和渠道结构反映了该国的社会和经济条件，通过八个国家有关社会的、文化的和经济条件的分析，试图找出经济发展不同水平下的各国分销方式的特点。Arndt（1972）选取在社会政治方面相对同质的 16 个国家，对其零售业的研究发现支持了以往的观点，即零售结构是所选取的环境因素的函数。美国营销科学研究院曾经按照选定的环境特征对大量的环境变量和一些划定类型的国家进行了分析。Douglas（1971）运用营销科学研究院的这些数据来验证一国的营销系统与该国发展水平强相关的假设，从研究结果看，Douglas 发现"营销与一国社会的、经济的、技术的特征是相对应的"观点难以获得支持。也就是说，营销结构的发展水平是独立于经济发展水平的，因为渠道结构更多地依赖渠道中的公司规模而不是经济发展水平。此外，学者们还建立了多种分析营销和经济发展关系的模型，如 Slater（1978，1979）和他的同事设计了一种需求驱动的市场体系的一般模型，运用营销观念、营销组合、消费者行为等理论研究了不同的营销战略对发展中国家的影响，这一思路和方法对后续的研究产生了很大的影响。Hosely and Wee（1988）综合了营销和经济发展的研究模式，总结出三个最普遍适用的形式，即现代化（modernization，体现经济从不发达到发达等的阶段）、制度模式（institutional，体现管理交易的社会制度）和激进模式（radical，强调对他国的依赖），Taylor and Omura（1994）运用六个评估标准具体分析这三种模式中营销的作用。

从以上内容来看，尽管环境条件的内容有多方面，研究却主要围绕经济条件与营销之间的关系展开。而营销活动与经济发展的关系存在两类观点：一类是称之为决定性因素类，将营销看成是导致经济发展的决定性因素；另一类称之为活动类，认为营销是经济发展的刺激因素（Taylor and Omura，1994）。两者都承认营销对经济发展的作用，但具体作用力并没有形成一致的认识，而且营销促进经济发展的方式、营销和其他的环境条件之间的关系都值得进一步挖掘。

（三）消费者行为

各国消费者购买心理、购买方式等具有差异性，因此，该领域的中心是对国家间消费者意识和购买行为的类似性与差异性进行理论与实证研究。这种研究从 20 世纪 60 年代已经开始，半个世纪以来的研究成果也比较丰富，典型的表现有以下几个方面。

社会和文化因素是影响不同国家消费者行为的重要方面，许多学者进行了这方面的研究。Sommers and Kernan（1967）认为在跨国或国际化背景下的营销者应该从基于特定市场的消费者的视角来创造产品，他们分析了文化价值对消费者购买行为的影响，认为一国的文化价值观能够用于预测产品是否成功以及为营销战略的制定和实施提供线索。Douglas et al.（1977）也检验了消费者行为与文化变量的关系，证实了文化对购买行为和营销战略的影响。Douglas 还对法国和美国的就业和非就业妇女的购买行为进行了分析，发现跨文化差异能够更多地解释两国间这个群体间的差异，即购买行为的不同更多地来自于国家间差异，而不是来自于工作和不工作之间的差异。此外，他们还发现人口统计的细分，比如年龄和职业，在不同国家间可能不会表现出相似的行为模式。概括地说，他们的研究认为跨文化的购买行为的差异比国内的购买行为差异更大。但也有研究反映了不同国家间消费者行为有趋于一致的地方，如 Dawar and Parker（1995）为了研究跨国营销的普遍性问题，对 38 个国家的消费者在产品价格、质量、零售商声誉、品牌名称等方面的差异反应研究，认为消费者在这些方面的认知差异不大，反映跨国营销中尽管需要本地化，也存在普遍适用性的一面，尤其是在产品重要属性设计方面。

消费者购买行为的差异可以从多角度加以分析，尤其是在跨国度、跨文化分析中，为了使跨文化的消费行为研究得到的结论更加可靠，学者们尝试在跨国的背景下努力应用消费者行为模型，并且探索这些模型的应用效果。Sheth and Sethi（1977）比较早地开发出一个跨文化消费者行为模型，尝试把来自人类学和扩散理论整合起来，从而用于跨文化消费者行为的研究，目标是以此描述和解释生活在不同文化下的消费者是怎样感知、评价和选用跨国公司提供的产品和服务的。1989 年，Berry 提出了跨国家研究的三个步骤，包括构造解释购买行为的理论模型、区分模型中购买行为因素的关键特征、证明或检测。Bowman，Farley and Schmittlein（2000）运用该程序分析了跨国别的服务购买行为，对美国、英国、德国和加拿大四国的服务购买行为的国间差异，发现在影响供应商的选择的主要因素中，竞争力和可以确认的制度因素是与购买者反应关联性最强的因素。此外，随着信息技术对人们生活方式影响的深入，跨国消费者行为的研究又延伸到互联网背景下的国家间消费者行为的差异。如 Fong and Burton（2006）比较了网络对中国和美国消费者的购买行为的影响程度，发现中国消费者的集体主义文化背景、美国消费者个人主义的文化背景，以及两国不同的市场特征，网络口碑对于中国消费者的影响比美国的消费者更大。

从以上分析来看，国家间消费者行为的差异既反映在一国购买力水平的差距，也体现在非经济因素的消费文化上的差异，其差异的影响因素也包括收入水平、经济发展阶段等经济因素以及社会文化、风俗、政策因素等非经济因素方面，加上消费行为的主体和客体包含多个层面的内容，如存在个体消费者和组织消费者之分，消费对象既可以是有形商品，也可以是无形服务；消费环境也存在动态变化性，如存在传统消费环境和网络消费环境之分，比较营销的消费行为分析是一项长期而复杂的内容，尽管已有的研究越来越深入和丰富，但要全面了解各国间消费行为的异同，还需要深入的消费者信息和分析方法。

（四）方法论研究

比较研究面对多种差异问题，从研究结果上看，差异包括由研究方法不同导致的差异和真正的差异，为了减少或消除由于研究方法导致的差异，开发比较研究方法就显得十分重要，科学的比较研究方法首先应该能够分离研究现象，抽出真正的差异。这方面在数据库中可以查到的资料不多。Green and White（1976）提出在跨国研究中应将对等（equivalence）作为基本的研究方法，并讨论了功能上的对等和概念上的对等问题，解释了比较研究中文化特殊性方法和文化普遍性方法的使用以及翻译和样本选择的问题。Wind and Douglas（1980）强调了比较研究中方法论的重要性，指出比较研究需要特定的研究设计，并提出了跨国研究的六阶段程序。当然，其他学科在跨国研究或进行全球视野研究中的方法论也是比较营销可以借鉴的方面。

（五）构筑比较营销研究的概念框架

比较营销学者十分强调比较研究的概念框架，Bartels 最早分析了比较营销概念框架问题。Bartels（1963）发展了第一个正式引导比较研究的框架，他把营销看做是一种社会过程，认为只有环境条件的差异性才是比较研究的重要要素。在此基础上，他开发了比较研究应该包含的环境因素的详细目录，国家的环境条件决定着营销体系，对构成分析框架的环境条件的详细分析可以明确环境与营销的关系。此后，Bartels 坚持比较营销应该坚持环境与营销关系的研究，以此解释一国与他国的异同性。Boddewyn（1969）认为，Bartels 过分强调了环境条件，尽管营销系统会受到所在环境的影响，但营销系统的比较并不一定要对环境进行详细分析。他认为比较研究应该集中在营销系统的研究方面，他还提出了营销的五个维度，包括功能、结构、过程、从事营销者和环境，比较研究应该主要关注这些维度或它们之间的关系对比，或是这些要素或关系随时间的变化。Fisk（1967）提出了比较研究的普遍化的系统框架，强调比较研究应该集中在目标、组织、生产力和不同政治经济下的主要约束。Fisk 认为无论在发达国家还是发展中国家，政府作为机构对营销的影响最大，并认为比较营销的目的应该是引导公众和私人的购买决策。Fisk 指出比较研究的系统框架应与不同比较分析方法相适应，他分辨出两种基本的营销系统：发展阶段和政治经济组织。从发展阶段来看，Fisk 认为生产力的比较仅对那些发展水平大致相当的国家有意义；从政治经济组织来看，应关注计划的和直接的营销系统之间的差异。此外，比较营销还存在一种循环方式的研究框架，最早由 Cox 在 1965 年提出，但当时没有解释它如何运用的问题。1976 年 Jaffe 在对以色列营销进行研究后，再次提出了将循环方式作为比较营销研究框架的观点，并提出了由六大因素构成的营销系统模型：输入—处理—输出—目标—约束—反馈。该模型中，比较营销研究的关键点应该是营销处理和相关的营销环节，如所有权、拥有物、沟通、金融和风险。Jaffe 强调这种循环是所有的分销渠道和营销系统必不可少的部分（Jaffe，1976）。

从比较营销的概念框架的简单梳理来看，概念框架的发展对于引导该领域的研究是非常重要的，因为它能起到让人"先想到森林而不是只看到树木"。比较营销的发展速度偏慢，现有的概念框架有待进一步的研究检验其应用性，并不断丰富其内容。

尽管 Barksdale 和 Anderson 等人提出的比较营销的上述研究领域都有了一定的研究成果，有的领域甚至是比较丰富的成果，但是在关于比较营销的研究领域上还存在不同意见，而且关于问题的概念构成也没有取得一致意见。存在不同争论的主要原因是关于各国营销体系应当如何构筑的研究没有随着比较营销所表现出的内容的复杂性与变动性而有所进展。营销体系比较研究的发展之所以落后，可以归结于这样几个原因：①从环境分析入手的研究方法过分强调环境条件，轻

视了对营销过程的评价；②研究经费不足限制了研究调查范围，许多研究调查项目的计划和实施受到制约；③许多课题不是纯粹的学术性，往往服从于企业的要求，个别和特殊性研究较多；④比较营销不是营销理论的主流，在营销学中地位不高（黑田重雄，1997）。

如上所述，比较营销产生于各国营销实践的差异性，比较营销的研究内容也与认识这种差异性有关，因此，差异性研究是比较营销研究的核心内容之一。Bartels 认为市场（国家）的特殊性可以通过"环境"与"流通系统"的相互依存性得以表现。图 1 是 Bartels 以两个市场（国家）为比较对象就环境与营销系统的关联性提出的三种差异，即环境条件的差异性、营销系统的差异性和市场的差异性。

环境条件的差异性如图 1A 所示。这种情况下市场 1 与市场 2 的差异主要是两个市场的环境条件不同所导致的，在两个市场中，营销系统和环境条件是相互独立的，营销系统与环境条件无关，执行着相同的功能，对环境与经济发展发挥一般的作用，即流通系统相同，环境不同。在实际中，表现为某些国家政治、经济、社会和文化条件不同，但具有相似的营销系统，市场的差异是由环境条件决定的。除了 Bartels 之外，意识到环境差异性的代表性学者是 Kaynak，他探讨了经济发展与营销的关联性问题，他提出了只有营销才能促进经济发展的假说。他还尝试将一国营销系统与经济发展程度结合起来并纳入一个完整模型加以实证研究，但是他没有深究营销功能伴随经济发展而展开这一问题（Kaynak，1986）。

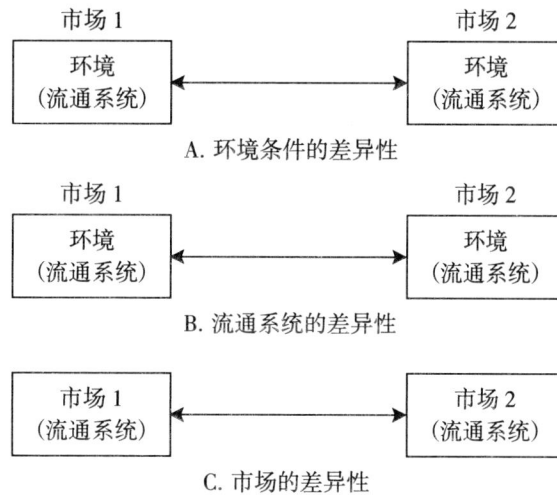

图 1 环境与流通系统关联的差异性

流通系统的差异性如图 1B 所示。在这里，市场 1 与市场 2 的差异是由营销系统的差异导致的，即在两个市场中，环境条件相似，比如两国经济发展阶段相同，但由于营销系统与环境条件相互独立，因此各国营销系统可能并不相同。对流通系统差异的研究主要是借助于"营销关联性指标"的比较分析进行的，这方面已经取得了很多成果。利用营销系统关联指标是描述两国差异的一种工具，但是田村正纪等人也提出了不同市场间营销系统关联性指标的确定比较困难这一问题，而且即使确定了指标，这些指标对每一个国家的重要程度也不同。为了探索不同市场营销系统的差异性，近年来试图建立能够比较不同国家总体营销系统的"一般分析框架"的研究十分盛行。然而，也有人对开发比较分析框架的可能性提出疑问，主要是实证研究比较困难，原因是：①收集和处理比较国的数据困难；②难以说明比较国营销系统产生差异的原因等。田村正纪（1986）提出了一套独特的比较营销理论，20 世纪 80 年代美日两国围绕日

本流通系统是否是现代的问题展开争论。为了回答该问题，田村正纪对日本与美国流通系统进行了比较，比较过程采用了部分动态比较分析法。该方法的意义是："明确某国经济成长中的流通构造的发展模型（动态比较），将由此看出的特殊性与处于类似发展阶段的其他国家进行比较"。这种方法的好处是克服了"比较内容不清"和"建立一般分析框架不可能"这两个问题。

市场的差异性如图 1C 所示。在这里，环境条件与营销系统相互结合（营销系统只是环境的一部分），市场与环境是统一的，其差异性是环境条件和营销系统差异共同作用的结果。以这种角度进行的比较研究也取得了不少成果，比如消费者行为的国家间比较、营销战略的异文化间比较和市场的国际比较等。

三、比较营销研究的发展方向

根据比较营销对差异性的划分，比较营销的研究方向根本上是从环境与营销系统关联中导出的"三个差异性"，即环境条件的差异性、流通体系的差异性、市场的差异性等方面推进。今后比较营销研究包括三个重点领域（黑田重雄，1997）。

（一）关于环境条件差异性方面的研究

该研究方向主要是对应于各国的经济发展阶段，探讨市场营销的作用，中心问题是明确市场营销对经济发展的贡献以及支持经济发展的营销技术。一国营销系统对该国经济发展的贡献问题在 20 世纪 50~60 年代期间展开过激烈争论。在该问题上，一种观点是将经济发展与营销体系关联起来看待，营销功能并不是伴随经济发展而扩展的，相反只有营销才能促进经济发展。这里所讲的经济发展是指导致人均收入改善的社会、政治、经济的变化过程，营销活动是经济发展的推动力，为了促进经济发展，必须考虑营销系统的改善。该方面的研究主要致力于将一国经济发展与营销系统组合起来建立模型和实证研究。另一种观点以日本亚洲经济研究所为代表，他们不把营销活动与经济发展直接关联。该研究所在 1981 年为了构建发展中国家经济发展模型和分析国家风险程度进行了统计分析，与经济因素同样将政治、社会和文化因素也数量化，以此分析发展中国家的发展阶段。

（二）关于营销系统差异性方面的研究

这一方面的研究主要是进行营销关联指标分析，研究的目的是考察如何利用各国的国情构建可以国际比较的营销系统。各国间营销系统的比较不能缺少一般的比较方法，因此，该领域很重视研究用于营销系统比较的概念、方法和分析框架。着眼点是站在国家间比较的立场，同时从营销的观点看待利用各国的条件重新构筑适当的营销系统。Barksdale and Anderson（1984）提出了一种分析框架，该方法是将一国经济体制划分为产权方式（公有或私有）和决策方式（中央集权或分权），然后加上经济发展阶段（发达国家或发展中国家），由此建立起三维分析框架。这种分析方法以产权与决策方式作为基本变量和比较基准，主要困难和局限性是缺乏动态性。除此之外，还有人提出了"三特性构成"分析框架，它将比较营销的概念和方法分为实用性较强的三个方面，即比较营销的一般概念、营销系统比较分析的可操作概念和一般的相互依存概念。该方法曾在七个国家的烟草营销比较上应用过，但是该方法的主要问题是各变数对各国的重要程度不同而难以测定。

（三）关于市场的差异性方面的研究

关于市场间比较的研究，大多数成果集中在市场的国际比较上，包括消费者行为的国际比较、营销战略的异文化间比较、国际市场细分化分析等。20世纪80年代至90年代中期，关于市场识别与营销调整的关系等方面的研究不断增加。在以往的研究中，虽然围绕市场差异性的测定提出了不少的分析方法，比如将本国的营销环境、流通体制、竞争条件等与其他国家进行比较，但是迄今为止，还没有根本上找到测定市场差异性的有效方法。今后，随着研究的进展，各国市场差异性的把握不能只借助于个别比较因素，必须开发从总体上比较国家或地区差异性的分析框架。迄今为止，关于市场的国际比较分析主要集中在一国状况的分析或少数几个国家之间的比较分析，实际上，随着经济全球化和企业经营全球化，有必要以所有的国家为对象进行比较研究，只有更广泛的比较研究才能为企业的国际市场组合战略的制定发挥作用。

比较营销研究的课题随着国际营销活动的扩展而呈现出不断延伸的特点，例如，市场细分化方法通常在本国市场应用比较普遍，现在对国际市场也广泛地进行细分。随着经济全球化的发展，各国企业都在大力开拓国际市场，比较营销对于企业选择目标市场和制定市场开拓战略日益重要，但是，目前这方面的研究并没有取得显著的成果。今后，比较营销研究需要进一步明确研究内容，突出研究主题，加强理论研究与实证研究的结合。

四、结　语

比较营销研究经历了半个世纪的发展，在各国的营销制度与活动、环境条件、消费者行为的比较分析以及比较营销的方法论及其概念框架等领域的研究都取得了不少的进展。但该领域的研究仍滞后于全社会发展的需要，经济的全球化和信息技术的发展为比较营销研究提供了良好的发展机遇和新的研究命题，这会推动营销学术界对此予以更多的关注。中国国内的比较营销研究几乎还是一片处女地，随着中国经济融入世界经济程度的加深，比较营销研究也许会引发更多学者的兴趣。

〔参考文献〕

［1］Arndt，J. Temporal Lags in Comparative Retailing［J］. *Journal of Marketing*，1972，36

［2］Barksdale H.C. and Anderson M.L. Comparative Marketing：A Review of the Literature［J］. *Journal of Macro-marketing*，1982，2（1）

［3］Barksdale H.C. and Anderson M.L. *Toward a Conceptual Framework for Comparative Marketing*，*Comparative Marketing Systems*［M］. Edited by Erdener Kaynak and Ronaid Savitt，Praeger Publishers，1984

［4］Bartels R. *Comparative Marketing：Wholesaling in Fifteen Countries*［M］. Homewood：Richard D. Irwin 1963

［5］Bartels R. *The History of Marketing Thought*［M］. 2ⁿᵈ Edition，Grid Publishing，Inc.，1976

［6］Boddewyn，Jean J. *Comparative Management and Marketing*［M］. Glenview：Scott，Foresman and Company，1969

［7］Bowman D.，Farley J. and Schmittlein D. Cross-National Empirical Generalization in Business Services Buying Behavior［J］. *Journal of International Business Studies*，2000，31（4）

［8］Dawar N. and Parker P. Marketing Universal：Consumer's Use of Brand Name，Price，Physical Appearance，and Retailer Reputation as Signals of Product Quality［J］. *Journal of Marketing*，1995，58（2）

［9］Douglas Susan P. Patterns and Parallels of Marketing Structures in Several Countries［J］. *MSU Business Topics*，1971，19（Spring）

[10] Drucker, P. F. Marketing and Economic Development [J]. *Journal of Marketing*, 1958, 22 (January)

[11] Fisk G. Marketing System: An Introductory Analysis [M]. New York: Harper and Row, 1967

[12] Wadinambiarachi, G. Channels of Distribution in Developing Economics [J]. *Business Quarterly*, 1965, 30 (Winter)

[13] Fong J. and Butron S. Electronic Word-of-mouth: A Comparison of Stated And Revealed Behavior on Electronic Discussion Boards [J]. *Journal of Interactive Advertising*, 2006, 6 (2)

[14] Green R.T. and White P.D. Methodological Considerations in Cross-national Consumer Research [J]. *Journal of International Business Studies*, 1976 (April)

[15] Hall, Margaret, Knapp, J. and Christopher W. *Distribution in Great Britain and North America* [M]. London: Oxford University Press, 1961

[16] Hosely S. and Wee C.H. Marketing And Economic Development: Focusing on the Less Developed Countries [J]. *Journal of Macromarketing*, 1988, 8 (1)

[17] Jaffe E.D. Comparative Marketing Revisited[J]. *Marquette Business Review*. 1976, 20 (Winter)

[18] Kaynak E. *Marketing and Economic Development* [M]. Praeger Publishers, 1986

[19] McCarthy E. J. *Effective Marketing Institutions for Economic Development* [M]. In Toward Scientific Marketing, Stephen Cresyser ed., Chicago AMA, 1963

[20] Samli, A.*C. *Marketing And Distribution Systems in Eastern Europe* [M]. New York: Close Email This Record, 1978

[21] Sheth J. N. and Sethi S. P. *A Theory of Cross-Cultural Buyer Behavior, in Consumer and Industrial Buying Behavior, Arch G. Woodside* [M]. New York: North Holland, 1977

[22] Sommers, M. and Kernam, J. Why Products Flourish Here and Fizzle There? [J]. *Columbia Journal of World Business*. 1967, 2 (March-April)

[23] Taylor C.R. and Omura G.S. A Comparison of Alternative Paradigms for Describing Economic Development [J]. *Journal of Macromarketing*, 1994, 14 (2)

[24] Wind Y. and Douglas S. P. *Comparative Methodology and Marketing Theory, in Theoretical Developmengs in Marketing* [M]. Chicago: American Marketing Association, 1980

[25] 田村正纪. 日本型流通体系 [M]. 千仓书房, 1986

[26] 渡边达郎. 环太平洋地区流通机构的比较 [J]. 流通情报, 1988 (7)

[27] 黑田重雄. 关于比较营销研究方向的考察 [J]. 北海道大学经济学研究, 1997, 47 (2)

[28] 铃木谅一. 各国批发、零售业的国际比较 [J]. 营销杂志季刊, 1996 (36)

Research on Foundation, Current Situation and Development of Comparative Marketing

SUN Ming-gui, ZHANG Ying

(The Glorious Sun School of Business and Management, DongHua University Shanghai, 200051, China)

Abstract: With the development of international marketing, comparative marketing becomes a branch which takes on specially analysis of common factors and differences in marketing systems and environment across-nations, and identifying difference is the main issue of the topic. The latest research mainly refers to fields such as marketing institutions and activities, environmental conditions, buyers behavior, methodological considerations and conceptual frameworks, which has been lagged to the social development. Furthermore, the future research might focus on comparative analysis of market, environment and marketing system among various nations.

Key Words: Comparative Marketing; Marketing System; Environmental Condition

2009 年 10 月
第 2 期

比 较 管 理
Comparative Management

Oct., 2009
No. 2

【营销管理与创业】

基于 TRA 理论的中国消费者购买意向影响因素研究

宋晓兵　刁丽莎　俞丽佳　董大海

（大连理工大学管理学院，辽宁　大连　116024）

[摘　要] 本文将感知面子的概念引入到理性行为理论之中，构建了中国消费者购买意向影响因素的研究模型，并通过问卷调研的数据对此研究模型进行了检验与修正。研究结果表明行为态度和主观规范是消费者购买意向最直接的前因，行为态度是比主观规范更强的消费者购买意向的预测变量，而感知面子则通过影响行为态度对消费者购买意向产生间接影响。

[关键词] TRA 理论；感知面子；购买意向

一、引　言

到目前为止，西方学者多利用理性行为理论（TRA）来预测消费者的行为，他们认为消费者的购买行为主要是由购买意向决定的，购买意向是购买行为最直接的前因，而购买意向则又受到行为态度和主观规范的影响。理性行为理论已经在很多消费品中（如牙膏、狗食、啤酒等）被用来预测消费者的行为，并显示出很强的预测能力。

在我们把西方理论引入中国的时候，需要考虑中国人特有的文化现象，比如中国人的面子观念。"面子"是影响中国人日常生活的一个重要因素，有学者指出面子居于中国人价值观的核心，它是解释中国人诸多行为的关键，也有学者认为面子是理解中国社会结构的关键性社会文化概念，要面子是中国人行为的指导原则之一。面子观念对中国人的影响也在消费行为中有所体现，中国人经常会为了"有面子"而不惜花费高价购买各种名牌商品，据报道中国目前已经成为全球奢侈品牌的第三大消费群体。

本文将针对中国人的文化特点，在中国情境下拓展 TRA 理论的模型。具体来讲，就是把面子这一概念引入理性行为理论，探讨它对购买意向的作用机理，并通过大规模数据调研对所提出的研究模型进行检验与修正。我们期望通过对这一模型的构建与检验，能够形成具有中国特色的消费者购买意向的影响因素模型，并比较东西方不同的文化背景下消费者购买意向影响因素的差异。

[作者简介] 宋晓兵，1978 年生，男，吉林白城人，大连理工大学管理学院讲师，研究方向为消费者行为、关系营销；董大海，1961 年生，辽宁大连人，中国大连高级经理学院副院长，大连理工大学管理学院教授，博士生导师。

二、文献回顾

（一）TRA 理论

理性行为理论（TRA）是 Ajzen 和 Fishbein 提出的行为预测模型，它的基本假设是：个人行为主要是由他的购买意向决定的，意向是行为的最直接的前因；一个人的购买意向是由他对行为的态度和主观规范决定的，行为态度是他对于自己实施这一行为的或好或坏的评价，主观规范是他对于大多数重要的人认为他应该或不应该实施这种行为的感知；一个人对行为的态度是由他关于实施这一行为会导致的特定结果的显著信念以及他对于这些结果的评价所决定的；一个人的主观规范是由他关于重要的意见参考者认为它应该或不应该实施特定行为的感知以及他遵从这些人意见的动机所决定的。

理性行为理论在西方国家被频繁使用来预测消费者行为，它对消费者行为倾向的强预测能力已经得到有力的验证。营销学者不仅在很多消费品中检验了 TRA 理论的有效性，还对它进行了适当的拓展与改进。Ryan 以购买牙膏作为研究行为，把认知信息和规范信息作为态度结构和规范结构的前因，拓展了 TRA 模型；Miniard 和 Cohen 在狗食和啤酒的品牌选择行为中区分了 TRA 模型中的个人原因和规范原因；Shimp 和 Kavas 把 TRA 应用于消费者的优惠券使用行为中，比较了 TRA 的标准形式和几个拓展模型的有效性；Oliver 和 Bearden 在消费者试用节食胶囊的行为中证实了认知结构和规范结构之间存在交叉路径；Bagozzi 等把 TRA 理论应用到消费者的快餐店选择中，并在不同的社会环境与文化背景中检验了模型的有效性。

（二）面子的定义及其对购买意向的影响

中国的旅美学者胡先缙最先介绍了中国本土的面子概念，她将中国人的面子划分为"脸"、"面"两类，其中"面"是指个人在社会上有所成就而建立起的名望，而"脸"则是个人因为其道德修养受人敬重而享有的声誉。后来的美国社会学家 Goffman 则认为面子是在特定社会交往中，个人成功地获得他向他人声讨的正向社会价值。Ting-Toomey 则将面子定义为在某种关系情境中，个体所声讨的一种积极的社会自我意象。中国学者何友晖对面子进行了较为综合性的定义：面子是个人基于他在社交网络中所占的地位、合宜的角色表现与被人接纳的行为操守，而从他人获得的尊重与恭敬。在上述学者定义的基础上，本文将感知面子定义为：消费者对某一购买行为能够为他及其所属群体带来公众认可的社会形象程度的评价。

近年来已有学者在营销领域中开展了针对面子的研究，他们的研究结果表明面子将会影响消费者的购买意向。Wong 和 Ahuvia 表明面子观念是全人类共有的，但在东方集体主义中会表现得更加明显，他们指出家庭的面子会导致东西方社会在珠宝消费行为中的区别。Bao，Zhou 和 Su 检验了面子意识对消费者决策制定风格的影响，结果表明面子意识会正向影响消费者的"品牌意识和价格质量对等"导向，负向影响消费者的"价格意识和金钱价值"导向。Li 和 Su 提出面子消费的概念，并认为它有一致性、独特性和他人导向性三个维度，研究结果表明中国消费者更可能受到参照群体的影响，更倾向把产品品牌和价格与面子联系在一起，并且更可能会在他人导向的消费中考虑产品声望。国内学者杜建纲和范秀成构建了服务补救通过面子获得和情绪影响顾客满意和行为倾向的研究模型，实验结果表明面子得失将影响消费者的情绪感知并进而对购买行为产生影响。陈艺妮和金晓彤则把面子观念作为中国人文化价值观的重要维度，并检验了它对礼品馈赠行为的影响，结果表明面子观念对礼品支出有显著的正向影响。

综观上述学者的研究我们可以看出，理性行为理论作为西方学者发展的较为成熟的理论，已被广泛用来预测消费者的购买行为。与此同时，面子作为影响中国人日常行为的重要概念，也已经被学者们证明了将对消费者的购买意向产生显著影响。但是，如果我们将感知面子这一概念引入理性行为理论之中，它是否也会与主观规范、行为态度一起构成购买意向的影响因素？感知面子对于购买意向的影响机理到底是怎样的？这些问题还没有得到很好的解答。这也是本文试图通过实证研究而检验的主要命题。

（三）研究假设

本文在中国文化背景下对 TRA 理论进行拓展，即在原来的 TRA 模型中加入感知面子这一变量。我们期望，感知面子将会与 TRA 理论中的行为态度和主观规范一起，共同影响中国消费者的购买意向。下面我们将重点阐述各个研究假设的提出过程。

中国人始终将维系体面视为基本需要，这种长期的行为规范最终形成中国人心理中潜在的"面子观念"。中国学者林语堂认为面子是影响中国人日常行为的基本准则之一，它的权威甚至超乎美国的联邦宪法。在前述的文献回顾中，也有多位学者的研究表明面子确实会对中国消费者的购买意向产生显著影响。由此可见，中国人在消费中更重视别人的看法和意见，更关注个人消费的社会群体效应，越是能够帮助消费者提升其个人感知面子的商品，越是能够得到消费者的青睐，越是能够促成消费行为。正是基于这种心理，面子因素将会成为驱动消费行为的重大动因。基于上述论述与分析，我们提出：

H1：消费者的感知面子正向影响他的购买意向。

Ajzen 和 Fishebein 在 TRA 理论中指出：与对客体的态度相比，利用行为态度来预测消费者购买意向和行为是更合适的，行为态度和主观规范是购买意向最直接的前因。他们认为在客体态度和行为态度之间的区分是非常重要的，尽管消费者可能认为有些产品有很好的质量和属性，但他可能不会认为购买或使用这一产品会带来有价值的结果。只有当消费者对购买该商品的行为有积极的态度时，才会产生购买意向并进而发生购买行为。因此，根据 TRA 理论的基本假设，我们提出：

H2：消费者的行为态度会正向影响他的购买意向。

H3：消费者的主观规范会正向影响他的购买意向。

本文认为，消费者对购买某一产品给自己带来的有无面子的感知，会受到一系列面子因素的影响。也就是说，当消费者评价购买某一产品的行为时，他将首先产生多方面与面子相关的结果感知，比如是否会使自己赢得尊重、是否会提高自己的身份地位等，同时这些面子因素又各自具有一定的重要性，消费者会综合面子因素及其重要性而形成对购买这一产品给自己带来的面子的判断。基于上述分析，我们提出：

H4：消费者的面子因素以不同的面子权重正向影响他的感知面子。

最后，根据 TRA 理论，一个人对行为的态度是由他关于实施这一行为会导致的特定结果的显著信念以及他对于这些结果的评价所决定的，而主观规范是由他关于重要的意见参考者认为它应该或不应该实施特定行为以及他遵从这些人的动机所决定的。因此，基于理性行为理论，我们提出：

H5：消费者的行为信念与结果评价的共同作用正向影响他的行为态度。

H6：消费者的规范信念与遵从动机的共同作用正向影响他的主观规范。

综合上述假设，我们可以得出本研究的理论模型，如图 1 所示。

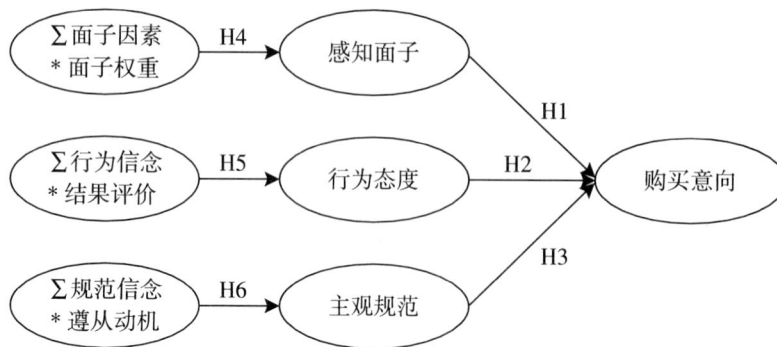

图1 理论模型

三、研究设计

（一）研究情境与样本概况

为了验证上述假设，我们对在校大学生"如何选择参加表兄婚礼的服饰"的情况进行了调查，之所以选择这一情景，我们认为购买服饰是人们日常非常普遍的消费行为，而参加表兄婚礼则是一种比较社会化的行为，从中能更加突显面子在社会化消费行为中的作用。此次调查总共发放问卷 420 份，回收有效问卷 363 份，有效问卷的回收率达到 86.4%。由于面子观念在中国人的潜在意识中普遍存在，因此本文选择的学生样本符合研究需要。

（二）问卷和变量测量

我们要求被试根据自己的亲身经历与感受，真实客观地回答问卷中的问题，同时我们还允许他们匿名做答，并保证了回答的保密性。问卷的问题包括被试的基本人口统计变量和各个变量的测量题项。变量的测量题项多数来自于英文文献，我们遵从 Brislin 推荐的回译法来形成问卷，即首先由作者把所需的英文文献中的题项翻译成中文，之后再由其他人将题项翻译回英文，并与原英文题项进行比较，对不一致的地方进行协调与修改后形成最终问卷。

在问卷中，要求被试对每个变量的测量题项进行七级量表的打分，分数越高代表评价越好或同意程度越高。行为态度、主观规范、购买意向的测量题项主要借鉴 Fishbein 和 Ajzen 的一系列研究，这些题项都来自于相对成熟的量表，并且已经被多位学者的研究所验证。我们对行为信念、结果评价、规范信念和遵从动机的评价主要来自先期进行的消费者深度访谈。其中，对于行为信念的测量是让被试对"穿一套新衣服参加婚宴会让我看起来更加帅气/让我的心情更好/显示出我对表兄一家的尊重/让我花掉很多钱"进行可能性判断；对结果评价的测量则是让被试对上述四种行为信念的偏好程度进行评价。对于规范信念的测量是让被试对"我的父母/我的亲戚们/我的朋友们希望我穿一套新衣服参加婚宴"进行同意程度判断，遵从动机则是让被试对这三种规范信念的重要性进行判断。

本文通过消费者访谈开发了感知面子、面子因素和面子因素权重的测量量表。其中，对于感知面子的测量是让被试对"穿一套新衣服参加婚宴对自己、父母、对自己重要的人有面子/避免丢面子"等六个题项进行同意程度判断；对面子因素的测量是让被试对"穿一套新衣服令我赢得尊重/给我自信/让别人觉得我自信/提高我的身份地位"等几个方面进行同意程度的判断；对面子因素权重的测量则是对上述几个面子因素的重要性进行判断。

13

四、数据分析

(一) 信度与效度检验

首先，我们对研究模型中感知面子、行为态度、主观规范和购买意向这四个主要测量变量的信度和效度进行了检验。检验结果如表1所示：

表1 变量测量的信度与效度检验结果

概念 (潜变量)	题项 (观测变量)	标准化载荷系数	T 值	Cronbach α
感知面子	我穿新衣参加婚宴会使我自己有面子	0.64	12.91	0.872
	我穿新衣参加婚宴会使我的父母有面子	0.67	13.92	
	我穿新衣参加婚宴会使那些对我重要的人有面子	0.77	11.34	
	我穿新衣参加婚宴不会让我自己丢面子	0.82	18.38	
	我穿新衣参加婚宴不会使我的父母丢面子	0.86	19.53	
	我穿新衣参加婚宴不会让那些对我重要的人丢面子	0.74	15.92	
行为态度	总体来讲，穿新衣参加婚宴是否好	0.77	16.71	0.854
	总体来讲，穿新衣参加婚宴的决定是否明智	0.82	18.44	
	穿新衣参加婚宴对我来说是否有利	0.73	15.55	
	穿新衣参加婚宴对我来说将是一段愉快与否的经历	0.72	15.16	
主观规范	大多数对我重要的人都认为我应穿新衣参加婚宴	0.78	16.02	0.775
	我在生活中看重他们意见的人都同意我穿新衣参加婚宴	0.66	12.83	
	我感受到有社会压力促使我穿新衣参加婚宴	0.77	10.86	
	很多像我一样的人都会穿新衣参加婚宴	0.70	13.83	
购买意向	我是否会穿新衣参加婚宴	0.90	21.22	0.859
	我穿新衣参加婚宴的可能性有多大	0.88	20.58	
	我想特意为这次婚宴买新衣的可能性有多大	0.70	14.89	

首先我们利用 SPSS 软件对 363 份总体样本中各个变量的信度进行了检验，表1结果显示四个变量的 Cronbach α 值介于 0.775~0.872，都大于 0.70 这一可接受的最小临界值，这说明研究模型中的四个主要变量都具有较好的信度。接下来，我们利用 LISREL 软件的验证性因子分析对各变量的收敛效度进行了检验。检验结果显示各显变量在对应潜变量上的标准化因子荷载绝大部分都达到了 0.70 的最低标准，并且对应的 T 值均大于 1.96，在 $p<0.001$ 的水平上显著，说明本文各个变量均具有较高的收敛效度。

(二) 假设检验与模型修正

经过了各测量变量的信度效度分析以后，我们需要检验各个研究假设。在这里我们主要利用 SPSS 软件中的回归分析法来检验各个研究假设中的因果关系。首先我们以购买意向为因变量，以感知面子、行为态度和主观规范为自变量构建回归方程，结果显示行为态度和主观规范都对购买意向具有显著影响（Sig. <0.01），但是感知面子与购买意向间的显著关系没有得到验证（Sig. >0.05），即 H2 和 H3 的路径得到了验证，但 H1 的路径的显著性没有得到验证。接下来，我们还分别检验了 H4、H5 和 H6 的假设的路径，结果显示这些变量之间的关系都是显著相关的。具体标准

化路径系数和假设检验结果如表 2 所示：

表 2　假设检验结果

路径关系（假设）	标准化路径系数	T 值	Sig.	结果
H1：感知面子→购买意向	0.02	0.43	0.667	不支持
H2：行为态度→购买意向	0.68***	15.85	0.000	支持
H3：主观规范→购买意向	0.12**	2.66	0.008	支持
H4：∑面子因素 * 面子因素权重→面子	0.50***	10.73	0.000	支持
H5：∑行为信念 * 结果评价→行为态度	0.50***	10.94	0.000	支持
H6：∑规范信念 * 遵从动机→主观规范	0.65***	15.84	0.000	支持

注：*p < 0.05，**p < 0.01，***p < 0.001。

通过上述分析可知，行为态度和主观规范都会对购买意向产生显著影响。但与我们之前的预期不一致的是，感知面子不会对购买意向产生直接的显著影响。接下来我们又以购买意向为因变量，分别以感知面子、行为态度和主观规范为自变量构建了三个单变量的回归方程，结果表明如果只考虑单个变量对购买意向的影响，那么感知面子、行为态度和主观规范的影响都是显著相关的（Sig. < 0.001），具体数据见表 3。通过这样的分析，我们认为感知面子会对购买意向产生影响，但是这种影响是通过主观规范或者行为态度而间接产生的。

表 3　单变量前因检验结果

路径关系	标准化路径系数	T 值	Sig.
感知面子→购买意向	0.35***	7.14	0.000
行为态度→购买意向	0.75***	21.28	0.000
主观规范→购买意向	0.48***	10.39	0.000

注：*p<0.05，**p<0.01，***p<0.001。

接下来我们要对之前的研究模型进行修正，也就是要确定感知面子到底是通过行为态度还是通过主观规范间接影响购买意向。在这里，我们利用 Baron 和 Kenney 提出的方法进行了进一步的检验，这需要进行四个独立的回归分析：①前因变量跟结果变量显著相关；②前因变量与中间变量显著相关；③中间变量与结果变量显著相关；④一旦中间变量与前因变量一同被加入回归方程，前因变量与结果变量之间的显著关系将完全消失（完全中间变量）或者减弱（部分中间变量），而中间变量还是与因变量显著相关。

从表 3 中我们可以看出，感知面子（前因变量）、行为态度和主观规范（中间变量）都对购买意向（结果变量）产生显著的影响。前述方法中的①和②都已经通过了检验。下面我们将检验感知面子与行为态度及主观规范之间的关系，回归分析结果如表 4 所示。分析结果表明，感知面子（前因变量）与行为态度和主观规范之间都存在显著的关系。

表 4　感知面子与中间变量的关系检验

路径关系	标准化路径系数	T 值	Sig.
感知面子→行为态度	0.39***	7.85	0.000
感知面子→主观规范	0.49***	10.50	0.000

注：*p<0.05，**p<0.01，***p<0.001。

下面，我们将分别把感知面子和行为态度以及感知面子与主观规范作为购买意向的前因来构建回归方程，希望通过这样的检验能够辨明感知面子到底是通过行为态度，还是通过主观规范对购买意向产生了间接影响，分析结果如表5所示。从中我们可以看出，当感知面子和行为态度共同作为购买意向的自变量时，感知面子对购买意向没有显著的影响，而行为态度依然有显著影响，这说明感知面子是通过行为态度而间接影响购买意向；当感知面子和主观规范共同作为购买意向的自变量时，感知面子和主观规范都对购买意向有显著的影响，这说明感知面子不是通过主观规范影响购买意向的。

表5　中间变量作用检验

回归方程	路径关系	标准化路径系数	T值	Sig.
感知面子与行为态度为购买意向的自变量	感知面子→购买意向	0.07	1.68	0.093
	行为态度→购买意向	0.72***	18.70	0.000
感知面子与主观规范为购买意向的自变量	感知面子→购买意向	0.15**	2.70	0.007
	主观规范→购买意向	0.42***	7.83	0.000

注：*p<0.05，**p<0.01，***p<0.001。

综合上述研究结果，我们可将前述提出的理论模型进行修正，如图2所示。其中，行为态度和主观规范会对购买意向产生显著的直接影响，感知面子则通过行为态度对购买意向产生间接影响。此外，面子因素与面子权重的乘积加总正向影响感知面子，行为信念和结果评价的乘积加总正向影响行为态度，规范信念与遵从动机的乘积加总正向影响主观规范。

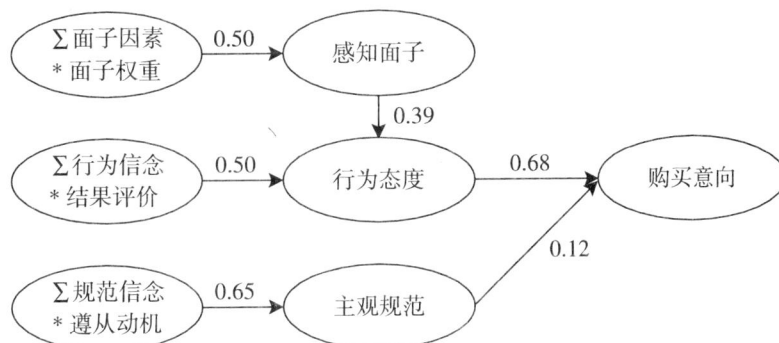

图2　修正后的理论模型

五、研究结论与启示

（一）研究结论

本文结果表明对于中国消费者来说，行为态度和主观规范都是购买意向最直接的前因，而且行为态度是比主观规范更重要的预测变量，行为态度与购买意向之间的标准化路径系数0.68远远大于主观规范与购买意向之间的系数0.12，这与之前多数TRA理论的应用研究中得出的态度比主观规范更重要的结论相一致。此外，本文研究结果还表明，消费者的感知面子会通过行为态度的中间作用影响购买意向。也就是说，如果产品消费能够赋予消费者良好的面子体验，他们会首先改变对这种行为的评价，并进而产生购买意向。这些结果都印证了Fishbein和Ajzen关于TRA模

16

型以外的其他变量都只能通过影响行为态度和主观规范这两个基本要素进而影响购买意向的论点。

国外学者的研究表明，行为信念和结果评价的乘积加和是行为态度的唯一前因，它们之间的影响系数达到0.31。本文在中国文化背景中的研究表明，除了行为信念与结果评价的乘积以外，消费者的感知面子也同样是行为态度的重要前因，感知面子和行为态度之间的影响系数达到0.39。这说明中国消费者在形成行为态度的时候不仅要考虑这一行为的结果，同时还会考虑自己在面子上的得失，面子是影响中国消费者的一个重要因素。与外国消费者相比，中国消费者会更多地考虑某一购买行为的面子提升作用，进而评价这一购买行为的好坏，并最终形成购买意向。这与外国消费者单纯评价行为信念而形成行为态度的过程是大相径庭的，体现了不同文化下消费者购买决策过程中的差异性。从这个角度来说，本文的研究结果为营销领域中探求中国消费者与外国消费者消费行为的不同提供了新的思路，同时拓展了国际营销领域中关于消费者购买意向的相关研究。

（二）管理启示

本文的研究结论表明，消费者感知面子会通过行为态度间接影响购买意向。这表明为了获取在中国市场更好的销售业绩，企业应该将面子的概念广泛而自然地融入到中国市场的营销策略中，着重提高中国消费者感知到的自信、身份地位和声望，最大程度地满足消费者的面子需求，从而激发其购买欲望，并最终促成购买行为而提升销售业绩。

具体而言，在营销沟通策略中，可以将重点更多地放在产品的外在属性，着重向顾客强调产品的特质与身份地位相匹配之处，增强商品对消费者面子需要的重要性；在广告宣传中可采取名人广告，通过向往群体的效应而满足消费者的面子需求。在定价策略上，可以通过拉开与竞争品牌的价格差距来凸显本品牌的名贵优质，通过社会比较来提升消费者的面子感知。在服务策略中，可以布置优雅的服务场所，提供人性化、个性化的人员服务，从而让消费者感受到自己获得了他人的尊重。

（三）研究局限

首先，本文的样本选择具有一定的局限性。本文的抽样样本主要由在校大学生构成，这一群体虽然也有较深的面子观念，但因尚未进入社会，比较年轻，对面子的理解尚处在一种比较浅显的阶段。今后的研究可以考虑将样本扩充到非学生群体再进行模型的验证。

另外，本文采用的主要分析方法是回归分析，而不是结构方程模型。回归分析由于其本身的局限性可能会对复杂关系的验证存在不准确之处。将来的研究应该进一步运用结构方程模型对研究模型进行检验，从而得出更加精确的研究结果。

〔参考文献〕

［1］Fishbein M., Ajzen I. *Belief, Attitude, Intention And Behavior: An Introduction of Theory And Research* ［M］. MA: Addison-Wesley, 1975. 25-59

［2］Ajzen I., Fishbein M. *Understanding Attitudes And Predicting Social Behavior* ［M］. NJ: Prentice-Hall, 1980. 112-149

［3］Ryan M. J. Behavioral Intention Formation: A Structural Equation Analysis of Attitudinal And Social Influence Interdependency ［J］. *Journal of Consumer Research*, 1982, 9: 263-278

［4］Miniard, Paul W. & J.B. Cohen. Modeling Personal And Normative Influences on Behavior ［J］. *Journal of Consumer Research*, 1983, 10 (2): 169-180

［5］Shimp，T. & A. Kavas. The Theory of Reasoned Action Applied to Coupon Usage ［J］. *Journal of Consumer Research*，1984，11（3）：795–809

［6］Oliver，Richard L. & W.O. Bearden. Crossover Effects in The Theory of Reasoned Action： A Moderating Influence Attempt ［J］. *Journal of Consumer Research*，1985，12（3）：324–340

［7］Richard P. Bagozzi，etc. Cultural and Situational Contingencies and The Theory of Reasoned Action： Application to Fast Food Restaurant Consumption ［J］. *Journal of Consumer Research Psycholoy*，2000，9（2）：97–106

［8］Hu，H. C.（胡先缙）. The Chinese Concept of "Face" ［J］. *American Anthropologist*，1944，46：45–64

［9］Goffman，E. On Face-work：An Analysis of Ritual Elements in Social Interaction ［J］. *Psychiatry*，1955，18：213–231

［10］Ting-Toomey，S. Intercultural Conflict Styles：A Face-negotiation Theory. In Y.Kim & W. Gudykanst （Eds.）. *Theories in intercultural communication*. 1988，Newbury Park，CA：Sage

［11］Ho，D.Y.F.（何友晖）. On The Concept of Face ［J］. *American Journal of Sociology*，1976，81：867–884

［12］Wong，N. Y.，Ahuvia，A.C. Personal Taste And Family Face：Luxury Consumption in Confucian And Western Societies ［J］. *Psychology & Marketing*，1998，15（5）：423–441

［13］Bao，Y.，Zhou K. Z.，Su，C. Face Consciousness And Risk Aversion：Do They Affect Consumer Decision-Making? ［J］. *Psychology & Marketing*，2003，20（8）：733–755

［14］Li，J. J.，Su，C. How Face Influences Consumption：A Comparative Study of American And Chinese Consumers ［J］. *International Journal of Market Research*，2007，49（2）：237–256

［15］杜建刚，范秀成. 补救后满意中的面子与情绪机制研究. 2007 年 JMS 中国营销科学学术年会论文集 ［C］，2007

［16］陈艺妮，金晓彤. 中国文化价值观对礼品馈赠行为的影响研究. 2008 年 JMS 中国营销科学学术年会论文集 ［C］，2008

［17］Fishbein M. The Prediction of Behavior from Attitudinal Variables ［J］. *Advances in Communication Research*，1973，3：3–31

［18］Brislin R. W. *The Wording And Translation of Research Instruments* ［M］. CA：Sage，1986. 137–164

［19］Baron D.，Ketiney D. The Moderator-mediator Variable Distinction in Social Psychological Research：Conceptual，Strategic and Statistical Considerations ［J］. *Journal of Social Psychology*，1986，51（7）：173–182

［20］Ajzen I.，Fishbein M. Attitudinal And Normative Variables As Predictors of Specific Behaviors ［J］. *Journal of Personality and Social Psychology*，1973，27（1）：41–57

A Study on the Antecedents of Chinese Consumers' Purchase Intention Based on TRA

SONG Xiao-bing，DIAO Li-sha，YU Li-jia，DONG Da-hai

(School of Management，Dalian University of Technology，Dalian，116024，China)

Abstract：The study introduces the concept of perceived face into the theory of reasoned action，develops a model of factors influencing consumer purchase intention，and modifies the model by analyzing data in questionnaire survey. The results suggest that attitude towards behavior and subjective norms are direct antecedents of purchase intention of consumers，and the attitude is the more important predictor，while perceived face indirectly influences purchase intention by impacting the attitude towards behavior.

Key Words：Theory of Reasoned Action；Perceived Face；Purchase Intention

2009 年 10 月
第 2 期

比 较 管 理
Comparative Management

Oct., 2009
No. 2

【营销管理与创业】

基于品牌个性认知的品牌关系质量影响机理研究

李良智[1]　余可发[2]

(1. 江西财经大学研究生部；2. 江西财经大学工商管理学院，江西　南昌　330013)

[摘　要] 品牌个性作为消费者与品牌建立关系的基础，但相关方面的实证研究极其缺乏，本文运用实证研究的方法，基于 Aaker 的品牌个性量表和何佳讯的品牌关系本土化量表，验证了品牌个性对品牌关系质量的影响。研究发现，品牌个性独特性和品牌个性认同度是品牌个性影响品牌关系的中介变量，品牌个性认知强度并不能直接对品牌关系发生影响作用，只有品牌个性独特性和品牌个性认同度才对品牌关系质量起着显著的影响作用。但在不同程度的品牌个性认知强度下，两者对品牌关系质量的影响有显著差异。

[关键词] 品牌个性；品牌关系；影响机制

一、引　言

随着现代品牌消费意识的增强，将消费者与品牌的关系（以下简称"品牌关系"）类比于人际交往关系，并透过这一拟人化思想来寻求品牌管理思路，这为品牌研究开辟了新的思路。将消费者与品牌之间的关系类比于人际关系是有理论依据的，其中万物有灵论、印象论和品牌个性论是其重要的理论基础（黄静等，2006）。①万物有灵论认为，人们为了加强自身与精神世界的相互作用，存在着一种使物体拟人化的需要（Nida & Smalley，1959）。将这一理论运用到品牌关系领域，即是说消费者出于自身的需要，能够轻易地赋予无生命的品牌以人类的品质。②印象论。印象形成理论是品牌关系的另一个重要理论基础。印象形成理论认为，品牌不需要通过另外的策略来建立积极的关系伙伴的角色，因为消费者可能会把营销计划和战术的日常执行理解为品牌在其关系角色中实施的行为（Srull & Wyer，1989）。这一理论表明，人们会把所有可观察到的行为翻译为品质语言，这些品质就构成了人们评估人物或事物的基础（Srull & Wyer，1989）。③品牌个性论。品牌个性理论是对印象理论的进一步解释，品牌个性所暗示的角色使品牌关系的发展更清晰。而这三个影响品牌关系的重要基础理论中，最主要的表现为消费者对品牌个性的认知。

自从 20 世纪 60 年代提出"品牌个性"理论以来，对品牌个性的研究在过去的几十年间在理论和实践中都取得了较大的进展。在产品高度趋于同质化的市场经济条件下，消费者可以通过品

[作者简介] 李良智，1964 年生，男，湖南华容人，江西财经大学研究生部主任，教授，博士生导师，经济学博士，主要研究方向为企业管理；余可发，1979 年生，男，江西高安人，江西财经大学工商管理学院讲师，博士生，研究方向为企业管理、品牌管理研究。

牌个性表现自我（Belk，1988）、塑造理想形象（Malhotra，1988）或与众不同的个性（Keller and Kevin L.，1993）。品牌个性为消费者提供不可替代的情绪表达，是建立品牌与消费者关系及市场区隔性的重要基础。但上述分析只是大致从理论上说明了品牌个性对品牌关系的影响，至于品牌个性究竟通过怎样的作用机制来影响品牌关系品质？另外，由于品牌关系品质内容的复杂性与多维性，品牌个性对品牌关系品质具体内容的影响到底怎样？目前这些问题都没有进行深入的研究。所以，本文希冀以实证研究，探索品牌个性对品牌关系品质的影响机制。

二、文献回顾与概念界定

（一）品牌个性概念及结构维度界定

品牌个性理论是基于美国格瑞（Grey）广告公司"品牌性格哲学"和日本小林太三郎"企业性格论"的启示，在对品牌形象进一步挖掘的基础上形成的。关于品牌个性的典型代表定义为：品牌个性包括其主要消费者的人口特征，如性别、年龄以及社会阶层，这些人口特征可以直接从品牌使用者形象、员工或间接从其他品牌联想推断而来（Levy，Sidney J.，1959）。品牌个性为消费者提供了象征性意义及自我表达的功能，这种象征性价值可能主要源于消费者会把品牌的个性看成符合消费者自己的个性特质（Gilmore，George W.，1919），通过品牌的象征性意义来塑造自己伟大人物的形象（Rook，1985）或表现自己的个性（Fournier，1998）。最早研究品牌个性维度的美国著名学者 Jenniffer Aaker（1997），第一次根据人格理论的"大五"模型，以个性心理学维度的研究方法为基础，以西方著名品牌为研究对象，发展了一个系统的品牌个性维度量表（Brand Dimensions Scales，BDS）。在这套量表中，品牌个性一共可以分为五个维度"纯真（Sincerity）、刺激（Exciting）、称职（Competence）、教养（Sophisticated）和强壮（Ruggedness）"。

黄胜兵、卢泰宏（2003）以西方的词汇法、因子分析和特质论作为方法论基础，以来自中文语言、中国的品牌为内容，经中国消费者的实证研究发展出中国的品牌个性维度及量表，并从中国传统文化角度阐释了中国的品牌个性维度——"仁、智、勇、乐、雅"。与美国、日本两个国家的品牌个性维度的跨文化比较研究表明："仁"（Sincerity）、"智"（Competence）、"雅"（Sophisticated）这三个维度具有较强的跨文化一致性，这是共性。"仁"是中国品牌个性中最具有文化特色的一个维度，其次是"乐"。中国与美国相比品牌个性最具有差异性的是：中国更加强调群体性利益，而美国更加重视个人利益，强调个性的表现，这是两种不同文化的差异在品牌个性中的体现。而中国与日本相比，中国品牌个性中存在着"勇"，而日本则不存在这样一个单独维度，而"勇"与美国的"Ruggedness"比较相关，这一维度在中国的出现，表明中国品牌的建立在一定程度上受到西方理论及文化的影响。

（二）消费者品牌个性认知概念界定

品牌认知是指消费者对品牌各个方面的认知，其涵盖范围相当宽泛。消费者都会从品牌属性的认知强度、属性的美誉度和属性的独特性三方面进行评估。其中，认知强度指消费者在多大程度上认知到这个属性的存在，这是一个认知性变量。美誉度是指消费者在多大程度上认同这个属性，是一个情感性变量。独特性比较特殊，它描述一个属性在多大程度上是鲜明的、与众不同的，因此这是一个带有部分情感因素的认知性变量，但总体上还是一个认知性变量。而品牌个性作为品牌的一个象征性的属性，同样也是消费者对品牌进行认知的客体，因此对于品牌个性也同样可

以引入这三个维度进行考量。本文将引入品牌个性认知强度、品牌个性独特性和品牌个性认同度（美誉度）这三个变量，对品牌个性进行比较全面的考量。品牌个性认知强度是指消费者将品牌拟人化认知的难易程度，这直接受企业营销刺激的影响（广告代言人、品牌吉祥物等）。品牌个性独特性是指消费者多大程度上认为品牌的个性是鲜明的、与众不同的。品牌个性认同度指消费者在多大程度上认为自己的期望个性与品牌的个性相符。因此，本文总共涉及三个品牌个性认知变量：品牌个性认知强度、品牌个性独特性和品牌个性认同度。其中前两个是认知性变量，品牌个性认同度是一个情感性变量。当然，品牌个性独特性这个变量也带有一定的情感成分（陈卓浩等，2006）。

（三）消费者—品牌关系概念界定

在营销实践中，品牌经理们普遍认识到，与消费者建立牢固而持久的关系是他们最重要的责任之一，也是决定品牌成功的关键。一些品牌领域的学者发现，消费者和品牌之间具有与伙伴、朋友等人际关系相类似的特征。基于这样的观察，他们尝试将品牌研究与关系理论相融合。在试图阐明消费者—品牌关系概念内涵的相关研究中，国内外学者提出了多种理论模型，其中代表性文献有：①Blackston（1992）的二因素论：信任与满意；②Fournier（1994）的品牌关系质量（Brand Relationship Quality，BRQ）六要素论：爱与激情、自我联结、相互依赖、个人承诺、亲密情感、品牌的伴侣品质；③Duncan 和 Moriarty（1999）的八指标论：知名度、可信度、一致性、接触点、回应度、热忱心、亲和力、喜爱度；④何佳讯（2006a）的本土消费者品牌关系质量（CBRQ）六要素理论：社会价值表达、信任、相互依赖、真有与应有之情、承诺、自我概念联结。通过上述对消费者—品牌关系质量的文献回顾不难发现，随着对消费者—品牌关系内涵研究的深入，通过跨文化的比较，笔者认为我国学者何佳讯开发的 CBRQ 量表适合用于我国消费者品牌消费行为的研究，本文也将以此作为对消费者—品牌关系质量研究的依据。

三、理论建构与研究假设

尽管品牌个性是消费者品牌关系建立的基础，但已有文献中的研究结果比较有限，特别是消费者品牌个性认知对品牌关系质量的影响的实证研究极其缺乏。品牌个性认知到底怎样影响消费者品牌关系质量，本文建立如下理论模型：

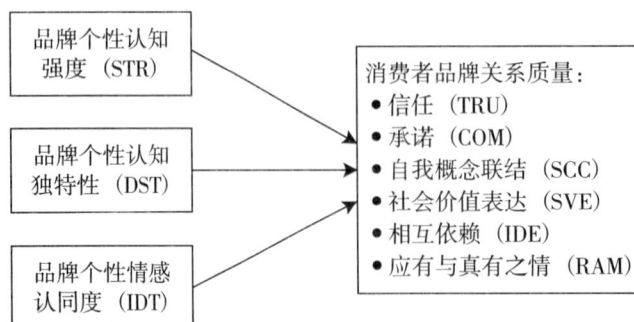

图1　品牌个性认知对品牌关系质量影响机制

（一）品牌个性认知对品牌信任的影响

消费者对品牌的信任来源于消费者对品牌的理性认知和感性认知，其中对品牌认知的范畴中

也包括了对品牌个性的认知，并且对品牌个性认知强度、品牌个性独特性属于理性认知，品牌个性认同度属于感性认知。据此，笔者提出如下假设：

H1：消费者品牌个性认知水平对消费者品牌关系中的信任有显著影响，即

H1a：消费者品牌个性认知强度对消费者品牌关系中的信任程度有显著正向影响；

H1b：消费者品牌个性独特性对消费者品牌关系中的信任程度有显著正向影响；

H1c：消费者品牌个性认同度对消费者品牌关系中的信任程度有显著正向影响。

（二）品牌个性认知对品牌承诺的影响

消费者对品牌的承诺，首先要满足消费者对品牌信任的条件，当然也受到某些责任因素的影响，由于消费者对品牌个性的认知会对品牌信任产生积极的影响，因此，笔者提出如下假设：

H2：消费者品牌个性认知水平对消费者品牌关系中的承诺有显著影响，即

H2a：消费者品牌个性认知强度对消费者品牌关系中的承诺程度有显著正向影响；

H2b：消费者品牌个性独特性对消费者品牌关系中的承诺程度有显著正向影响；

H2c：消费者品牌个性认同度对消费者品牌关系中的承诺程度有显著正向影响。

（三）品牌个性认知对品牌关系中自我概念联结的影响

随着社会环境逐步开放，东西方文化的交融，中国年青一代"自我"意识增强，希望品牌对自我的表达是个我和社会自我的和谐统一。Fournier（1998）对"自我概念联结"的定义是："反映品牌传达重要的认同关注、任务或主题，从而表达了自我的一个重要方面的程度。"其中品牌个性是完成该任务非常重要的一个维度，据此，笔者提出如下假设：

H3：消费者品牌个性认知水平对消费者品牌关系中的自我概念联结有显著影响，即

H3a：消费者品牌个性认知强度对消费者品牌关系中的自我概念联结有显著正向影响；

H3b：消费者品牌个性独特性对消费者品牌关系中的自我概念联结有显著正向影响；

H3c：消费者品牌个性认同度对消费者品牌关系中的自我概念联结有显著正向影响。

（四）品牌个性认知对品牌关系中社会价值表达的影响

何佳讯（2006）将品牌关系质量的社会价值表达定义为：消费者对品牌象征性地赋予自己社会地位、社会性赞赏和影响的知觉程度，它带给消费者的是愉悦性的骄傲情绪，如自豪、神气、得意、优异和受尊敬等。品牌作为一种"社会地位"象征所指的是品位与风格，品牌个性是其中重要构成元素之一。据此，笔者提出如下假设：

H4：消费者品牌个性认知水平对消费者品牌关系中的社会价值有显著影响，即

H4a：消费者品牌个性认知强度对消费者品牌关系中的社会价值有显著正向影响；

H4b：消费者品牌个性独特性对消费者品牌关系中的社会价值有显著正向影响；

H4c：消费者品牌个性认同度对消费者品牌关系中的社会价值有显著正向影响。

（五）品牌个性认知对品牌关系中相互依赖的影响

在讲究集体主义的中国，消费者与品牌之间的"相互依赖"与否是衡量关系质量的基本指标。而消费者与品牌之间"相互依赖"关系的建立是基于消费者对品牌成本和价值回报的比较而形成的心理期待和行为表现。其中品牌情感价值也是价值体系重要的组成成分，而品牌情感价值中品牌个性价值又是其重要构成体系。据此，笔者提出如下假设：

H5：消费者品牌个性认知水平对消费者品牌关系中的相互依赖有显著影响，即

H5a：消费者品牌个性认知强度对消费者品牌关系中的相互依赖有显著正向影响；

H5b：消费者品牌个性独特性对消费者品牌关系中的相互依赖有显著正向影响；

H5c：消费者品牌个性认同度对消费者品牌关系中的相互依赖有显著正向影响。

（六）品牌个性认知对品牌关系中应有与真有之情的影响

何佳讯（2006）将反映消费者与品牌关系质量的"真有与应有之情"概念定义为：在对品牌使用中，消费者由对品牌喜爱而产生的难以控制的正面情绪反应（真有之情），如高兴、愉快和乐趣等；以及受文化规范的影响（如爱国主义，家庭和传统，场合和礼节）而产生的义务上的感情（应有之情）。因此，消费者对品牌的真有与应有之情主要源于消费者对品牌的认知、认同（包括功能认同、情感认同），特别是品牌对自我概念（个我和社会自我）的表达认知、认同。据此，笔者提出如下假设：

H6：消费者品牌个性认知水平对消费者品牌关系中的应有与真有之情有显著影响，即

H6a：消费者品牌个性认知强度对消费者品牌关系中应有与真有之情有显著正向影响；

H6b：消费者品牌个性独特性对消费者品牌关系中的应有与真有之情有显著正向影响；

H6c：消费者品牌个性认同度对消费者品牌关系中的应有与真有之情有显著正向影响。

四、研究方法

（一）变量的测量与数据收集

1. 问卷设计

本文在探讨品牌个性对消费者品牌关系质量的影响机制的过程中，总共涉及品牌个性认知强度（STR）、品牌个性独特性（DST）、品牌个性认同度（IDT）和品牌关系质量（社会价值表达（SVE）、信任（TRU）、相互依赖（IDE）、真有与应有之情（RAM）、承诺（COM）、自我概念联结（SCC）），共九个变量。其中社会价值表达（SVE）、信任（TRU）、相互依赖（IDE）、真有与应有之情（RAM）、承诺（COM）、自我概念联结（SCC）是因变量，品牌个性认知强度（STR）、品牌个性独特性（DST）、品牌个性认同度（IDT）是自变量。变量的具体测量项目见表1。由于本文主要测量品牌个性对品牌关系质量的影响，首先某种程度上消费者要对测量品牌有一定程度的认知，因此，本文没有规定特定品牌，而是让被测试对象自己确定。另外，品牌个性认知强度采用直观问题的测量（陈卓浩等，2006）。品牌个性测量采用 Aaker 的量表，品牌关系质量测量采用何佳讯本土化量表，总体测量思路参考陈卓浩等（2006）对品牌个性对品牌态度影响机制的测量模式。

其中：品牌个性认知强度（STR）测量为单问题测量，可以直接得出测量结果；品牌个性独特性（DST）主要测量消费者对品牌个性维度当中最突出的个性特征，因此，$DST = Max\{|BP_i - 3|\}$，$i = 1, 2, 3, 4, 5$，其中 BP_i 为该维度中测量项目的平均得分。

品牌个性认同度（IDT）主要测量消费者对自身理想个性与品牌个性的匹配程度，因此，

$$IDT = \sum_{i=1}^{5} (5 - |BP_i - EP_i|) \times W_i, \quad i = 1, 2, 3, 4, 5$$

表 1　变量测量项目

（1）品牌的选择： 您目前正在使用且首先被想起的品牌_____？
（2）品牌个性认知强度（STR）的测量： 如果把这个品牌想象成一个人，您觉得有困难吗？ （5 级量表计分，1 = 非常困难，2 = 有点困难，3 = 不好说，4 = 不困难，5 = 一点都不困难）
（3）品牌个性（BP）的测量： ● 纯真（Sincerity）：务实、诚实、健康、令人愉快 ● 刺激（Excitement）：大胆、时尚、精力充沛、有想象力 ● 能力（Competence）：可靠、聪慧、成功 ● 高级（Sophistication）：上流社会、有魅力、优雅 ● 粗犷（Ruggedness）：结实、热衷户外运动、坚韧 （5 级量表计分，1 = 完全不同意，2 = 不同意，3 = 中立，4 = 同意，5 = 完全同意）
（4）自我期望人格的测量： 你理想中自己的形象应当是怎样的？ ● 为人真诚的 ● 追求刺激 ● 有能力 ● 高品位 ● 有勇气 （5 级量表计分，1 = 完全不同意，2 = 不同意，3 = 中立，4 = 同意，5 = 完全同意） 再次回顾上述五项表述，您认为这五项对您而言重要程度如何？"最重要"的必须选择且只能选择一项。 （4 级量表计分，0 = 不太重要，1 = 重要，2 = 非常重要，3 = 最重要）
（5）品牌关系质量（CBRQ）的测量： ● 信任（TRU）：感到安全和放心、对行为负责、值得信赖、实际表现符合期望、诚实 ● 承诺（COM）：即使生活发生变化仍会使用该品牌、不会因潮流变化而换掉该品牌、对该品牌感到很忠诚、能指望我一直使用该品牌 ● 自我概念联结（SCC）：该品牌的形象与自己追求的形象在很多方面是一致的、该品牌表达了与自己很多相似的东西 ● 社会价值表达（SVE）：显得有品位、带来赞许、折射对成功的渴望、具有某种优越感、既适合自己又迎合他人的看法 ● 相互依赖（IDE）：当不用该品牌时感觉失去了什么、宁愿费些周折也要买到该品牌、对该品牌有很强的依赖性、缺货时愿暂缓购买 ● 真有与应有之情（RAM）：该品牌具有很大的吸引力、为一直使用该品牌愿做出小小牺牲、觉得自己应该使用该品牌、情不自禁关注该品牌的新情况、一看到该品牌就有亲切感

$$W_i = \frac{S_i}{\sum\limits_{i=1}^{5} S_i} \times 100\%，i = 1，2，3，4，5，其中 S_i 为对理想中个性维度重要性评分（0 = 不太重$$

要，1 = 重要，2 = 非常重要，3 = 最重要）。

品牌关系质量各维度测量值等于各维度测量项目的平均值。

2. 数据收集

在问卷设计完后，由于人力、物力等因素的限制，本文采取便利抽样方法，江西财经大学校园内，调查了 135 名本科生，扣除其中 27 份无效问卷，最后 108 个样本进入正式研究分析。其中男性 64 名，女性 44 名。

（二）信度与效度分析

1. 信度分析

笔者采用 SPSS 统计分析软件对测量量表进行检定，采用 Cronbach's α 系数，检验结果如表 2

所示。

表 2　量表信度检验结果

测量量表	结构维度	衡量项目数	Cronbach's α
品牌个性	纯真	4	0.762
	刺激	4	0.776
	能力	3	0.758
	高级	3	0.730
	粗犷	3	0.721
	总体	17	0.852
品牌关系质量	信任	5	0.835
	承诺	4	0.776
	自我概念联结	2	0.790
	社会价值表达	5	0.761
	相互依赖	4	0.751
	应有与真有之情	5	0.786
	总体	25	0.897

根据 Guielford（1965）的建议，倘 Cronbach's α 值大于 0.7 则显示其信度相当高，若介于 0.70 与 0.35 间尚可，而小于 0.35 则表示信度低，从计算结果来看，各部分的 Cronbach's α 系数均大于 0.70。因此，本研究具有高度的内部一致性信度。

2. 效度分析

效度分析主要包括内容效度检验和建构效度检验。内容效度旨在系统检验测量内容的适当性，若测量内容涵盖所有研究计划要探讨的架构和内容，就可说具有优良的内容效度，由于本文使用的均为成熟量表，因此具有较高的内容效度。

至于建构效度，本文以因子分析的方式来验证：若经由因子分析后，所产生的结构符合预期结构，则表示该问卷具有良好的建构效度。首先对品牌个性测量进行因子分析：通过 KMO 值为 0.797 和 Bartlett's Test 检验显著性结果为 0.000，发现适合进行因子分析，因子分析结果如表 3 所示。

表 3　品牌个性因子分析结果

因子名称	题　项	因子载荷	特征值	解释变异量（%）	累积解释变异量（%）
纯真	务实	0.827	5.381	31.650	31.650
	诚实	0.642			
	健康	0.680			
	令人愉快	0.681			
刺激	大胆	0.791	1.849	10.875	42.525
	时尚	0.528			
	精力充沛	0.534			
	有想象力	0.770			
能力	可靠	0.570	1.481	8.712	51.237
	聪慧	0.673			
	成功	0.639			

因子名称	题　项	因子载荷	特征值	解释变异量（%）	累积解释变异量（%）
高级	上流社会	0.712	1.252	7.366	58.603
	有魅力	0.737			
	优雅	0.718			
粗犷	结实	0.765	1.113	6.550	65.153
	热衷户外运动	0.760			
	坚韧	0.692			

　　品牌个性因子分析结果显示，品牌个性的量表可产出五个因子且各因子载荷大于 0.5，与预期架构一致，因此本文量表具有较高的建构效度。

　　再对品牌关系质量量表进行因子分析：通过 KMO 值为 0.834 和 Bartlett's Test 检验显著性结果为 0.000，发现适合进行因子分析，因子分析结果如表 4 所示。

表 4　品牌关系质量因子分析结果

因子名称	题　项	因子载荷	特征值	解释变异量（%）	累积解释变异量（%）
信任	感到安全和放心	0.779	8.681	34.473	34.473
	对行为负责	0.688			
	值得信赖	0.643			
	实际表现符合期望	0.805			
	诚实	0.713			
承诺	即使生活发生变化仍会使用该品牌	0.702	2.137	8.549	43.022
	不会因潮流变化而换掉该品牌	0.765			
	对该品牌感到很忠诚	0.782			
	能指望我一直使用该品牌	0.527			
自我概念联结	该品牌的形象与自己追求的形象在很多方面是一致的	0.678	1.896	7.583	50.605
	该品牌表达了与自己很多相似的东西	0.732			
社会价值表达	显得有品位	0.641	1.618	5.240	55.845
	带来赞许	0.808			
	折射对成功的渴望	0.672			
	具有某种优越感	0.730			
	既适合自己又迎合他人的看法	0.699			
相互依赖	当不用该品牌时感觉失去了什么	0.590	1.251	5.003	60.849
	宁愿费些周折也要买到该品牌	0.867			
	对该品牌有很强的依赖性	0.538			
	缺货时愿暂缓购买	0.529			
应有与真有之情	该品牌具有很大的吸引力	0.508	1.113	4.450	65.299
	为一直使用该品牌愿作出小小牺牲	0.539			
	觉得自己应该使用该品牌	0.765			
	情不自禁关注该品牌的新情况	0.729			
	一看到该品牌就有亲切感	0.682			

品牌关系质量因子分析结果显示，品牌关系质量的量表可产出六个因子，与预期架构一致，因此本文量表具有较高的建构效度。

五、数据分析与假设检验

（一）变量间的相关性分析结果

借助统计软件 SPSS13.5，通过对本研究涉及的五个变量的相关性分析，可以得到相关系数矩阵，参见表 5。根据相关性分析和一元线性回归分析结果，我们得到以下三项主要研究结果。

表 5　九个研究变量间的相关系数矩阵

	品牌个性认知强度	品牌个性独特性	品牌个性认同度	信任	承诺	自我概念联结	社会价值表达	相互依赖	真有与应有之情
品牌个性认知强度	1								
品牌个性独特性	0.216*	1							
品牌个性认同度	0.125	0.244*	1						
信任	0.177	0.535**	0.272**	1					
承诺	0.155	0.243*	0.196*	0.411**	1				
自我概念联结	0.252*	0.247**	0.274**	0.459**	0.476**	1			
社会价值表达	0.129	0.364**	0.431**	0.359**	0.349**	0.447**	1		
相互依赖	0.193*	0.238*	0.128	0.361**	0.603**	0.430**	0.437**	1	
真有与应有之情	0.296*	0.521**	0.264**	0.553**	0.580**	0.533**	0.554**	0.708**	1

注：* 表示相关性通过显著水平 $p < 0.05$ 的双尾 T 检验；** 表示相关性通过显著水平 $p < 0.01$ 的双尾 T 检验。

通过上述简单相关分析，不难发现品牌个性认知强度与品牌关系质量之间不存在直接相关关系，品牌个性认知强度是影响品牌关系质量的一个先决条件，要通过品牌个性独特性、品牌个性认同度来发生作用。

（二）变量间的多元回归分析与假设检验

通过变量间的多元回归分析，笔者将主要参数罗列在表 6 中，其中社会价值表达（SVE）、信任（TRU）、相互依赖（IDE）、真有与应有之情（RAM）、承诺（COM）、自我概念联结（SCC）是因变量，品牌个性认知强度（STR）、品牌个性独特性（DST）、品牌个性认同度（IDT）是自变量。

表 6　多元回归结果

因变量	自变量	R^2	调整后 R^2	未标准化的系数 B	t	显著性（p）
TRU	STR			0.037	0.666	0.507
	DST	0.315	0.295	0.700	5.745	0.000
	IDT			0.265	1.722	0.088
COM	STR			0.072	1.014	0.313
	DST	0.208	0.162	0.304	1.928	0.057
	IDT			0.380	2.109	0.032
SCC	STR			0.159	2.018	0.046
	DST	0.376	0.301	0.270	1.553	0.124
	IDT			0.498	2.272	0.025

因变量	自变量	R²	调整后 R²	未标准化的系数 B	t	显著性（p）
SVE	STR			0.017	0.276	0.783
	DST	0.256	0.235	0.398	3.009	0.003
	IDT			0.687	4.120	0.000
IDE	STR			0.123	1.521	0.131
	DST	0.085	0.059	0.356	1.999	0.048
	IDT			0.141	0.629	0.531
RAM	STR			0.132	2.265	0.026
	DST	0.333	0.313	0.696	5.481	0.000
	IDT			0.250	2.572	0.012

通过上述回归分析结果，我们可以对假设进行检验，检验结果如下：

表 7　假设检验结果

假　　设	检验结果
H1：消费者品牌个性认知水平对消费者品牌关系中的信任有显著影响	
H1a：消费者品牌个性认知强度对消费者品牌关系中的信任程度有显著正向影响	不成立
H1b：消费者品牌个性独特性对消费者品牌关系中的信任程度有显著正向影响	成立
H1c：消费者品牌个性认同度对消费者品牌关系中的信任程度有显著正向影响	成立
H2：消费者品牌个性认知水平对消费者品牌关系中的承诺有显著影响	
H2a：消费者品牌个性认知强度对消费者品牌关系中的承诺程度有显著正向影响	不成立
H2b：消费者品牌个性独特性对消费者品牌关系中的承诺程度有显著正向影响	成立
H2c：消费者品牌个性认同度对消费者品牌关系中的承诺程度有显著正向影响	成立
H3：消费者品牌个性认知水平对消费者品牌关系中的自我概念联结有显著影响	
H3a：消费者品牌个性认知强度对消费者品牌关系中的自我概念联结有显著正向影响	成立
H3b：消费者品牌个性独特性对消费者品牌关系中的自我概念联结有显著正向影响	不成立
H3c：消费者品牌个性认同度对消费者品牌关系中的自我概念联结有显著正向影响	成立
H4：消费者品牌个性认知水平对消费者品牌关系中的社会价值有显著影响	
H4a：消费者品牌个性认知强度对消费者品牌关系中的社会价值有显著正向影响	不成立
H4b：消费者品牌个性独特性对消费者品牌关系中的社会价值有显著正向影响	成立
H4c：消费者品牌个性认同度对消费者品牌关系中的社会价值有显著正向影响	成立
H5：消费者品牌个性认知水平对消费者品牌关系中的相互依赖有显著影响	
H5a：消费者品牌个性认知强度对消费者品牌关系中的相互依赖有显著正向影响	不成立
H5b：消费者品牌个性独特性对消费者品牌关系中的相互依赖有显著正向影响	成立
H5c：消费者品牌个性认同度对消费者品牌关系中的相互依赖有显著正向影响	不成立
H6：消费者品牌个性认知水平对消费者品牌关系中的应有与真有之情有显著影响	
H6a：消费者品牌个性认知强度对消费者品牌关系中应有与真有之情有显著正向影响	成立
H6b：消费者品牌个性独特性对消费者品牌关系中的应有与真有之情有显著正向影响	成立
H6c：消费者品牌个性认同度对消费者品牌关系中的应有与真有之情有显著正向影响	成立

六、结论与研究不足

（一）结论

通过上述研究总结，在普遍都认为品牌个性是消费者与品牌建立关系的基础上，深入解决了

品牌个性究竟通过怎样的作用机制来影响品牌关系品质。另外，品牌关系品质内容的复杂性与多维性，品牌个性对品牌关系品质具体内容的影响到底怎样，这两个是我们主要想解决的问题。

首先，从假设检验的结果来看，品牌个性认知强度不直接作用于品牌关系。但从实际现象来看，品牌个性认知强度非常重要，只有比较容易拟人化认知的品牌，消费者才能进一步去辨识品牌个性中的独特成分，当消费者认识到品牌个性中的独特性与消费者个性的匹配程度较高时，消费者对品牌个性的认同度就高，从而品牌关系的品质就高，假设检验中充分证明了这一点。这说明，品牌个性认知强度是品牌个性作用于品牌关系的先决条件，对品牌个性独特性、品牌个性认同度作用于品牌关系起着中介作用。

其次，从假设检验的结果来看，品牌个性独特性对品牌关系质量的影响非常显著，除了 H3b（消费者品牌个性独特性对消费者品牌关系中的自我概念联结有显著正向影响）不成立之外，其他假设均成立。这说明如果一个品牌的个性混同于其他竞争品牌，对品牌关系的建立与维系是极为不利的，移动"动感地带"品牌的成功就充分说明了这一点。这要求企业在易化品牌人格化认知的基础上，要用准确的定位来凸显品牌个性中的独特成分。

最后，从假设检验的结果来看，品牌个性认同度对品牌关系质量的影响非常显著，除了 H5c（消费者品牌个性认同度对消费者品牌关系中的相互依赖有显著正向影响）不成立之外，其他假设均成立。品牌个性认同度作为品牌个性作用于品牌关系中的一个情感变量，与品牌关系的本质有着极大的相同之处，高质量的品牌关系一定是建立在顾客的高度偏爱之上，而消费者对某个品牌的高度偏爱本身就是一种情感。这需要营销人员在品牌个性独特性塑造的同时，要充分考虑目标人群的个性特征，两者能有完美契合将对品牌关系质量产生巨大的影响，"动感地带"个性中的"时尚、活力又稍微有点叛逆"的独特个性与目标人群的个性特征不谋而合，因此，其品牌关系质量非常高。

（二）研究不足

1. 理论构建和研究方法不足

本文从消费者品牌认知角度研究品牌个性对品牌关系的作用机制，在对品牌个性认知强度、品牌个性独特性、品牌个性认同度的设计和测量上采用了陈卓浩等（2006）开发的方法，另外对品牌关系质量的测量主要采用何佳讯开发的量表。研究方法主要采用相关分析与回归分析，研究手段相对单一。因此，从某种意义上，理论构建和研究方法存在不足。

2. 研究样本不足

由于各种条件的限制，这次研究所调查的样本全部为在校的本科生，样本上相对统一性对研究结论的外推有一定的影响，年龄、职业上的差异可能会对品牌个性作用于品牌关系产生重大的差异。

〔参考文献〕

〔1〕Fournier, Susan. Consumer and Their Brands: Developing Relationship Theory in Consumer Research [J]. *Journal of Consumer Research*, 24（March），1998：343-373

〔2〕卢泰宏，周志民. 基于品牌关系的品牌理论：研究模型及展望 [J]. 商业经济与管理，2003（2）：4-9

〔3〕周志民. 品牌关系评估研究范畴、视角探讨与展望 [J]. 外国经济与管理，2005（1）：34-40

〔4〕何佳讯. 品牌资产测量的社会心理学视角研究评价 [J]. 外国经济与管理，2006（4）：48-52

〔5〕何佳讯. 品牌关系质量本土化模型的建立与验证 [J]. 华东师范大学学报（哲社版），2006（3）：100-106

〔6〕何佳讯. 品牌关系质量的本土化模型：高阶因子结构与测量 [J]. 营销科学学报，2006（3）：97-108

［7］黄静，雷柳桢. 品牌关系倾向对消费者态度及行为的影响［J］. 营销科学学报，2006（3）：86-96

［8］周志民. 品牌关系指数模型研究：一个量表开发的视角［J］. 营销科学学报，2006（2）：24-40

［9］周志民，卢泰宏. 广义品牌关系结构研究［J］. 中国工业经济，2004（11）：98-105

［10］ Aggarwal P. The Effects of Brand Relationship Norm Son Consumer Attitude Sand Behavior ［J］. *Journal of Consumer Research*，31（June），2004：87-101

［11］ Berry，L.L. *Relationship Marketing* ［M］. Chicago：American Marketing Association，1983

［12］陈卓浩，鲁直，蒋青云. 品牌个性对品牌态度的影响机制研究——从消费者品牌认知的视角出发［J］. 营销科学学报，2006（2）：103-116

［13］ Blackston，Max. Observations：Building Equity by Managing the Brand's Relationships ［J］. *Journal of Advertising Research*，1992，32（May/Jun）：79-83.

［14］ Epstein，Seymour. *Traits are Alive and Well，in Personality at the Crossroads* ［M］. D.Magnusson and N.S，Endler，eds. Hillsdale，NJ：Lawrence Erlbaum Associates，1977：85-97

［15］ Plummer，Joseph T. *Brand Personality：A Strategic Concept For Multinational Advertising.* in Marketing Educators' Conference，New York：Yong & Rubicam，1985：1-31

［16］ Aaker，J.，Susan Fournier and S. Adam Brasel. *Charting the Development of Consumer-Brand Relationships.* Research Paper Series，Graduate School of Business Stanford University，2001

［17］ Levinger George. *Development and Change in Close Relationship* ［M］. New York：W.H. Freeman，1983

［18］ Fournier Susa. *A Consumer Brand Relationship Framework for Strategic Brand Management* ［C］. Unpublished Doctoral Dissertation，University of Florida，1994

［19］ Mc Alexander，J. H.，Schouten，J. W.& Koenig，H. F. Building Brand Community［J］. *Journal of Marketing*，2002，（1）：38-54.

［20］ Park，Bernadette. *A Method of Studying the Development of Personality of Real People* ［J］. *Journal of Personality and Social Psychology*，1986，62（3）

［21］ Belk，Russle W. Possessions and Extended self ［J］. *Journal of Consumer Research*，2（September），1988：39-68

［22］ Malhotra，Naresh，K. Self Concept and Product Choice：An Integrated Perspective. *Journal of Economic Psychology*，1988（9）：1-28

［23］ Keller and Kevin L. Conceptualizing，Measuring，and Managing Consumer-Based Brand Equity. *Journal of Marketing*，1993，57（January），1-22

The Effect Machnism of Brand Relationship Quality from the Perspective of Brand Personality Cognition

LI Liang-zhi[1]，YU Ke-fa[2]

(1. Graduate Department，School of Business Administration；

2. Jiangxi University of Finance and Economics，Nanchang，330013，China)

Abstract：Brand personality is the link between the brand and consumer relationship，however，there is few of empirical research in this field . In this paper，the author verified the relationship between the brand personality and the consumer-brand quality（CBQ）and found that the Cognition intensity of brand personality can not directly impact the CBQ，only the Unique and Recognition of brand personality played a significant impact role to the CBQ. However，in varying degrees of Cognition intensity of brand personality，the impact of the unique and recognition of brand personality to the CBQ is significant difference.

Key Words：Brand Personality；Consumer-Brand Relationship；Effect Machnism

【营销管理与创业】

基于资本来源差异的创业比较研究

刘兴国[1,2]　沈志渔[1]

(1. 中国社会科学院工业经济研究所，北京　100836；

2. 南京理工大学经济管理学院，江苏　南京　210094)

[摘　要] 创业资本的来源对创业行为有着重要的影响。新创企业的创业资本，从其实际来源看大致可以区分为境外资本、境内国有资本、境内私人资本三种基本类型。境外资本在创业时会采用国际化战略、机会战略和技术优势战略；境外资本的创业机会虽然受到限制，但在创业机会的利用上具有明显优势；而在资源占用上，境外资本则更多地使用技术资源和资金资源。境内国有资本在创业时将采用本土化战略、机会战略和垄断战略；境内国有资本能广泛地获取各种创业机会，但其机会利用能力却相对最差；境内国有资本的优势资源主要是信息资源，在资金资源上也表现出一定程度的优势。境内私人资本在创业时倾向于选择本土化战略、生存战略和分散竞争战略；境内私人资本在机会获取与利用上均处于中间水平；对境内私人资本而言，很难在实体资源占用上取得优势，因此，社会关系网络资源成为其创业发展的关键资源。

[关键词] 创业资本来源；创业机会；创业资源

一、引　言

最早从学术意义上研究创业活动的是美国的一些教育机构和学者。美国第一次创业学术会议1970 年在普度大学召开，此后该会议每 5 年召开一次。随着更多学者在各自的领域关注创业现象，创业研究吸引了很多学者的关注。自 1987 年《管理科学》正式开辟创业研究专题以来，许多学者对创业问题给予了更多的关注。他们从各自的学科出发，运用不同的理论观点对一些相关的问题做出了积极的探索。但是，因为创业研究涉及多领域、多学科，在具体的研究中各学科采用的理论观点和关注的研究焦点都有所不同。Venkataraman 对国际创业研究领域的成果进行了全面总结，认为创业研究学者应该特别关注机会的来源和机会与创业者个体的关联。Venkataraman 的观点显然成为了 12 年来全球创业研究的基本框架，理论研究解决了他所关注的大量问题，但显然并没有解决他所提出的全部问题。我国创业研究虽然起步较晚，但随着学术研究与教育的发展，目前也形成了一些创业研究小组。

创业资本的研究起源于 20 世纪 50 年代的美国。现有文献通常把创业资本解释为专门以股权形式投资于有发展潜力的中小型企业，以获取企业发展壮大后所带来的收益为目的的一种投资资

[作者简介] 刘兴国，1972 年生，男，湖南武冈人，副教授，管理学博士，中国社会科学院工业经济研究所博士后研究人员，主要从事组织理论与中小企业管理方面的研究，E-mail：njust1953@hotmail.com；沈志渔，1954 年生，男，浙江宁波人，中国社会科学院工业经济研究所研究员，博士生导师，主要从事国有企业改制方面的研究，E-mail：shen0566@ vip.sina.com。

本。有关创业资本的研究主要集中在创业资本市场、创业资本体系构建、创业资本管理与运行、创业资本与经济发展关系等几个方面。国外对创业资本运行的研究存在两种路线：一种是技术路线，主要研究筹资数量变动因素、创业投资决策优化、创业基金回报以及创业资本退出等方面；一种是制度路线，主要研究创业基金治理结构、创业企业的控制权争夺以及影响创业资本运行的政策法规、金融体系、社会文化和主体构成等宏观制度变量的相关因素（刘志阳、施祖留，2005）。王东静（2006）认为，美国的创业投资最发达，以色列与澳大利亚的创业投资发展得较快，欧洲部分国家的创业投资缺乏活力，我国创业资本则一直处于低迷萎缩状态。

目前虽然有不少文献针对创业资本进行了研究，但其研究对象都局限于创业投资资本的范畴，并没有对个人创业资本等进行研究。在论文后续研究中，创业资本将被界定在企业创设范畴，而不仅仅是创业投资资本。在本文中，所有用来创设新企业的资本都被称为创业资本，既包括专业的创业投资资本，也包括其他类型的企业创设资本。此外，从文献检索结果看，并没有发现有学者针对新创企业资本来源的差异来研究创业行为问题；忽视资本来源差异的创业行为研究，显然并不符合创业的实践。本文将在分析新创企业创业资本来源特征的基础上，深入探讨不同来源创业资本对创业战略选择、创业机会识别与利用、创业资源的占用的影响，并在此基础上探讨我国政府对创业资本的引导政策问题。

二、创业资本来源分析

创业资本的研究更多地是指向了创业投资资本，但事实上创业投资资本只不过是形成了企业创业资本的一部分；尤其是在我国，创业投资资本对新创企业的资本贡献非常小。目前创业资本组织形式主要有以下几种：有限合伙投资公司，政府扶持的投资机构，金融机构附属创业投资部门，产业或企业附属投资公司，小型私人投资公司，富有的家庭或个人投资者。陈业宏、肖蓓（2005）指出，创业投资主要有六个来源，包括：银行及非银行金融机构资本，保险公司、退休基金等机构投资者资金，个人资本，大企业资本，大学等科研事业单位积累资金，政府财政资金等。我国创业投资的发展开始于1985年，由于相关制度、政策环境不配套，创业资本在中国的发展较为缓慢。2008中国创业投资年度研究报告指出，经过20多年的艰难发展，我国创业投资资本构成已经日趋多样化，原来主要靠政府出资进行创业投资的情况已经发生了较大改变。但创业投资资本和IPO尚未成为我国新创企业资金的主要来源，非正式投资依然占据主导地位，我国新创企业资金主要来自于创业者本人以及其他个人的投资。

本文旨在从新创企业的注册资本构成的角度来探讨创业资本的来源问题。新创企业的注册资本通常由以下资金成分构成：境外资金、本国政府资金、境内机构资金、境内个人资金。因此，新创企业资本可能表现为四种具体形式：境外资本、境内国有资本、境内机构资本、境内私人资本。新创企业的创业资本可以是其中某一种资本，也可能是由多种资本组成的一个混合投资体。早期创业者往往采用单一资本来源筹措创业资本，但随着经济的不断发展和资本运作理念的改变，创业者开始寻求创业资本来源渠道的多元化。具有创业资本混合来源的新创企业的行为过于复杂，难以进行准确描述，而且事实上混合资本企业常常表现出其主体资本的基本属性。因此，本文在分析中并没有单独列出混合资本来源这一特殊情形，而是按照其主要资本来源属性将其归入到相应类型。境内机构资本也是新创企业的一个重要资本来源，在一定程度上为创业者的资金不足提供了补充来源。从前述分析看，创业投资资本的来源是复杂的，但无论其来自何种渠道，其最终所形成的创业投资资本都应归属于机构资本的范畴。考虑到机构资本本身往往并不单独作为新创企业的投资主体，而是作为私人资本的补充而存在，本文后续分析中也没有对机构资本创业行为进行特别分析。从机构资本具体来源看，其或者是来自境外资本，或者是来自境内国有资本、境内私人资本，因此，机构资本本身并非是一种特殊的创业资本形式。综合上述分析结果，本文将

新创企业资本来源归结为三个组成部分：境外资本、境内国有资本、境内私人资本。与之相对应，这些创业资本所形成的新创企业即表现为外资企业、国有企业和私营企业。

表1根据2008年《中国统计年鉴》所提供的资料，对我国企业投资资本来源进行了汇总整理。在统计整理时，统计年鉴中的国家预算内投资被归入到境内国有资本的范畴；银行贷款、个人投资及其他投资被归入到境内私人资本的范畴，因为银行贷款最终是要由企业来偿还的，显然属于私人资本的提前使用。表1所列的虽然只是当前企业资本来源的静态分布情况，并非新创企业资本来源数据，但也能从一定程度上说明新创企业的资本来源。从企业静态资本分布状况看，在我国以往各年度新创企业中，境外资本和境内国有资本新创企业所占的比重都不大，二者对新创企业的资本贡献所差无几；境内私人资本是我国新创企业创业资本的主要来源，在企业创业过程中占有绝对的主导地位。

表1　我国企业资金来源结构统计表

年　份	1998	1999	2000	2001	2002	2003	2004	2005	2006	2007
境外资本	9.1	6.7	5.1	4.6	4.6	4.4	4.4	4.2	3.6	3.4
境内国有资本	4.2	6.2	6.4	6.7	7.0	4.6	4.4	4.4	3.9	3.9
境内私人资本	86.7	87.1	88.5	88.7	88.4	91	91.2	91.4	92.5	92.7

资料来源：根据2008年《中国统计年鉴》整理。

三、创业战略的差异性比较

创业战略是在创业资源的基础上，描述未来方向的总体构想，它决定着新创企业未来的成长轨迹以及资源配置的取向。从新创企业所针对的市场看，创业战略可以区分为国际化创业战略和本土化创业战略；[①] 从创业者创设企业的目的看，创业战略可以区分为生存型创业战略和机会型创业战略；[②] 从新创企业所进入的行业属性看，创业战略可以区分为技术优势型创业战略、分散竞争型创业战略和垄断型创业战略。不同资本来源的新创企业必须依据创业者自身的自然条件和创业时的客观环境，以及兼顾创业资本所能掌握和利用的资源情况，来确定新创企业的创业战略。

（一）境外资本的创业战略

境外资本在中国内地的创业基本上都采取国际化战略、机会型创业战略和技术优势创业战略。而且对境外资本来说，这三个战略往往是一体化的。也就是说，境外资本是寻求在自己拥有技术优势的领域发现创业机会，并且从国际化经营的角度来利用既有的机会进行创业。即使存在有一些本土化创业战略的境外资本创业者，其往往也是创业资本来源渠道多元化的结果。

首先，境外资本谋求进行机会型创业。进入中国内地进行投资的境外资本，必然是那些具有丰富的经营经验和成熟的经营理念的资本，它们的创业行为绝非一时冲动，也不会是为了维持自身的生存。境外资本在中国进行投资的根本目标就是获取高额投资利润（李希义，2009）。境外资本在中国的创业，必然是通过前期的市场调查，经过深入、谨慎的创业机会分析，在对创业机会进行详细论证的基础上做出的慎重决策。所以，境外资本创业表现出明显的机会型创业特征，并且寻求尽可能回避创业经营的风险。如改革开放初期的日资企业的进入，都是经过市场机会分析

---

① 创业研究最早关注的是本土创业问题的研究。20世纪90年代初期，一批学者就把目光投向了国际化创业这个充满希望和诱惑的新领域。近年来，国际创业成为国外创业研究的热点。与之相对应，本文将创业战略区分为本土化创业战略和国际化创业战略。

② 2001年GEM报告中提出了生存型创业与机会型创业的概念，国内的张玉利、薛红志等人对生存型创业和机会型创业进行了一些研究。

的结果；日本投资者认为，我国的改革开放必将为家用电器产品的需求提供巨大的市场机会，这为日本家电企业在中国设立企业提供了巨大机会。正是因为外资的机会寻求倾向，所以以境外资本的创业成功率远远高于境内私人资本。

其次，境外资本创业往往表现出技术领先优势。在中国内地创设企业的境外资本，都是那些在生产技术上拥有领先优势的投资主体。对中国的投资管理机构来说，我们要求境外投资者为我国带来先进技术，以实现"以市场换技术"的基本设想。1992年上海大众汽车公司的批准设立，其目的就是希望能够以市场换取德国大众的汽车制造技术，虽然这一目标至今我们也没有能够实现。对境外资本来说，正是因为其技术的领先优势，推动了其对外投资行为的发生与发展；因为一方面，技术优势本身能为创业经营创造机会；另一方面，技术优势也是构建境外资本竞争优势的关键基础。

最后，境外资本创业都表现出一定程度的国际化战略。在对外开放的早期，境外资本天生就是国际化战略的；早期外资企业产品中有高达90%都出口到国外市场，只有极少数留在国内销售。这种状况虽然已经有了较大改变，但境外资本创业的国际化战略并没有发生根本变化。境外资本创设企业的技术与资本密集型特征，使其产品价格往往超出了本地消费者的支付能力，因而并不适合于在中国本土销售，必须针对国际市场来经营，从而表现出国际化创业战略。即使是那些本身不具备技术优势的产品，譬如来料加工型外资企业，根据中国有关政策的规定，产品也必须以外销为主。所以，这类外资企业的创设也必然是以国际化经营为战略的。此外，境外资本在中国本土社会关系网络资源的缺乏也在很大程度上推动了其国际化创业的发展。

（二）境内国有资本的创业战略

我国国有资本的全民所有属性，决定国有资本必须承担特殊的责任。国有资本除了确保资本的保值增值之外，还必须承担起引领我国工业化升级的历史使命，必须承担起我国民族精神塑造、创建我国自主品牌、引领我国民营资本健康发展等社会责任（沈志渔、刘兴国，2008）。国有资本的这些责任决定了，国有资本首先必须确保创业经营的安全；其次，国有资本的创业必须首先致力于推动国内经济和本土市场的发展，而不是为国际经济发展承担责任。因此，国有资本创业战略更多地表现为本土化创业、机会型创业和垄断型创业。

首先，国有资本创业必须坚持以本土化创业为主。虽然国有资本也在寻求国际化生存空间，但本土市场将始终是其创业与发展的基础。只有坚持本土化创业战略，坚持有效利用本土资源为本土消费者提供其所需要的产品与服务，国有资本才能充分实现其全民所有的根本属性所决定的基本责任。国有资本管理者必须首先研究本土市场需求，然后结合市场需求来提出创业设想，因此，国有资本创业并不追求技术的领先性，而是追求生产技术的本土适应性，即以合适的技术来为我国广大消费者制造和提供产品，并在此基础上推动我国经济与技术的发展。

其次，国有资本在创业过程中也必须寻求对合适机会的有效利用。国有资本经营者的一个重要任务就是实现国有资本的保值增值。要实现这一目的，国有资本必须尽量降低创业经营的风险。国有资本既不是为了谋取生存而进行创业，也不应以追求利润的最大化作为创业经营目标。对国有资本来说，最根本的要求是国有资本的社会责任，然后才是实现国有资本的保值增值。国有资本的管理者必须对各种可能的创业机会进行深入论证，然后以谨慎原则来对创业机会的利用做出决策。因此，大量国有资本往往都是投向那些具有较高安全边界的创业机会。

最后，垄断型创业是国有资本创业的一个与众不同的重要特征。无论是境外资本，还是境内私人资本，都不可能以垄断型创业作为自己的创业战略选择。但国有资本的特殊属性使得其可以进行垄断型创业。出于国家经济安全的需要，一国政府往往将那些关系到国计民生的自然垄断产业交给国有企业来进行经营，中国也不例外。我国自然垄断产业，无论是亏损产业还是盈利产业，无一例外地都被国有资本所控制，这也将是国有资本未来的一个创业方向。此外，随着我国国有

企业改革的不断深入，国有企业不断从竞争性行业退出，国有资本投资越来越关注那些需要大规模使用资源的产业。

（三）境内私人资本的创业战略

境内私人资本创业明显表现出行为的复杂性和创业战略的不确定性，私人资本的私有属性使得其在投资决策上拥有更多的灵活性与创业战略选择的自由（吴有君，2004）。境内私人资本在总投资中占绝对优势地位，这使得其更容易表现出创业战略的不确定性。总体上看，境内私人投资的创业战略倾向于以下主要选择：本土化战略、生存型创业战略和分散竞争型创业战略。

首先，境内私人创业多数是本土化战略的。虽然的确有一部分境内私人资本选择了国际化创业战略，致力于在国际市场上进行经营，但考虑到私人资本国际关系网络资源与国际化经营能力的缺乏，更多的境内私人资本自觉地选择了本土化创业战略，以本国市场作为新创企业的服务对象。私人资本既熟悉本土文化，又拥有深厚的人际关系资源；既能适时把握消费需求的变化，又能有效地进行市场渗透。因此，本土化创业无疑成为了境内私人资本创业的首选。

其次，境内私人资本创业更多地表现为生存型创业。[①]与境外资本、境内国有资本所不同的是，境内私人资本创业更多地表现出生存型创业战略。虽然资本的根本属性同样要求境内私人资本通过对有效创业机会的利用来实现资本增值，但私人资本的处境决定了其必须以生存作为基本要求，尤其是那些个体经营资本。在我国创业领域，大量创业活动都由个体资本完成。对为数众多的个体创业资本来说，其创业的基本出发点就是维持生存。虽然一些较大规模私人资本的创业活动正逐步从生存型创业向机会型创业转变，但这并不能改变私人资本在总体上所表现出来的生存型创业属性。私人资本生存型创业战略带来的结果是，与境外资本、境内国有资本相比，私人资本新创企业的存活率显得非常低。

最后，境内私人资本创业表现出明显的分散竞争型创业战略。一方面，由于政府政策的限制以及自身资本规模的弱小，境内私人资本不可能进入到垄断性产业；另一方面，与境外资本相比，境内私人资本也不占有先进技术，很难进行技术型创业。因此，对大多数的境内私人资本而言，进入到那些对资本规模要求和技术要求不高、竞争相对充分、分散型的传统产业是可行的创业选择。拥有弱关系网络的境内私人资本创业者通常只能支配有限的创业资源，因而更多地选择进入竞争性行业，如日常工业品和小五金类产品。

四、创业机会提供与利用的比较

凡是有市场有经营的地方，客观上就存在着创业机会。但对一个具体的创业者来说，创业机会的发现和捕捉带有很大的不确定性。创业机会利用指通过全方位运营，而从机会中赢得回报的活动和投资（Choi & Shepherd，2004）。新创企业能否成功利用创业机会并实现成长，并不取决于它们的组织结构、行为惯例等因素，而在很大程度上取决于创业者的个人特质（韩炜、薛红志，2008）。此外，智力资本的拥有情况对新创企业创业机会利用能力也具有重要的影响。显然，不同创业资本来源的新创企业，其创业者或管理者在个人特质、智力资本控制量上存在有明显的差异。

（一）境外资本创业机会的提供与利用

虽然自从 2001 年底加入世界贸易组织以来我国政府根据承诺大幅放开了对境外资本经营范围

---

① 清华大学姜彦福等编写的《GEM 全球创业观察 2002 中国报告》中指出，我国创业活动中有 60%以上属于生存型创业，远高于全球观察国家的平均水平。如果扣除掉基本上属于机会型创业的国有资本创业和境外资本创业，我国境内私人资本创业活动中生存型创业的比重将会更高。

的限制，但并没有从根本上改变创业机会提供在境内外资本上的不公平性结构。1978年以前，境外资本不允许在国内创设企业；改革开放以后，我国逐步放开了对境外资本在国内设立企业的限制，但外资企业的产业经营范围一直都受到政府的严格控制。境外资本只被允许在特定产业范围内利用创业机会，并且可能还会受到有关持股比例的限制。从创业机会获取通道看，境外资本只能通过自身的市场研究来发现市场中存在的机会。

虽然境外资本在创业机会的来源范围上受到明显的限制，但在创业机会的利用上，境外资本却表现出非常突出的能力优势。一个潜在的创业机会一旦被境外资本所确认，它们往往能迅速地对这一创业机会进行充分利用，所以，外资企业与内资企业相比，通常具有更高的经济效益。境外资本这种强大的创业机会利用能力来自以下几个方面：首先，境外资本舍得在创业前的市场调研上进行投入，所有的创业机会都是通过深入的市场调研来进行鉴别与确认，因而在创业机会的把握上具有更高的确定性；其次，境外资本在企业管理方法与管理能力上表现出明显优势，这显然有助于境外资本新创企业加强企业运营管理，从而提高新创企业对创业机会的利用能力；[①] 再次，境外资本在技术上的优势有助于新创企业增强对创业机会的利用能力，因为技术优势可以帮助企业构建市场竞争优势；最后，境外资本新创企业往往在政策上享有我国各地方政府的优惠性待遇，这显然有助于提升境外资本新创企业利用创业机会的能力。

（二）境内国有资本创业机会的提供与利用

从当前现状看，境内国有资本创业机会来源面最为广泛，几乎包括一切可能的创业产业领域。虽然从原则上说，我国国有资本应逐步退出竞争性产业，更多地进入那些具有垄断性特征的产业领域，但事实上政府并不禁止国有资本进入那些可盈利的竞争性产业领域。从创业机会来源渠道看，境内国有资本既可以从产业限制政策中获得创业机会，也可以从政策扶持中获得创业机会；既可以从市场研究中获得创业机会，也可以从与政策制定者的近关系接触中获得创业机会，甚至可以从行政命令中直接获得创业机会（沈志渔、刘兴国，2009）。国有资本所独享的这些特殊优势，使得国有资本在创业时可以有更多的选择余地，能够更为从容地从众多创业机会中进行判断与选择，以尽可能确保其创业投资的安全。

令人遗憾的是，虽然国有资本在创业机会的获取上具有十分明显的优势，但国有资本对创业机会的利用能力却在三者之中处于最低水平。[②] 创业资本对创业机会的利用能力似乎与其对创业机会的获取能力呈现反向相关关系。来自以下几个方面的不利影响，决定了境内国有资本创业绩效低下的必然结果。首先，境内国有资本新创企业在智力资本的占有上明显处于劣势；境外资本新创企业所能提供的高薪待遇显然对智力资本更有吸引力，即使是与境内私人资本新创企业相比较，同等规模的国有资本新创企业也并不具有明显优势。其次，国有资本新创企业制度化有余灵活性不足的特性，也在很大程度上影响了其新创企业的活力，弱化了国有资本新创企业对各类资源进行充分利用的能力。最后，国有资本所具有的机会冗余属性，在很大程度上弱化了国有资本新创企业的发展动力；对创业者来说，可以利用的创业机会越多，创业机会的利用效果反而可能越差。与境外资本相比，国有资本缺乏境外资本所拥有的技术优势和薪酬福利优势；与境内私人资本相比，国有资本缺乏私人资本所具有的灵活性优势，也不具备私人资本所必须面对的生存压力环境，这些差异决定了国有资本新创企业绩效比显然处于三者中的较低水平。

---

① 管理能力不足是企业成长的最大障碍，即所谓的"彭罗斯效应"。陈高生认为，这一观点同样适应企业创业的情况，即管理能力不足也是企业创业与成长的重要阻碍因素。

② Tian（2000）研究了上海股票交易市场的825家公司，其中包括513家混合所有制企业和312家私有企业。研究发现私有企业绩效优于混合所有制企业。Majumdar（1996）比较了印度国有、混合、私有部门的效率，发现私有和混合所有制的效率高于国有。外资企业的效益则普遍高于内资企业。

（三）境内私人资本创业机会的提供与利用

境内私人资本创业机会的获取范围在三者之中显然处于中间状态，比境外资本创业机会的获取范围要宽，但却明显窄于国有资本的创业机会获取范围。与国有资本创业对政策的高依赖度相比，私人资本的创业更多地依赖于创业者对市场创业机会的识别与利用；研究市场现状并从中发现创业机会，是境内私人资本创业的唯一路径。但与境外资本相比，境内私人资本显然具有一些优势。作为本国创业资本，私人资本在创业机会的产业分布上并不存在太多的限制；与境外资本相比，可以自由进入更多的产业进行创业。而且，即使是在那些境外资本也可以同等机会自由进入的产业领域，境内私人资本因为其本土化属性，相对更容易及时把握市场需求的变化趋势，从而更好地识别创业机会。

从创业机会利用能力层面看，境内私人资本在三种创业资本中大致居于中间水平。与境内国有资本相比，私人资本表现出更强烈的利润追求欲望；为了实现资本收益的最大化，私人资本创业者往往愿意承担更高的风险并付出更多的努力；创业者的努力程度在很大程度上影响着新创企业的经营绩效，私人资本创业者的更多付出显然有效提高了私人资本新创企业的绩效。与国有资本相比，私人资本更为关注企业决策的时间效果，力求实现快速决策和快速响应，从而提高了私人资本新创企业对市场机会的把握与利用能力。同时，私人资本所面对的创业机会的相对稀缺性，以及产权的私人所有属性，在很大程度上增强了新创企业的生存发展压力，从而增强了私人资本新创企业必须有效利用现有创业机会的内在推动力。但与境外资本相比，境内私人资本的创业机会利用能力明显处于劣势。总体而言，境内私人资本在技术上处于明显劣势，境内私人资本新创企业缺乏自主知识产权技术，缺乏自主创新能力；而且企业管理方法与能力也显得不足，这在很大程度上降低了私人资本对创业机会的利用能力，尤其是那些中小型私人资本新创企业更是如此。但私人资本的本土化属性所带来的同源文化优势和社会关系网络资源优势在一定程度上弥补了其创业机会利用能力的不足。

五、创业资源占用的比较

本文所指的创业资源主要包括技术资源、财务资源、信息资源、关系网络等资源。本文所关注的是不同来源创业资本表现出占有的不公平性的资源；那些能够通过市场渠道公平占有的资源并没有被纳入到分析的范畴，譬如原材料资源、劳动力资源等。创业者在创建新企业时，必须考虑是否可以获得创业所需的这些资源，或是否具备获得这些资源所必需的能力以及如何去获得所需的资源。创业资本对各类创业资源的占用，都是基于创业资本自身的比较优势。不同来源的创业资本具有不同的比较优势，从而更多地占有与使用某些特殊的创业资源。

（一）境外资本的创业资源占用

境外资本的比较优势在于技术与资金。西方发达资本主义国家经过长期的发展，显然已经积淀了深厚的技术基础，其各个领域的生产制造技术都在国际上处于领先地位。以发达资本主义国家为背景的境外资本，其在技术上所占有的领先优势是境内资本所不能比的。科学技术是第一生产力，先进技术即意味着企业的低成本与高效益，先进的生产制造技术可以直接推动企业生产效率的提高和经营绩效的改善。此外，先进生产技术的使用，还能帮助企业在竞争中取得核心竞争优势。境外资本在中国的新创企业，承继与使用了境外资本的先进技术。从国际产业分布结构看，境外资本在中国的新创企业其实承担的就是发达资本主义国家产业梯度转移的任务，即将境外资本所在国拟淘汰而在中国具有相对技术优势的产业转移到中国境内继续进行生产。正是基于境外资本新创企业对先进技术资源的更多占用，所以能够创造出比境内资本更高的创业经营绩效。

资金一直都是阻碍我国企业发展的一个关键变量；中小企业融资问题一直都是中小企业发展研究的关注重点。境外创业资本或者是来自境外的大型企业，或者是来自大规模的专业投资机构，它们都具有十分雄厚的资金实力，能够为境外资本在我国的新创企业提供强大的资金支持。虽然拥有资金的支持并不一定就能取得良好的创业经营绩效，但对新创企业来说，缺乏资金支持就不可能取得经营的成功。自身雄厚的资金基础和对外部资金资源的易得性，使得境外资本新创企业能够游刃有余地进行资金的调配。企业既可以采取强有力的营销手段来快速进入市场，也可以适时地根据需要来进行技术的持续开发，从而进一步强化新创企业的市场竞争优势。

（二）境内国有资本的创业资源占用

与境外资本、境内私人资本所不同的是，境内国有资本的优势并不都是来自于其自身的努力。境外资本、境内私人资本都必须通过市场化渠道建立优势，而国有资本则可以通过非市场化道路获得优势地位（沈志渔、刘兴国，2009）。事实上，国有资本的优势可能更多的是来自国有资本的制度优势。因为国有资本的国有属性，社会主义国家政治体制本身就赋予了它一些独特优势。

与境外资本、境内私人资本相比较，境内国有资本创业者相对拥有更广泛、更高层级的信息通道，国有资本新创企业相对能够更快速、更多地获得企业经营所需要的信息。在现代信息社会，信息已经成为影响企业发展的关键因素。信息不仅决定着创业资本对创业机会的识别与利用，而且影响着新创企业经营战略的制定与调整。令人遗憾的是，信息并不会公平地被所有新创企业所获取和使用。首先，信息的产生方式并非都是公开的，大量信息产生于半公开或隐蔽状态，只会被某些特殊群体所观察到。其次，信息传递渠道是有限的，信息传递渠道并不公平地通向所有需要信息的人。因此，当一个企业可以接触到特殊的信息观察者，或者可以有效连通信息传递渠道时，该企业将能够获得比其他企业更多的信息。国有资本的特殊性使得其新创企业有更多的可能接触到境外资本、境内私人资本所不能接触到的信息观察者，譬如政府部门的官员、关键研究机构的研究人员。此外，国有资本新创企业除了一般的市场化渠道之外，还可以通过行政渠道、党内渠道获得信息，而这些渠道一般是不会指向境外资本、境内私人资本新创企业的。

此外，国有资本的规模与境外资本相比不一定占有优势，但与境内私人资本相比，国有资本新创企业显然可以获得更有效的资金支持。无论是现有企业，还是新创企业，国有企业的规模都呈现出逐步增长的趋势。这一方面可能和国有企业改革中的抓大放小的基本政策有关，另一方面不可避免地也会受到国有资本自身属性的影响。经过长期发展所积累起来的国有资本，其总量规模本身就很大，国有资产管理机构足以为国有资本新创企业的发展提供资金支持。即使不考虑国有资产管理机构对国有资本新创企业的资金支持，国有资本新创企业还可以凭借其国有属性的优势，相对更为容易地从银行体系中获得信贷资金支持。而私人资本新创企业除了少数大型企业外很难从银行体系中获得企业发展所需要的资金。

（三）境内私人资本的创业资源占用

与境外资本、境内国有资本相比，境内私人资本的优势在其灵活性。境外资本在中国境内的行为是受到一定程度的限制的，而国有资本的行为也因为其国有的属性而更多地受到严格制度的约束。私人资本既不具有大规模调度经营资金的能力，也不在生产制造技术上拥有优势。也就是说，私人资本新创企业很难借助于其创业资本的自然属性获得对任何实质性创业资源的进入权。为推进新创企业的发展，私人资本必须努力突破因为资本自然属性而带来的创业发展的不利局面。广泛建立、维持与发展关系网络显然是私人资本新创企业摆脱困境的一个重要路径（刘兴国等，2009）。

因为其行为的受限和创业资本的非本土化属性，境外资本在中国难以有效建立与利用关系网络资源。事实上，境外资本及其管理者很难深入了解与把握中国语义环境中关系的广泛内涵。境

内国有资本的高度规范化属性，使得国有资本新创企业往往主观规避了关系网络资源对企业的影响。在某些国有资本新创企业，因为创业机会商业价值的易于实现，管理者往往放弃了在社会关系网络建立与维护上的努力。但私人资本新创企业却不一样，私人资本的灵活性使得其可以自由地去构建其社会关系网络体系，并充分挖掘、利用社会关系网络资源对新创企业发展的潜在价值。

社会资本理论提出之前，关系网络资源的价值并没有受到应有的重视。20世纪80年代以来，全球范围内兴起了一股研究社会资本的热潮。社会关系网络资源无疑也被归入到了社会资本的研究范畴，第一次被真正当作一种资本来进行研究。社会资本虽然不能被我们所具体观察到，但其对企业发展的重要作用是不容忽视的（刘兴国，2008）。企业广泛的社会关系网络和外部信任体系的建立可以帮助企业建立和完善企业关系营销体系，可以有力促进产品的销售，加快产品的流转和销售实现；同时，关系网络和信任的建立还可以简化企业促销工作，从而有效降低促销成本，帮助企业更好地实现销售利润和提高单位产品的利润率（刘兴国、周小虎，2008）。而且，社会关系网的建立还有助于私人资本新创企业从外部获得其自身所不拥有的资源，包括技术资源、资金资源与信息资源，这在很大程度上弥补了私人资本自然属性的缺陷。

六、结 论

本文根据新创企业资本来源的基本性质，将新创企业所使用的创业资本区分为境外资本、境内国有资本和境内私人资本三种形式。改革开放以来，我国创业活动出现了快速发展的势头，尤其是随着最近几年来就业形势的恶化和就业观念的改变，个人创业已经成为提供新就业机会的一种重要方式。在各种创业资本来源中，私人资本的比重在逐年提高；境外资本的使用量虽然仍在继续增长，但增长速度明显放缓；而国有资本正在致力于进行抓大放小的改革，其创业活动呈现出明显减少的趋势，在我国创业活动的贡献越来越小。

本文分别从主导创业战略、创业机会提供与利用、创业资源占用三个角度对境外资本、境内国有资本与境内私人资本的创业进行了比较。首先，对境外资本而言，由于其拥有长期经营所积淀的成熟技术与经验，并致力于在全球范围内进行经营，因此更倾向于采用国际化战略、机会利用战略和技术优势战略，以寻求利用自己的技术优势在全球范围内进行商业机会的有效利用；而且，它们的创业活动之所以选择在中国进行，是因为我国经济环境为其创业经营提供了低成本运作的机会。出于对民族产业的保护，我国对境外资本的经营领域进行了限制，境外资本只能在规定的领域内去识别与利用创业机会，但境外资本所拥有的资金与技术优势却使得其在优先创业机会的前提下表现出强的机会利用能力，并获取了相对最高的创业绩效。其次，对境内国有资本来说，其所承担的社会责任决定了国有资本必然更多地倾向于本土化创业，而且国有资本的独特性

表2 创业资本来源差异的影响效果分析

创业资本来源 比较项目	境外资本	境内国有资本	境内私人资本
主导创业战略	国际化战略、机会利用战略、技术优势战略	本土化战略、机会利用战略、垄断战略	本土化战略、生存战略、分散竞争战略
创业机会提供	有限制的提供	最大范围提供	中间水平提供
创业机会利用	强的利用能力	相对较弱的利用能力	较强的利用能力
资源占用	技术资源、资金资源	信息资源、一定程度的资金资源	社会关系网络资源
创业绩效	相对最高绩效	相对最低绩效	中间绩效

资料来源：作者根据本文内容整理。

也使得其在我国经济环境中能够获得更多的创业机会，并且能够获准进入那些自然垄断行业与政策性垄断行业；国有资本虽然可以最大范围地获得创业机会，而且也占有信息资源优势和一定程度的资金优势，但其所处的机会冗余环境在很大程度上弱化了国有资本的进取精神，使得其表现出相对较弱的机会利用能力，并只实现了相对最低的创业绩效。最后，对境内私人资本而言，由于国内需求的有效性、本土经营环境的熟悉性及其创业者本身的局限性，使得其在创业导向上更多地选择了本土化战略。作为私人资本创业的主体，多数的创业者都来自我国农村或城市低收入阶层，他们的创业更多地是为了维持生存。由于私人资本的规模相对较小，事实上私人资本创业都发生在那些规模高度分散的竞争性行业中。对私人资本来说，其唯一可以建立优势的领域是社会关系网络资源，正是凭借私人资本在社会关系网络资源开发上的努力，私人资本在有限创业机会获取条件下表现出了较强的机会利用能力，并实现了中间水平的创业绩效。

基于上述研究结论，我们认为，要有效促进我国创业活动的发展，政府必须从以下几个方面对创业资本进行引导。

首先，政府必须努力推进私人资本创业战略的结构变革，积极引导私人资本进行机会型创业和国际化创业。从当前情况看，我国境内私人资本在创业时多以谋求个人与家庭的生存为基本导向，这在很大程度上降低了私人资本新创企业的存活水平。随着私人资本本身的不断成熟，虽然已经有一些较大规模的私人资本开始转向于机会型创业，也有部分私人资本开始进行国际化创业尝试，但并没有从根本上改变私人资本的低层次化创业结构。私人资本创业的生存战略选择，一方面是因为其生存困境的推动，另一方面也反映了私人资本对创业机会识别与利用能力的欠缺。基于私人资本的小规模、分散化特征，私人资本往往很难自主地进行创业机会的识别，更难以实施国际化创业战略。各级地方政府的相关经济职能部门有必要在私人资本创业战略结构变革中发挥积极作用，致力于帮助私人资本收集和分析市场信息，有效推动私人资本与创业机会的对接，从而引导私人资本创业逐步从生存型向机会型和国际化方向转变。

其次，政府必须努力促进创业机会的公平化提供。出于国家经济安全和不同创业资本社会责任差异的考虑，我国创业机会的提供在一定程度上存在不公平性。尤其是在改革开放的初期，国内创业机会更多的是提供给了国有资本，私人资本创业问题并没有引起足够的重视，境外资本在国内的投资创业活动也受到较多的限制。这种不公平的创业机会提供，的确在一定程度上促进了早期我国国有企业的发展。随着私人资本的不断发展，以及经济全球化的持续推进，政府必须逐步改变这一局面，致力于推进国内各个经济领域中创业机会对不同类型创业资本的公平化提供。创业机会的公平化提供，可以有效消除创业领域中的创业资本歧视，使境内国有资本、境内私人资本与境外资本获得同等创业机会，从而推进私人资本与境外资本的创业发展。

最后，政府必须加强国有资本新创企业对创业机会和创业资源的有效利用，努力提高国有资本创业绩效。虽然经济领域为国有资本提供了更多的创业机会，国有资本新创企业也能够凭借其国有资本的特殊优势而占用更丰富的创业资源，但事实上国有资本新创企业却往往在运营效率上处于最低水平。如何有效提高国有资本对创业机会和创业资源的利用以改善国有资本创业绩效，是国有资本管理者必须尽快解决的一个难题。也许通过创业机会的公平化提供可以在一定程度上改善国有资本的创业绩效，但这并不能从根本上解决问题。从企业运营能力角度看，要有效提高国有资本创业绩效，国有资本管理者必须致力于提高国有资本新创企业管理者的管理能力和技术人员的自主创新能力。增强国有资本新创企业管理能力和自主创新能力，是提高国有资本创业绩效的关键。基于社会资本对企业发展和营销的重要作用，国有资本新创企业必须加强对社会资本的建设与利用，以增强企业对创业机会与创业资源的利用能力，从而提高国有资本的创业绩效。

〔参考文献〕

[1] 陈高生. 国有企业创业管理的一个研究框架 [J]. 财经科学, 2006 (3): 46-53

[2] 陈琦伟. 创业资本概论 [M]. 东北财经大学出版社, 2002

[3] 陈业宏, 肖蓓. 我国创业资本筹集的法律对策探讨 [J]. 河北法学, 2005 (6): 19-22

[4] 韩炜, 薛红志. 基于新进入缺陷的新企业成长研究前沿探析 [J]. 外国经济与管理, 2008 (5): 14-21

[5] 姜彦福等. GEM 全球创业观察 2002 中国报告 [M]. 北京: 清华大学出版社, 2003

[6] 李希义. 外资创业投资对我国经济发展的作用研究 [J]. 中国科技论坛, 2009 (5): 63-68

[7] 刘兴国. 社会资本与企业发展 [J]. 华东经济管理, 2008 (3): 101-104

[8] 刘兴国, 周小虎. 社会资本对企业营销的影响研究 [J]. 经济管理, 2008 (3): 32-35

[9] 刘兴国, 沈志渔, 周小虎. 社会资本对创业的影响研究 [J]. 中国科技论坛, 2009 (4): 102-106

[10] 刘志阳, 施祖留. 国外创业资本运行的技术路线考察 [J]. 中国科技论坛, 2005 (3): 144-148

[11] 沈志渔, 刘兴国. 基于社会责任的国有企业改革研究 [J]. 中国工业经济, 2008 (9): 141-149

[12] 沈志渔, 刘兴国. 国有企业自主创新能力发展的阻碍因素分析 [J]. 新视野, 2009 (5): 141-149

[13] 王东静. 创业资本融资来源与投资特点的国际对比研究 [J]. 经济理论与经济管理, 2006 (9): 44-48

[14] 吴有君. 民营企业进军石化行业的现状与策略分析 [J]. 石油化工技术经济, 2004 (5): 2-9

[15] 薛红志, 张玉利, 杨俊. 机会拉动与贫穷推动型企业家精神比较研究 [J]. 外国经济与管理, 2003 (6): 2-8

[16] 周奎君. 论社会资本与创业道路的选择 [J]. 沿海企业与科技, 2006 (8): 189-191

[17] 朱仁宏, 陈灿. 创业研究前沿理论发展动态 [J]. 当代经济管理, 2005 (1): 13-20

[18] Choi Y.R, Shepherd D.A.. Entrepreneurs' Decisions to Exploit Opportunities [J]. *Journal of Management*, 2004 (3): 377-395

[19] Venkataraman S.. The Distinctive Domain of Entrepreneurship Research: An Editor's Review[J]. *Advances in Entrepreneurship*, *Firm Emergence And Growth*, 1997 No.1: 119-138

Comparative Entrepreneurial Studies Based on the Difference's Capital Origin

LIU Xing-guo[1,2], SHEN Zhi-yu[1]

(1.Institute of Industrial Economics of Chinese Academy of Social Sciences, Beijing 100836, China

2.School of Economy & Management of Nanjing University of Science & Technology, Nanjing, 210094, China)

Abstract: Entrepreneurial capital's origin has the important influence to the entrepreneurial behavior. Basing its actual origin, we can name the start-upping enterprise's entrepreneurial capital to three fundamental types, such as the foreign capital, the domestic state-owned capital, the domestic private capital. When the foreign capital to start a new enterprise, it will take the internationalization strategy, the opportunity strategy and the technical superiority strategy. Although the foreign capital's entrepreneurial opportunity is restricted, but it has the obvious superiority in the entrepreneurial opportunity's using. But in the resources take on, the foreign capital has more used technological resource and financial resources. The domestic state-owned capital will use the localization strategy, the opportunity strategy and the monopoly strategy. The domestic state-owned capital can gain the widespread entrepreneurial opportunity, but actually its opportunity using ability is relatively worst. The domestic state-owned capital's superiority resource is the information resource, and also displays some strength on the financial resources. When the domestic private capital to start a new enterprise, it has favors to utilize localization strategy, the survival strategy and the dispersion competition strategy, and has the middle level in the entrepreneurial opportunity gain and using. For the domestic private capital, it is very difficult to get the superiority on the entity resources taking on; therefore, social relations network resource becomes its essential resources for enterprise start-upping.

Key Words: Entrepreneurial Capital Origin; Entrepreneurial Opportunity; Entrepreneurial Resource

2009 年 10 月
第 2 期

比 较 管 理
Comparative Management

Oct., 2009
No. 2

【文化与管理方式】

辩证经济组织

——嵌入式企业与科层制企业的范式比较

李怀斌

（东北财经大学工商管理学院，辽宁　大连　116025）

[摘　要] 本文基于新经济社会学中的嵌入性理论，对企业这一典型经济组织的非经济属性和特征进行了辨析。提出并论证了嵌入式企业既是一个有法律边界和隶属关系的科层企业，也是一个有经济边界和广泛经济协作关系的虚拟企业，还是一个具有社会边界或嵌入于具象社会的经济组织新范式。与典型的科层制企业相比较，嵌入式企业是一种后现代的"经济—社会"系统，实行经济和非经济策略；它有内外部两种组织要素和标准非标准双模分形结构，受来自企业内外部的正式非正式权力中心调控。同时，也是一种有经济社会双重边界和双网机制的小企业大网络发展模式。

[关键词] 社会嵌入；科层制组织；后现代

引言：问题和嵌入式企业的提出

经济组织的典型和基本形式是企业。通常认为，企业是自然存在的经济实体，追逐经济利益是其本能。但是具有同样资源禀赋和同样管理制度的企业在同样的市场环境下，经济运营的绩效却有天壤之别，有的屡屡凯歌高奏，有的却常常铩羽而归。成功和失败的背后是什么，在企业作为经济组织的经济属性之外，是否还存在着相反的属性和因素，影响甚至决定着企业的绩效和生存发展？辨析和解读此类问题和困惑，有重要的意义。

事实上，企业不仅是自然存在，也是社会存在或"社会的一种器官"；不仅是经济组织，更是复杂的社会组织，"社会维度是关系企业生存发展的一个维度"（德鲁克，2002）。企业经济组织的这种经济非经济的属性和特征，实质反映着企业和社会的嵌入关系。所谓的"嵌入"（Embeddedness），在新经济社会学中指的是"经济的社会嵌入"（Social Embeddedness of The Economy）。最早提出这个概念的波兰尼认为，"人类经济嵌入并缠结于经济与非经济的制度之中"，在 19 世纪以前的前工业社会，经济行为是嵌入在社会关系之中的。经济行为的根源或动机，是由

[基金项目] 辽宁省教育厅创新团队项目"社会网络嵌入与后现代营销创新"（批准号：2008T040）；辽宁省社科联项目"关于经济组织的非经济嵌入战略的研究"（批准号：2009slktglx-10）。
[作者简介] 李怀斌，1956 年生，男，山东肥城人，东北财经大学工商管理学院教授，博士生导师。

各种非经济因素所造成的，而不单单是图利（Polanyi，1968）。后来，格兰诺维特将波兰尼的"经济嵌入于社会"的概念一般化，指出无论是在工业社会还是在前工业社会，嵌入现象始终存在。"行动者有目的、有意识的行为往往是嵌入于真实存在并不断发展变化的社会关系系统中的。"这个嵌入理论的核心观点包括：一是经济目标的追逐通常是伴随着一些非经济目标的实现；二是经济行为不被独立的单个主体而是被嵌入社会关系网络之中的行动者所实行和解释；三是经济性的制度不会以必然的形式从外部环境中自动生成，而是"被社会地建构"。

企业用上述嵌入的理论和话语来表述，就是嵌入于社会或嵌入于由特定主体构成的具象社会网络中的经济组织，其具体的经济行为受各种非经济因素或具体社会关系网络的影响。这种社会网络中蕴含着企业可资利用的社会资源，可以形塑企业和被企业所形塑。如果一个企业不仅认识到嵌入的客观事实，而且能够能动地嵌入，与具象的社会和谐匹配，本文称这种企业为社会嵌入式经济组织或简称嵌入式企业。这种企业既不是"关起门来朝天过"的脱离社会的企业，也不是玩偶式的过度社会化企业，而是一种适度嵌入社会的经济组织或是在高度不确定性社会环境条件下的组织新范式（李怀斌，2009）。它和传统的科层制企业相比，有多方面的不同。

一、嵌入式企业与科层制企业的属性和行为辩证

（一）科层制企业有现代性，嵌入式企业有后现代性

"现代性"（Modernity）具有主体性、理性至上和对知识和科学的崇尚的特征（张世英，2007）。后现代性（Postmodernity）是与"现代性"对应的一个概念，作为一种思潮、主义、社会批判理论和文化批判运动，是"对元叙述的怀疑"和"把现代的等级秩序颠倒过来"的解构（Deconstruction）。它"以背离或抛弃被认可的或传统的风格和价值为特征"，主张"破权威"、"去中心"、"拆结构"（刘北成，2004），其原则和方法论是"天知道"、"大胆地闯"和"怎么都行"（Leotar，1984；费耶阿本德，1990）。二者的特征比较见表1。

表1　现代性和后现代性的特征比较

现代性特征	后现代性特征
1. 主体性，强调人的独立自主	1. 消解现代性的主体观念
2. 理性至上，任何事物都要由理性来衡量	2. 否定传统的因果观念（确定性）
3. 崇尚认识论、普遍性和同一性（张世英，2007）	3. 解构线性的时间观，强调碎片化（任红杰，2005）

按表1的特点和标准来考察上述两种企业，可以发现，科层制企业是一种典型的现代经济组织范式，这种金字塔式的企业曾经备受推崇，泰罗赞之曰"工业社会中进行领导的一种基本哲学"；法约尔认为它是实施法定权力的最完美形式，并预言这种范式注定要取代在原始状态下执行所有职能的机构，成为几乎全部人类企业用此协调其企业运作的典型企业形式。它"采取一种纯粹经济的立场"（Holt，2002），所凸现的主要是其经济和管理的特征，具有如前所述的现代性。目前，具有这些特征的科层制企业仍是主流的经济组织范式。

嵌入式企业是一种具有后现代特征的经济组织范式。目前，关于后现代组织还没有统一的认识和表述。有人认为，推崇混乱、解放员工、解体组织、不要时钟、不要办公室、不要规章制度的企业组织就是后现代的，这种企业组织不像由硬石头垒成的金字塔，而像一个嘉年华式的聚会

场所。例如，著名的麦肯锡咨询公司"没有工作说明书，没有组织图，没有年度目标，业绩评估制度也深奥难懂。但在今天由知识创造附加值的时代，这家组织奇怪的知识商团，几乎成为每家公司的楷模"（彼得斯，2003）。又如，有人提出，组织的未来发展是"企业转变成网络、部门转变成市场、员工转变成公司、客户转变成员工、有边界企业转变为无边界组织"（李海舰，2007）。本文认为，这种发展的结果，就具有解构现代经济组织的后现代特征。而嵌入式企业是一种嵌入经济环境和非经济环境的复杂系统，除了其经济的效率的和技术的属性，还具有非经济的、社会的属性。其经济行为不仅是经济、市场、技术和偏好的函数，以及分析、计划、执行和控制的管理过程，还是一个社会性交际、交易和"传递生活标准"的社会过程。这些都具有与科层制企业不同的后现代特征。因此，嵌入式企业也属于后现代组织，或者更有分寸地说，它是一种现代向后现代过渡的经济组织。

（二）科层制企业实行经济战略，嵌入式企业实行经济和非经济对策

经济组织是一种嵌入经济环境和非经济环境的"技术—社会"系统，其绩效和增长不仅受经济（市场的竞争的）因素的影响，也同样受非经济或社会因素的影响。因此，经济组织不仅要有经济对策，更应该有非经济或社会性对策（包括大的战略和具体的策略）。

科层制企业实行的主要是经济对策。如营销上，科层制企业通过利用内部可控因素，制定和实施市场营销组合策略（生产出适当的产品，定出适当的价格，利用适当的分销渠道，并辅之以适当的促销活动），去适应企业的外部经济环境，满足目标市场需求，实现企业目标（Kotler，2006）。其所有目的在于建立、发展和维持同顾客成功的交换关系（Morgan & Hunt，1994）。这些营销策略，都具有理性的、正式的、显性的和程序化的特征。

嵌入式企业所实行的除了上述经济性对策之外，更有非经济对策。非经济对策就是经济组织针对非经济环境要素所采取的战略和策略。其中的非经济环境要素，包括渗入经济交易、能够为其提供秩序、使之有效地运转，并弥补它们失灵缺陷的"非市场"（Nonmarket）的社会性因素。例如，西方企业的非经济对策就有游说和其他沟通关系的活动、竞选捐款、选民培养、公益性捐款、社会舆论、参加各种顾问委员会和提供国会证词及提起法院诉讼和公开抗议等。中国企业的非经济对策分直接参与、代言人、信息咨询、调动社会力量、经营活动政治关联、财务刺激、制度创新等（田志龙等，2003）。这些非经济对策具有隐性和因人而异的具象性特征，不容易被识别、学习和模仿。

二、嵌入式企业与科层制企业的结构和权力辩证

（一）科层制企业由内部要素构成，嵌入式企业由内外部要素构成

企业是一个由各种互相依赖的"组织要素"构成的复合体。科层制企业以分工为基础的金字塔状封闭系统，其组织要素基本是企业内部的，既不包括没有产权隶属关系的经济伙伴（如纵向上的供货商、中间商和客户、横向的竞争者和互补者等），更没有非经济的外部社会主体。

嵌入式企业的组织要素不仅存在于企业内部，而且也包括企业外部的，是由内部组织要素和外部社会环境要素构成的关系集合。国内外学者的下列论述也证明了这一点。科斯认为企业就是"当一个企业家控制某种资源时出现的关系体系"（Coase，1937）。詹森（1976）把企业定义为

"一组契约关系"，其职能是充当一组契约关系的连接点。如果仅从字面看，这个定义涉及的各种要素和关系似乎没有内外之分，但若从贯彻落实契约关系的主体看，则有内外之分。内部的是劳动者与其他各方的关系，它通过行政命令贯彻完成，如企业主和劳动者的佣工合同。外部的是消费者、原料供应商、要素所有者与其他各方的关系，它通过市场贯彻完成，如企业主和消费者的买卖合同。许激（2004）认为，组织具有开放性、目的性、整体性。根据这三种性质，把组织的构成要素确定为组织环境、组织目的、管理主体和管理客体。其中，组织开放性说明组织的要素应当含有组织环境。其组织成员多于正式组织结构图示，其资源远远超出会计报表所限范围，常常将客户卷入到生产过程中，使之成为企业名义上的新成员从而实现价值的共创（Gummesson，1996）。由以上学者的观点可见，嵌入式企业的组织要素并非都是企业内部的，它既可以存在于企业外部，同时也可以存在于企业内部，企业实际是这些组织要素构成的关系集合。

（二）科层企业结构是一元分形，社会嵌入式企业是双模分形

企业是一种具有自相似结构的分形组织。分形（Fractal）是部分与整体以某种形式相似的形（Mandelbrot，1975），具有自相似结构或扩展对称性，即对一类具有无穷嵌套的几何对象，适当地取出其一部分并加以放大，所看到的结果与其整体对象完全相同。比如，从管理组织机构树型图上任取一层进行放大，然后将其与相邻的管理层次比较，则可以看出，它们在结构或形状上均惊人地相似（王成恩，1998；柯昌英，2004）。具有分形特征的企业称为分形组织，其中心思想是将系统划分为分形单元，这些分形单元具有自治性、自相似、自优化和自组织的特点，能够彼此分工协作，通过目标驱动机制完成一定的功能，成功地适应企业环境的巨变（Warnecke，1993）。

科层制企业结构是单纯和一元分形的。例如，工业企业的班组作为基本的分形元，班组通过动态组合为车间，车间通过动态组合为分形工厂（Ivakhnenko，1995）；商业企业的分形单元定为若干个销售人员组成的销售柜组，负责某一品牌的产品销售，由若干个销售同类产品的柜组组成销售该类产品的经营部，而这些经营部的总和就构成整个分形商场（见图1a）；笔者新近提出，多层次直销组织也是一种典型的分形组织，其分形结构和自相似迭代（对称性扩展）如图1b所示。

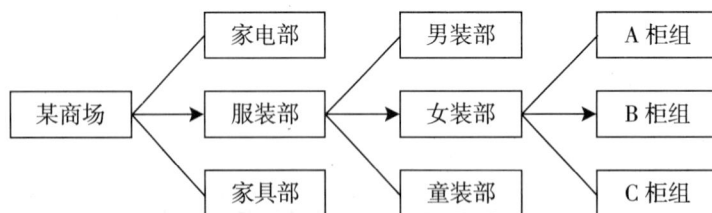

a. 一般商业企业的自相似分形结构

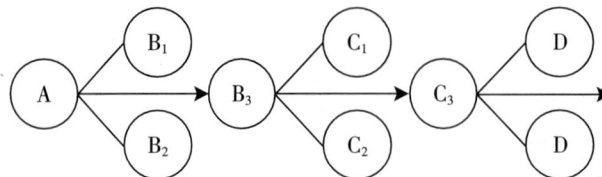

b. 多层次直销企业的自相似分形结构

图1　科层制企业的一元分形结构和自相似迭代（扩展对称性）

资料来源：图1a来源于柯昌英：《企业自组织分形公司结构探讨》，武汉理工大学学报，2004（2）：148；图1b由作者整理。

嵌入式企业的结构则是双模分形的。双模一是基本和稳定的模块，二是动态和多样的模块。从总体结构上而言，嵌入式企业是"两个对立环节的统一"和"可容纳或统一相反倾向"的双模系统。上述比较和作者以往的实证研究表明，从单体企业的产品和价格、生产业务流程、边界和人员，到多企业的网络，也都有这种双模结构特征（李怀斌，2005）。由此可以归纳出，嵌入式企业的结构不仅是双模，而且是自相似和"无穷嵌套"迭代的分形双模（见图2）。

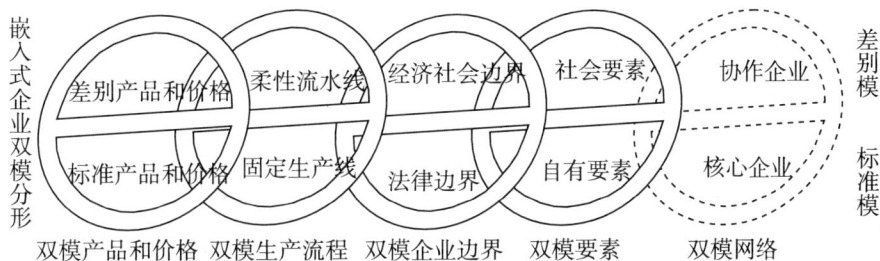

图2 嵌入式企业的双模分形结构及其自相似和迭代（扩展对称性）

（三）科层制企业是正式权力控制，嵌入式企业是正式和非正式双权力控制

权力是一种社会关系中的某一行动者能处在某个尽管有反抗也要贯彻他自己的意志的地位上的概率（韦伯、布劳，1988）。企业管理中的权力可以定义为企业为了达到组织目标所拥有的影响、指挥别人行动的能力。

科层制企业的权力是正式或法定的权力。主要是用企业内部的直线命令实行由上而下的金字塔式控制，下向上汇报情况，上对下发号施令。这种组织结构带来了规范化和令行禁止，但也有反应速度慢、下属只想讨好上级而不是伺候好客户等弊端。而且，它的效力实现隐含着一个未加证明的前提——企业已经具有了一定的观念和文化，各个部门和每个人都能够大公无私地互相支持配合，协调一致地贯彻执行落实企业对客户和社会的承诺，以及相应的外部战略。而实际并非如此，企业不是一架自动高效地执行老板设想和兑现其市场承诺的机器，而是需要加以协调、激励和约束的有机体。只有内部员工对企业承诺和所制定的计划战略充分理解和认同，他们才会兑现和贯彻承诺，计划战略才能取得预期的结果。而要做到这一点，单靠正式的法定的科层权力是不够的。

嵌入式企业是正式权力和非正式权力双重控制。组织理论已经证明，企业内部的正式权力之外，还有一个隐性的非正式权力或"平行权力"。[①] 本文认为，在企业外部，也存在对企业有影响的正式和非正式的权力。如外部股东和政府是正式的权力，客户和部分利益相关者的权力就属于非正式权力。也就是说，在企业内部正式的、有形的组织机构和领导班子的背后，客观存在着来自企业外部的另一套非正式的、无形的权力中心，本文将其称为"影子内阁和虚拟总裁"。例如，营销理论和实践证明，客户就是具有内部控制职能的非正式隐性权力中心（见图3）。嵌入式企业就是以客户为逻辑起点、以快速准确响应客户要求为原则、上级支持下级工作的员工从讨好上级中解脱出来，全心讨好客户（魏志勇，1998）。

---

① 克罗齐埃注意到在企业内部存在的正式权力之外，还有一种权力，来源于对正式权力鞭长莫及的非确定领域。他举例说，在法国的一些国家单位里，一些级别不高的小职员之所以在解决重要问题时能发挥决定性的作用，仅仅由于他们在一个规定过死的组织体系中占据着某个位置（Crozier，1964）。

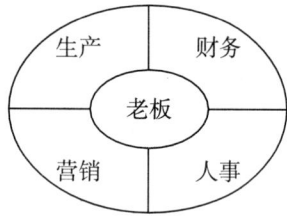

a. 科层制企业的正式权力中心是老板　　　　　b. 嵌入式企业的非正式权力中心是客户

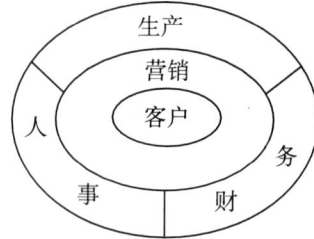

图 3　科层制企业和嵌入式企业的权力中心比较

资料来源：图 3b 来源于〔美〕菲利浦·科特勒：《营销管理》第 12 版，梅清豪译，上海人民出版社 2006 年版。

三、嵌入式企业与科层制企业的边界和机制辩证

（一）科层制企业的边界是法律和经济的，嵌入式企业是经济和社会的

企业边界是由企业诸多子系统构成的与其外部环境相联系的界面（Inter-face）。科层制企业的边界是具有交易性质的法律边界和经济边界。其中，法律边界（Legal boundaries，也称为物质边界或规模边界），它和所有权相联系，由企业所有或自有的资源要素构成。经济边界（也称为虚拟边界或能力边界），由企业外部的经济利益相关群体和其他可利用经济资源构成；它与经营使用权和战略控制中心等概念相联系，而与所有权基本无关，如企业集团中的核心企业或总公司（车间、分厂、事业部）、集团联合核算对象的紧密层企业（子公司和关联公司），以及与核心层有持股关系的半紧密层企业（外包和外协企业）。

社会嵌入式企业是经济和非经济双边界。经济或交易性质的边界如完全独立的但与集团有长期契约关系的协作层企业；非经济性质的社会边界（也称为关系边界）是指利益相关者在特定情形下的互动行为而建立起来的社会关系网络的限度与范围。它不仅涉及内部利益相关者，而且充分考虑外部利益相关者（陶厚永，2007）。两种企业的边界比较如图 4 所示：

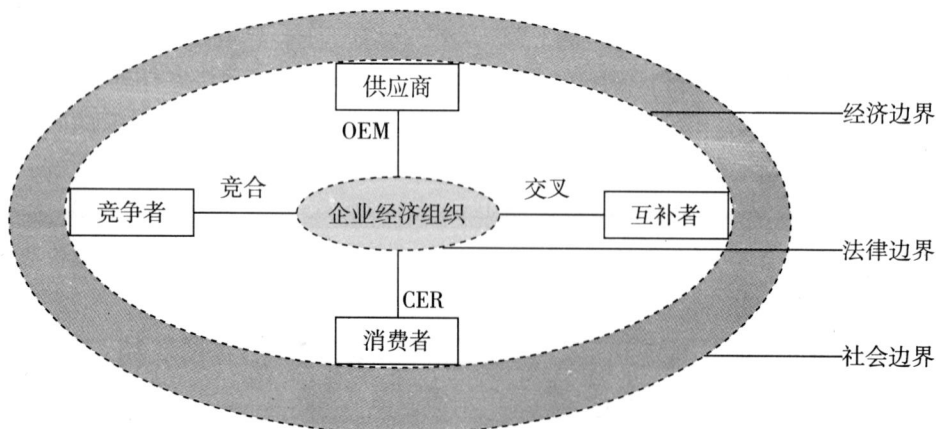

图 4　科层制企业和嵌入式企业的边界比较

注：科层制企业包括图内部的两个边界，嵌入式企业包括图中的三个边界。

由图 4 可以看出，科层制企业主要是单体企业，或与其他有产权关系企业交互而成的企业集团，其关系主要是内部的隶属配合关系和经济交易关系。而嵌入式企业不仅是单体企业或经济合

作网络，还是其社会边界和其他社会主体的社会边界交叉形成的社会网络；其成员企业之间的关系既非市场上独立的交易者关系，也不是纯粹一体化企业内部的隶属配合关系，而是包含和超乎二者的多重性嵌入关系。通过这种关系，企业能够把外部的市场资源和社会性战略要素吸纳和掌控起来，用有限的自有资源"四两拨千斤"，获得更多和更大范围的经济和社会资源。

（二）科层企业的发展趋向是规模巨大，社会嵌入式企业则是网络巨大

科层制企业是"规模巨大"的单体企业或企业集团。它有两种发展趋势：一种是不断地进行兼并，追求纵向一体化；另一种则是不断加强对经济伙伴的剥削，把他们的利润压到最低。也就是说，科层企业在组织结构上倾向于纵向一体化和垂直控制，通过资产的纵向一体化和明示契约，形成以自己拥有和直接控制的能力所决定的"规模巨大"的企业或企业集团。

社会嵌入式企业则是"网络巨大"的小企业大网络组织。它同时向两个方向嬗变：一方面是"业务"网络变得越来越大，大到一个单体企业或超大型企业集团都无力独自承担，只能以"战略联盟"的形式来完成；另一方面是其规模向小的方向发展。"企业"将变得越来越小，小到只需要突出其以隐性知识和无形资产为支撑核心竞争能力就可以使其在市场上立足。二者合成为"弱组织，强网络"（Weak Organization & Strong Linkages），企业的关键资源、成员及组织过程可以在其法律边界包括正式财务报表和组织结构图之外存在和管理（朱涛，2006），所实现的是一种"新的巨大"。这种巨大不是"规模巨大"，而是以市场力量为衡量标准，由处于流动和半永久状态的伙伴们所具有的能力所形成的"网络巨大"（Peters，1988），其形成壮大的过程表现为组织间关系从双边到多边，由单纯经济属性到经济社会多重属性，由单体企业到企业团簇或产业集群甚至复杂利益集团、由经济网络到经济社会网络叠套的立体化网络。相对于科层制企业的纵向一体化和明示契约来说，嵌入式企业依靠隐性契约形成的虚拟一体化，不管是在生产成本方面，还是在管理费用方面都最低，而市场交易费用也由于电子商务技术的支持而降到最低程度，因此，其总成本倾向于达到最低点（王凤彬，2002；刘松博，2006）。

（三）科层制企业是单网络机制，嵌入式企业是双网络机制

网络机制是由从事产品和服务创造的、自治的企业构成的特定、持续、有结构的企业群体，在隐性的、开放式的社会合同和法律合同的基础上，适应环境的意外事件和协调、维护交易（Jones，1997），也是正式或非正式的组织和个体通过经济合约的联结与社会关系的嵌入所构成的以企业间的制度安排为核心的参与者间的关系安排（彭正银，2002）。

科层制企业是单经济网络机制，这种经济网络承载商品、资本等，任务是产品与服务的开发、生产与营销，基础是劳动分工体系和交易关系，依靠正式组织与正式制度使交易成本降低（见图5右侧的经济网络机制）。

嵌入式企业双网络机制，因为它既嵌入在由分工和交易形成的经济网络中，也嵌入于一个由地缘、血缘、友谊等社会关系构成的社会网络中，因而也就存在着由经济网络和社会网络互为嵌套和相互作用的"双网络"机制。其中，社会网络承载信任、信息、情感、权力、规范等，其任务是关系与知识的产生、沟通与扩散，社会网络机制的基础是社会关系的构建和知识的转移，指向是社会资本的增值，途径是非正式组织与非正式制度（见图5）。

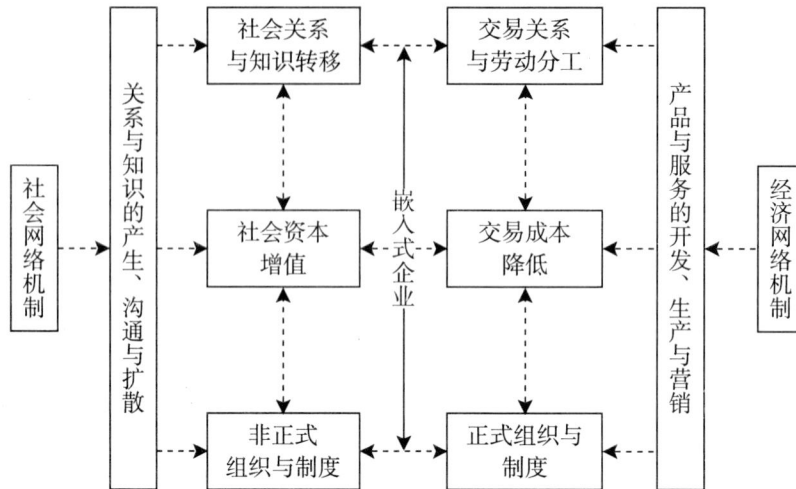

图5　嵌入式企业的双网络机制

资料来源：孟韬：《网络视角下的产业集群组织研究》，中国社会科学出版社 2008 年版。

结语：综合比较和意义

综合起来，具有后现代性的嵌入式企业和现代科层制企业相比，有多维度的不同。比如，在网络的属性上，若科层企业主要是显性和正式的内部网络或主要是半显性和半正式的经济网络，社会嵌入型企业则是前两种企业网络和非正式的隐性的社会关系网络叠套而成的立体化网络。本文将这种企业区别于科层企业的不同之处归纳如下（见表2）：

表2　嵌入式企业与科层制企业的组织特征比较

组织类型	组织边界	正式显性程度	构成人员或要素	成员关系属性	网络形式
科层企业	法律边界	正式和显性	内部成员	内部行政隶属关系	内部网
企业集团企业网络	法律边界+经济边界	正式和显性+半正式半显性	内部成员+外部经济伙伴	内部行政隶属关系+外部经济协作关系	内部网+经济组织网
嵌入式企业	法律边界+经济边界+社会边界	正式和显性+半正式半显性+非正式和隐性	内部成员+外部经济合作伙伴+关键利益相关者	内部行政隶属关系+外部经济协作关系+社会支持关系	内部网+经济组织网+社会关系网

从表2可以发现，科层制企业主要是一个有法律边界和隶属关系的单体企业，其次是一个有经济边界和广泛经济协作关系的企业集团或企业网络；而嵌入式企业首先是一个有法律边界和隶属关系的科层企业，其次是一个有经济边界和广泛经济协作关系的虚拟企业网络，最后是一个具有社会边界或嵌入于具象社会的经济社会网络和适应社会和市场环境变化的经济组织新范式。这种新企业范式不仅初步回答了经济组织的非经济或社会嵌入特征、经济组织与它所嵌入的社会之间的复杂关系等基本问题，还解读了同样的企业但绩效不同的现象和非经济动因。

〔**参考文献**〕

［1］［美］M.格兰诺维特.镶嵌——社会网与经济行动［M］.罗家德译，北京：社会科学文献出版社，2007

［2］张世英."后现代主义"对"现代性"的批判与超越［J］.北京大学学报，2007（1）

［3］李怀斌.现代营销的困境与救赎——基于社会网络嵌入的后现代营销论纲［J］.中国工业经济，2009（6）

［4］［美］费耶阿本德.自由社会中的科学［M］.上海：上海译文出版社，1990

［5］杨鸿江.后现代主义思潮：一个解构的研究纲领［J］.教学与研究，2005（12）

［6］李怀斌.经济组织的社会嵌入与社会形塑［J］.中国工业经济，2008（7）

［7］王成恩.分形公司的概念及理论［J］.信息与控制，1998（4）

［8］柯昌英.企业自组织分形公司结构探讨［J］.武汉理工大学学报（信息与管理工程版），2004（2）

［9］李怀斌.客户嵌入型企业范式研究［M］.北京：清华大学出版社，2009

［10］李鹏翔，席酉民，张萌物.组织结构的立体多核网络模型［J］.管理科学学报，2004（5）

［11］张玉利，李乾文.双元型组织研究评介［J］.外国经济与管理，2006（1）

［12］罗家德.社会网络分析讲义［M］.北京：社会科学文献出版社，2005

［13］王凤彬，李奇会.组织背景下的嵌入性研究［J］.经济理论与经济管理，2007（3）

［14］陶厚永，刘洪.企业的关系边界及主体关系模式的影响［J］.中国工业经济，2007（9）

［15］欧阳锦.初析动态隐性的组织结构［J］.甘肃理论学刊，2004（5）

［16］许激.效率管理——现代管理理论的统一［M］.经济管理出版社，2004（5）

［17］孟韬.网络视角下的产业集群组织研究［D］.东北财经大学博士论文，2008（6）

［18］刘松博，胡威.国内组织设计研究的发展与现状［J］.经济理论与经济管理，2006（9）

［19］刘洪.组织结构的复杂适应系统观［J］.南开管理评论，2004（3）

［20］王松涛.无边界组织：企业组织结构变革的新模式［J］.同济大学学报（社会科学版），2008（4）

［21］Polanyi. K. Primitive, Archaic And Modern Economies: Essays of Karl Polanyi[J]. Boston: Beacon Press, 1968

［22］ Mark. Granovetter. Economic Action And Social Structure: The Problem of Embeddedness ［J］. *American Journal of Sociology*, 1985, 91（3）

［23］O'Reilly C, A. Tushman M. The Ambidextrous Organization ［J］. *Harvard Business Review*, 2004

［24］Firat A. F. Fragmentations in The Postmodern ［J］. *Advances in Consumer Research*, 1992（19）

［25］J. F. Leotar. *Postmodern Condition* ［M］. Minnesota, Introduction, 1984

［26］Tom J. Peters. *Thriving on Chaos*: *Handbook for Management Revolutions*[M]. New York: Alfred P. Knopf, 1988

Discrimination of Economic Organizations: A Comparison between Paradigms of Embedding Enterprises and Bureaucratic Enterprises

LI Huai-bin

(Dongbei University of Finance and Economics, Dalian, 116025, China)

Abstract: On the basis of the theory of embeddedness in social economics, the thesis discriminates the non-economic attribute and characteristics of enterprises which are typical economic organizations. It proposes and demonstrates that embedding enterprises are at the same time bureaucratic enterprises which have legal boundaries and subjection relations, and virtual enterprises which have economic boundaries and wide economic cooperative relations. They are a new economic organizational paradigm which has social boundaries or is embedded in concretized society. Compared to typical bureaucratic enterprises, embedding enterprises are post-modern economic-social system and practice both economic and non-economic strategies.They consist of internal and external organizational elements, which have both economic and social boundaries. Such enterprises are regulated by mechanism of the double-networks of the economic and non-economic together with formal and informal power centres internal and external. They apply the developing mode of small enterprises but big networks.

Key Words: Social Embeddedness; Bureaucratic Organizations; Post-modern

2009 年 10 月
第 2 期

比 较 管 理
Comparative Management

Oct., 2009
No. 2

【文化与管理方式】

韩非和马基阿维里管理思想比较研究

杨兆宇　王　萍　陈　娜

（沈阳建筑大学管理学院，辽宁　沈阳　110168）

[摘　要] 韩非和马基阿维里分别是东西方最有名的权术思想家，他们的思想对历代帝王的行为影响最大。本文首先用元素列举法肯定他们的思想中确有管理思想，接着结合他们各自的生平对比分析他们各自的代表作《韩非子》和《君主论》，从管理目的、理论假设、管理手段和管理风格四个方面比较他们的管理理论体系。本文的基本结论是韩非和马基阿维里管理理论的目的相同，都是"为了保住君主地位"；理论前提相同，都是"人性恶"；管理手段相同，都是"不择手段"；管理风格相同，都是"实用主义"。他们的主要不同是一个重"法"，一个重"力"；一个重"农"，一个重"商"；一个求"稳"，一个求"快"。他们的管理理论是"君本"而非"人本"的，越来越不适用于现代社会。

[关键词] 韩非；马基阿维里；帝王术；人性恶；不择手段；实用

一、导　论

迄今为止，人类历史上还没有第三个思想家比韩非（Han Fei）和马基阿维里（Machiavelli）二人对最高统治者的影响更大，所不同的是韩非的影响在东方，主要是在中国；而马基阿维里的影响在西方，特别是意大利。因为在有据可查的人类历史中，最长的是封建君主统治的历史。在中国，从秦始皇开始到清代的溥仪，前后 2000 多年；在西方，主要是欧洲，从公元 476 年西罗马帝国灭亡到 1640 年的英国资产阶级革命也有 1100 多年。在漫长的封建君主统治时期，出现几百个王朝，上千个君主，这些君主或皇帝用得最多的统治术（Emperor Chicanery）或说治国术（Statescraft）是谁提供的呢？本文认为在中国主要是韩非提供的，在西方则主要是马基阿维里提供或总结出来的。韩非是中国最大的帝王师，虽然中国从汉武帝时历代帝王嘴上多尊孔子为师，但用得最多的还是韩非的思想。马基阿维里是西方最有名的君主师。他们两个人的最大共同点都是为最高统治者出点子，他们的学说都适用于最高统治者，君主或帝王在心照不宣地使用他们的思想时又往往批评他们的思想。这是一个很独特的现象。韩非的《韩非子》和马基阿维里的《君主论》都是影响世界历史进程的书。韩非和马基阿维里生活的年代相差 1749 年，但他们的思想却是平行发展起来，事先并没有相互之间的影响。虽然有这么远的距离，时间又相隔那么远，但韩非

[作者简介] 杨兆宇，男，1956 年生，辽宁沈阳人，沈阳建筑大学管理学院教授，研究领域为企业管理；王萍，女，1983 年生，辽宁大石桥人，沈阳建筑大学管理学院，硕士研究生，研究领域为企业管理；陈娜，女，1981 年生，辽宁沈阳人，沈阳建筑大学管理学院，硕士研究生，研究领域为企业管理。

和马基阿维里的管理思想却惊人地相似。

本文的比较分析从确认他们有管理思想开始，接着分析比较他们的管理目的、理论假设、管理手段和管理风格，指出他们管理思想的主要差异和各自的局限。

比较分析他们的管理思想有比较东西方封建君主帝王治国术的意味，这对我们了解人类的管理史、认识人类过去的最高层次的管理具有重大的理论意义，从韩非和马基阿维里管理思想的落伍中，我们也可以看到人类管理进步的脚步。

韩非的管理思想体现在他的著作《韩非子》中，马基阿维里的管理思想主要体现在他的代表作《君主论》中。《君主论》出版于1523年，是马基阿维里的个人专著，这是没有任何疑义的，全书26章，我们都可以直接拿来进行比较分析，而韩非的著作《韩非子》在《汉书·艺文志》中是55篇，今本也是55篇。但其中有很多是不可靠的。据胡适先生考证，《韩非子》中可靠的诸篇是《显学》、《五蠹》、《定法》、《难势》、《诡使》、《六反》和《问辩》。① 还有司马迁认定的《孤愤》、《说难》、《说林》、《内外储》。② 对韩非的著作，本文用来分析比较的以胡适和司马迁认可的这些篇章为主。

二、韩非和马基阿维里有完备的管理思想

比较韩非和马基阿维里的管理思想，首先要回答的一个问题是他们有没有管理思想？其次是如果有，表现在哪些方面？

为了说明这两个问题，我们从管理的最基本问题管理定义说起。管理的定义很多，但今人所用的定义是"管理是为了特定的目的整合资源"。③ 韩非和马基阿维里思想体系主题就是"为了保持君主的权力不择手段"。这里，"为了保持君主的权力"，即是"为了特定的目的"，而"不择手段"（By Fair Means or Foul），意为最高效地"整合资源"。韩非和马基阿维里都是世界级的权术（Political Trickery）大师，他们的"不择手段"是以不同的"术"的形式出现的。据此，我们可以说，韩非和马基阿维里的全部权术政治理论是管理。他们的全部管理思想都是围绕着既定的权力架构，为统治者寻找最有效率的统治模式。

再具体分析，首先，人性假设是管理理论的基石，全部管理理论都建筑其上，在众多的人性假设理论中，最为主要的人性假设即为"经济人"假设，而韩非和马基阿维里的思想体系中正是建筑在"人性自利"即"人性自私"，或者直言"人性恶"（Evil Humanity）基础之上的，本文认为他们的政治理论和主流管理理论有相同的假设。从这一假设出发，他们的政治理论又产生了相同的管理方式和方法。其次，管理可以按管理者所处的位置分为高层管理、中层管理和基层管理，韩非和马基阿维里的理论是为最高层领导——君主或帝王所用的管理思想，这些思想不但是管理思想，而且是最高层次的管理思想。再次，管理按所管理的领域可以分为工商管理和行政管理两大类，韩非和马基阿维里的理论是讲治理国家的理论，属于管理中的行政管理理论。还有，从管理的内容或职能来看，今人公认的管理四大内容或四大职能是计划、组织、领导和控制。④ 马基阿维里和韩非所言，虽然更多地属于领导和控制，但也涉及计划和组织，基本上包含管理理论的所有内容。最后，从管理的学派上讲，韩非和马基阿维里的管理思想属于管理中的经验学派，他们的管理理论是从几十年的说客和国务活动家的经验中总结出来的，用于指导他们所处时代的管理

---

① 胡适：《中国哲学史大纲》，东方出版社1996年版，第282页。

② 司马迁：《史记》，西安出版社2005年版，第371页。

③ 刘亚臣主编：《管理学》，中国电力出版社2008年版，第2页。

④ Stephen Robbins and Mary Coulta. *Management*. Prince Hall Press，2006.

非常实用（Practical）。

综上，我们认为虽然韩非和马基阿维里在语言和文字中并没有使用"管理"一词，但他们的理论可以被认为是完备的管理理论，因此，可以从人性假设论、管理目的论、管理手段论、管理风格论等方面进行比较分析。

三、管理目的的比较

管理理论是由管理目的决定的。既然管理目的是"为了保持君主的权力"，剩下的问题就是寻找一个或一组最有效的方法达到这个目的了。韩非和马基阿维里的管理思想都是紧密围绕管理目的展开的。论文的这一部分，我们分析比较韩非和马基阿维里的管理目的。

韩非和马基阿维里的管理思想有完全相同的管理目的。他们两人都不讳言，他们的管理思想是为君主服务的。先看韩非，在中国的思想家中，没有谁的思想比韩非的思想更专注于服务帝王了。

《韩非子》的第一篇《初见秦》开篇就说：

"臣闻：'不知而言，不智；知而不言，不忠。'为人臣不忠，当死；言而不当，亦当死。虽然，臣愿悉所闻，唯大王裁其罪。"[①]

这是韩非初次见到秦王时的上书，一见面就表示他以生命为担保向秦王尽忠、尽智。

类似的话还有：

"臣昧死愿望见大王，言所以破天下之从，举赵、亡韩，臣荆、魏，亲齐、燕，以成霸王之名，朝四邻诸侯之道。大王诚听其说，一举而天下之从不破，赵不举，韩不亡，荆、魏不臣，齐、燕不亲，霸王之名不成，四邻诸侯不朝，大王斩臣以徇国，以为王谋不忠者也。"[②]

韩非说，我冒死来见大王，和您谈的是灭掉其他国家、统一天下的计划，只要您真听了我的话，就一定能灭掉其他国家，称霸天下。若不能称霸天下，大王就杀了我，以此警告那些为王谋事而不尽忠的人。

和韩非的这段话极其相似，马基阿维里的《君主论》一开始就表示，他要把他最有价值的东西拿来献给君主。《君主论》是马基阿维里专门写来献给梅迪奇殿下的。他在献辞中十分谦卑地写道：

"举凡希图获得某一位君主之恩宠的人们，他们最常见的做法，是把自己最心爱的东西或他们认为君主最喜爱的东西敬献给他。因此，我们常常看到君主们收到诸如骏马、武器、金衣、宝石之类的礼品，以及与之类似的同他们的伟大地位相称的饰品。不过，当我希望通过敬献给您一些礼物以表示我的忠心的时候，倾我之所有也找不到什么比我对于伟人之事迹的知识更令我心爱、更珍贵的礼物了，那是我从对现代事物的长期经验和对古代事物的不断研读中获得的，通过这些事物长期孜孜不倦的思考和检验，现在我把它浓缩为一本小书，并敬献给殿下您。"[③]

他用下面的话说明除了这本书，他不能再献给君主更好的礼物了：

"考虑到除了使您能够在最短促的时间内了解我多年来历尽困苦艰危所学到的一切之外，我再没有力量献给您更好的礼物了。"[④]

韩非和马基阿维里都想为君主尽忠，那么君主最需要什么呢？显然是"保住君主的权力和称霸天下"，这是他们两人都看得明明白白的。

---

① 韩非：《韩非子》，陈秉才译，中华书局 2007 年版，第 1 页。
② 韩非：《韩非子》，陈秉才译，中华书局 2007 年版，第 3 页。
③ 马基阿维里：《君主论》，张志伟等译，陕西人民出版社 2001 年版，第 1~2 页。
④ 马基阿维里：《君主论——汉译世界名著丛书》，潘汉典译，商务印书馆 2005 年版，第 2 页。

韩非和马基阿维里在他们的著作《韩非子》和《君主论》中所写的每一句话、所援引的每一个历史事件、所讲的每一个故事都是说给君主听的。在《韩非子》这部著作中，充满了"人主"这个词。在《君主论》里，用的则是"君主"，这两个词的意思是一样的，指的都是一国的最高统治者。

在为人主尽忠上，韩非比马基阿维里态度更坚决，走得也更远，韩非是以死相谏，而马基阿维里只是用他的这本书作为改变命运的梯子。如果君主不采纳他的建议，马基阿维里是有后路的，他还可以回到自己的小庄园，著书立说，过清贫的生活。在"献辞"的最后，马基阿维里是这样说的：

"殿下，请你体谅我敬献这个小小的礼品的心意而接受它吧！如果你认真地考虑和诵读它，你就会从中了解到我的热切的愿望：祈望你达到命运之神和你的其他条件使你有希望达到的伟大地位。同时，如果殿下有朝一日，从你所在的巍巍的顶峰俯瞰这块卑下的地方，你就会察觉我是多么无辜地受着命运之神的巨大的不断的恶毒折磨呵！"①

《韩非子》和《君主论》都是向君主的进言，他们两人的写作都使出了浑身解数，但比较一下还是有些差别的，如果说马基阿维里的《君主论》仅是一篇呕心沥血之作，那么韩非的《韩非子》应是一篇篇血书。韩非和马基阿维里的话都很重很"雷人"。这和他们都有积极入世的思想有关，他们都有"宁鸣而死，不默而生"的士大夫气概。韩非曾经说过："士兵若不怕死，就可以以一当十，以十当百，以百当千，以千当万。"战场如此，思想领域也如此，思想家不怕死，也可以以一当十，韩非是思想界的"亡命徒"，他不怕死，随时准备死，所以，他的思想以一当十。所以读他的文章，语气坚定，文字淋漓畅快。

玩火者自焚，玩剑者死于剑，同理，玩谏者死于谏。韩非就是最好的案例。据《史记》记载，秦王嬴政是非常欣赏韩非的，公元前 234 年，当他看流传入秦的《孤愤》、《五蠹》之后，发出"嗟呼，寡人得见此人与之游，死不恨矣"②的感叹，并为得到韩非而攻韩国。得到韩非后，却因韩非是韩国公子而不信任他，一年后，公元前 233 年，秦王听信李斯和姚贾的话把韩非治死了。司马迁非常惋惜韩非之死，说：

"然韩非知说之难，为《说难》书甚具，终死于秦，不能自脱。"③

司马迁在《史记》的《老子韩非列传》中全文抄录了韩非的《说难》，可见他认可这篇韩文的程度。在《说难》中韩非写了谏说之难，认为有七件事足以危身。可见他意识到说客是一个高危工种，但他还是没有幸免，令太史公独悲。

和韩非比，马基阿维里要稍微幸运一些。虽然他也不得志，也有牢狱之灾，但他得到了大赦，得以和家人团聚，隐居小农庄，开始了写书生涯，后来还当过史官。无论怎么说，马基阿维里还不是文字"亡命徒"，他文字的嚣张程度不如韩非。

四、理论假设的比较

如前所述，管理理论是建立在人性假设基础上的。在具体分析比较马基阿维里和韩非管理思想时，我们发现他们有完全相同的理论假设，尽管他们的表述有所不同，但他们都认定"人性恶"，并以此为前提提出各自理论体系。

关于人性，韩非认为"人性自利"。在人性假设问题上，韩非继承了他的老师荀况的"性恶说"，

---

① 马基阿维里：《君主论——汉译世界名著丛书》，潘汉典译，商务印书馆 2005 年版，第 2 页。
② 司马迁：《史记》，西安出版社 1996 年版，第 372 页。
③ 司马迁：《史记》，西安出版社 1996 年版，第 371 页。

他不但坚守老师的立场，还发展了老师的理论，对人性自利形成完整、深刻的学说，是中国文字中对"人性自利"最好的表述。韩非的"人性自利"思想主要表现在《韩非子》一书的下述论述中：

在《内储说上》中韩非写道：

"鳝似蛇，蚕似蠋。人见蛇则惊骇，见蠋则毛起。然而，妇人拾蚕，渔者握鳝。利之所在，则忘其所恶，皆为孟贲。"①

韩非这段话的意思是：人是勇于逐利的，大凡有利益的地方，人们就会忘记自己的嫌恶，勇往直前，就像古代的勇士孟贲一样。韩非的这段话让人想起一句俗语："人为财死，鸟为食亡。"

在《五蠹》中，韩非写道：

"夫耕之用力也劳，而民为之者，曰可得以富也。战之事也危，而民为之者，曰可得以贵也。"②

这段话的意思是说：耕种很辛劳，但人们都愿意干，他们是想因此而得到富足；战争很危险，但还是有人愿意干，那是他们想因此而得到显贵。俗语说"重赏之下必有勇夫"就是这个意思。

韩非冷静地分析了人们行为的基本动因，他认为人们都是自利心理，有许多职业上的个人打算，如果仅从表面上看，很容易给人假象。其中最有名的是他在《备内》中的一句话：

"王良爱马，越王勾践爱人，为驰与战。医善吮人之伤，含人之血，非骨肉之亲也，利之加也。舆人成舆，则欲人之富贵；匠人成棺，则欲人之夭死也。"③

王良爱马，那是因为可以用马来奔驰，越王勾践爱人民，那是因为他想用人作战，医生善于吮吸伤口，嘴含病人的污血，这并没有骨肉血缘的亲密关系，只不过看在病人要付医疗费的利益上。所以，做轿子的做好轿子，就巴不得人富贵，棺材匠的做好棺材，就巴不得常有人死。这并不是说做轿子就是好人，做棺材的就是恶人，只是职业使然。

韩非认为君臣间甚至夫妻间、父子间也难免有自利心理。韩非在《说林上》中以讲故事的方式告诉我们，有个卫国人嫁女儿时告诉他的女儿：到了婆家以后要设法多攒些私房钱，以防不测，结果因此被休。这个女儿带回家里的财物比当年的嫁妆多好几倍。那个卫国人并不认为教导女儿攒私房钱有什么不好，只知道自己比过去富有了。韩非认为，现在一般做官的都和此类似。

在《外储说左上》中，韩非就父子关系论道：

"子、父，至亲也，而或谯或怨者，皆挟相为而不周于己也。"④

这段话的意思是说，父子间是最亲近的人了，而竟有的责骂，有的怨恨，都存在一种别人应该为自己多考虑的心理，这不全是为自己考虑么！

君臣之间的利己行为是韩非说得最多、分析最透彻的。由于人的利己性，君主和臣子的利益是相互矛盾的。在《孤愤》中，韩非写道：

"主利在有能而任官，臣利在无能而得事；主利在有劳而爵禄，臣利在无功而富贵；主利在豪杰使能，臣利在朋党用私；是以国地削而私家富，主上卑而大臣重。故主失势而臣得国，主更称蕃臣，而相室剖符。此人臣之所以谲主便宜私也。"⑤

君臣利益不同，必须各有打算，君主不能任由臣子胡为。如果有重臣徇私舞弊，最后必定要夺君主的大位。

马基阿维里也是"人性恶"论者。他在《君主论》中多数论述到人的利己性，很明显地持有人性恶的观点。

马基阿维里为君主可以不择手段维持自己政权开脱的理由就是："由于周围都是不善良的人"。⑥

①②③④⑤ 韩非：《韩非子》，陈秉才译，中华书局 2007 年版。
⑥ 马基阿维里：《君主论》，张志伟等译，陕西人民出版社 2001 年版，第 92 页。

就人的本性，马基阿维里还有一段入木三分的描述：

"……关于人类，一般地可以这样说：他们是忘恩负义、容易变心的，是伪装者、冒牌货，是逃避危难、追逐利益的。当你对他们有好处的时候，他们是整个儿属于你的……当需要还很遥远的时候，他们表示愿意为你流血，奉献自己的财产、性命和自己的子女，可是到了这种需要即将来临的时候，他们就背弃你了……而且人们冒犯一个自己爱戴的人比冒犯一个自己畏惧的人较少顾忌，因为爱戴是靠恩义这条纽带维系的；然而，由于人性是恶劣的，在任何时候，只要对自己有利，人们便把这条纽带一刀两断了。可是畏惧，则由于害怕受到绝不会放弃的惩罚而保持着。"①

在后面的章节，他还写道：

"人们是恶劣的，而且对你并不是守信不渝的，因此你也同样地无需对他们守信。"②

关于父子关系，马基阿维里也有一段相当深刻的论述，在《君主论》第十七章中，马基阿维里写道：

"人们容易忘记父亲之死而不易忘记遗产的丧失。"③

马基雅维里认为趋利避害是人的本性，而且人的欲望总是大于人的能力，追求权力和财富是人最基本的欲望。所以，他认为君主统治的要点就是通过利用人性的弱点来操纵人们的行为，统治者应该选择各种现实的或可以预期的惩罚来防止人们的不端行为。

比较韩非和马基阿维里关于人性的论述，我们可以看出韩非和马基阿维里对人性的看法完全一致。尽管表述角度不同，用词有所不同，但他们都是"人性恶"论者，都认为"人性自私"，"人只能由利益驱动"。君主有君主的私心，大臣有大臣的私心，朋友间有私心，甚至夫妻间、父子间也有私心。在后面的比较中，我们还会看到，他们两人的所有理论都建立在"人性恶"基础上。

五、管理的手段比较

既然人性是恶的，统治人的手段也必须是恶的。韩非和马基阿维里对人性的看法相同，决定了他们管理手段的相同性。这两部分的相同就像韩非用中国的"一、二、三"，马基阿维里用意大利的"Ⅰ、Ⅱ、Ⅲ"一样。管理手段在韩非和马基阿维里的思想范畴里是"权术"，简称为"术"。我们先看韩非的"术"。

韩非认为只靠法律不行，君主还必须靠"术"，法律是公开的，让臣民遵守；而"术"是暗中的机智，用来私下课督群臣，再加上君主的威势就能达到君主的目的了。因为"术"是暗中课督群臣的秘术，所以越神秘越好。韩非很强调君主用"术"，因为君主必须能驾驭百官，然后监督百官治理人民，才能符合君主的利益。

韩非认为治国要有方术，在《外储说右下》中，他先讲了个古代善于驾车的造父的故事，然后比喻道：

"国者，君之车也；势者，君之马也。无术以御之，身虽劳，犹不免乱；有术以御之，身处佚乐之地，又致帝王之功也。"④

韩非把国家比作车子，君主的威势相当于马匹。有"术"的君主就像善于驾车的造父一样，

① 马基阿维里：《君主论》，张志伟等译，陕西人民出版社 2001 年版，第 71 页。
② 马基阿维里：《君主论》，张志伟等译，陕西人民出版社 2001 年版，第 74 页。
③ 马基阿维里：《君主论》，张志伟等译，陕西人民出版社 2001 年版，第 101 页。
④ 韩非：《韩非子》，陈秉才译，中华书局 2007 年版。

可以轻松愉快地把国家治理好，本身安逸，可是能达到帝王的功效。

韩非告诉君主运用"术"要隐秘难测，要顺应人情，和"法"、"势"配合才能"尽道"。

在《八经》中，他论道：

"凡治天下，必因人情。人情者，有好恶，故赏罚可用，赏罚可用，则禁令可立而治道具矣。君执柄以处势，故令行禁止。柄者，杀生之制也；势者，胜众之资也。废置无度则权渎，赏罚下共则威分。是以明主不怀爱而听，不留说而计。故听言不参，则权分乎奸；智力不用，则君穷乎臣。故明主之行制也天，其用人也鬼。天则不非，鬼则不困。势行教严，逆而不违，毁誉一行而不议。故赏贤罚暴，举善之至者也；赏暴罚贤，举恶之至者也：是谓赏同罚异。赏莫如厚，使民利之；誉莫如美，使民荣之；诛莫如重，使民畏之；毁莫如恶，使民耻之。然后一行其法，禁诛于私家，不害功罪。赏罚必知之，知之，道尽矣。"①

他的意思是君主应顺应人情，立定赏罚。有了"术"，法令才能畅通无阻，君主的权位才能巩固。君主行使赏罚要像天地一样公正无私，运用方术要像鬼神一样秘不可测。"术"的运用仍有一定相当公允的法则，听取言论不杂私情，多方参考客观意见和证据，臣子就不敢因循投机了。这是课督臣子很重要的方法。因为高深莫测之中还有客观公允的原则，才是尽道了。

老子的"无为"是韩非用"术"的原则，但他的"无为"和老子的完全虚静无为又有不同，他的"无为"是功利性极强的"无为"。

他认为君主要"守法责成"，在《外储说右下》中，用摇撼树木的例子说明君主只要治理好官吏，不必劳神去治理人民：

"人主者，守法责成以立功者也。闻有吏虽乱而有独善之民，不闻有乱民而有独治之吏，故明主治吏不治民。"②

在《扬榷》中，韩非主张君主要"虚静无为"：

"上有所长，事乃不方。矜而好能，下之所欺；辩惠好生，下因其材。上下易用，国故不治。"③

这段语的意思是，如果君主好表露，被臣子看破弱点，则臣子就会虚诈掩饰，蒙骗君主，做些违法的事，那么国家就要乱了。他认为君主要保持神秘感，他说：

"主上不神，下将有因；其事不当，下考其常。"

君主不神秘，臣下就有所凭借而窥测君主，君主处理政事不当，臣下就会改变他们的常态。④

韩非子提倡君主喜怒不形于色，意图、好恶不要轻易表露。在《主道》中，他写道：

"故曰：君无见其所欲，君见其所欲，臣自将雕琢；君无见其意，君见其意，臣将自表异。故曰：去好去恶，臣乃见素；去旧去智，臣乃自备。"⑤

韩非认为君主只有"无为"才能看清臣子的实情，在《外储说右上》中，他引用了申子的一段话：

"申子曰："上明见，人备之；其不明见，人惑之。其知见，人惑之；不知见，人匿之。其无欲见，人司之；其有欲见，人饵之。故曰：吾无从知之，惟无为可以规之。"

意思是君主的语言要谨慎，否则臣子将会附和你；行为要谨慎，因为人臣要模仿你；你表露出智慧，人臣就要隐瞒你；表露出无智慧，人臣就要猜测你；你有智慧，人臣就要隐藏实情；你没有智慧，人臣就要恣意行事。所以说，只有无为，才能看清臣子的实情。韩非认为，君臣利益不同，臣子往往窥测君主心意，然后竭力迎合，以便获得利禄，严重的甚至掩饰诈欺，使君主误信错用。因此，韩非主张君主无为，不随便表露好恶欲望，臣子就无从窥测，便会安分守己了。

---

①②③④⑤ 韩非：《韩非子》，陈秉才译，中华书局 2007 年版。

韩非认为君主可以集中众人的才智，揽功推过：

"是以言陈之日，必有策籍。结智者事发而验，结能者功见而谋。成败有征，赏罚随之。事成则君收其功，规败则臣任其罪。"①

韩非说，臣子陈述意见时，要记录在案，集中众人的才智决策，事情发生后加以验证，集中众人才能决策，功效显现之后也要加以论定。成功与失败都有证据，赏罚就配合功罪实行。事情成功，君主收其功；计划失败，则由臣子承担一切罪过。

韩非认为君主不能"太仁"，可以残忍，在《内储说上七术》中有：

"太仁，不忍人……此人臣之善也，非人主之所行也。"②

为了侦察臣子的忠心，韩非还向君主建议可以用故意让臣子摸不透旨意的"疑诏诡使"法、用明确已知的事探问臣子的"挟知而问"法、颠倒言论来试探自己疑虑问题的"倒言反事"法等。在《八奸》中，他还提出八种防止奸情的方法。

他还告诫君主不要放松警惕，一棵树上不能栖息两只雄鸟，不要让下面的势力自由滋生，要不断修剪。在《扬权》中，他写道：

"木数披，党与乃离。掘其根本，木乃不神。填其汹渊，毋使水清。探其怀，夺之威。主上用之，若电若雷。"③

树木多次修剪，朋党就会分崩离析。掘出树根，树就失去生机。填上汹涌的深渊，不要使水太清。君主要探察臣下的心怀，夺去他们的威势。君主利用这威势，如同电闪雷霆。

韩非认为：君主的祸患在于信任他人，信任他人就受制于人。在《备内》一文中他告诉君主谁也不要相信，不要说没有血缘关系的大臣，就连妻子、儿子都不相信。因此，君主要用心防范那些认为他死了才能得利的人。

韩非认为君主权大位高，是群臣瞩目的对象，由于臣下有私心，君主不得不防，除了虚静无为，运用循名责实的方术，听言用人多方参验外，他还提供了一些非常规的权术，这些权术中有很多是不择手段的。

中国封建社会的历代君主都是韩非的信徒，他们除了自己以外不信任何人，包括自己的父母、兄弟，就更不用说手下的大臣了。比如唐太宗就有杀兄杀弟囚父的事，历代君主都有得天下后屠戮功臣的事，最甚的是明太祖朱元璋，和他一起打天下的功臣，除汤和外都杀了，而且株连无辜无数，利用特务手段监视群臣，他们的一举一动都跑不出他的监视，他甚至把他的大便晒干后赐给群臣，美其名曰"黄龙汤"，逼大臣喝下。这些手段显然不是依法，只能是"术"。历代君主这么做，当然是出于政治需要，但无论如何，都受韩非思想的影响。从这个意义上讲，韩非没怎么教君主干好事。

无独有偶，马基阿维里也是权术大师，《君主论》第三部分从第十五章到第二十三章是关于"权术"论述最密集的章节，其中，第十五章有总论的性质，马基阿维里关于"为了达到目的可以不择手段"的理由是：

"由于周围都是不善良的人，一个要在所有的事情上都立誓行善的人只会遭到毁灭。所以，一个君主如果想保持自己的地位，就必须学会怎样能够做不善之事，而且知道如何视情况的需要而使用或者不使用这种方法。"④

他告诉君主行恶时不要心里不安：

①②③ 韩非：《韩非子》，陈秉才译，中华书局 2007 年版。
④ 马基阿维里：《君主论》，张志伟等译，陕西人民出版社 2001 年版，第 92 页。

"他不必因为有些恶行会招来非议而忐忑不安，没有它们，他就很难保住权位。"①

他认为"目的总是为手段辩护"的：

"只要能够把臣民团结起来，使之同心同德，明君就不必在乎残酷无情这一骂名，他的极少数残酷行为，相对于过分仁慈导致邪气横流乃至杀人越货之徒蜂起而言，要仁慈得多了，因为后者总是使整个社会受到损害，而君主执行刑罚不过损害个别人罢了。在所有的君主当中，新的君主由于新的国家充满着危险，要避免残酷之名是不可能的。"②

他认为君主的残酷是必要的，在军中尤应如此：

"如果君主置身军中并且指挥一支大军，那就完全不必顾虑残酷之名了，因为如果没有这个名声，就无法使军队保持团结并胜任战事。"③

他认为君主要兼有狮子和狐狸两种性格。他说：

"由于狮子不知防备陷阱，而狐狸则无力防备豺狼。因此，君主必须是一头狐狸以认识陷阱，同时又必须是一头狮子，以震慑豺狼。"④

他认为君主不一定要守信。他说：

"如果遵守诺言反而于己不利，或原来诺言的理由已不复存在，一位精明的统治者就绝不能——他也不会——去信守那个诺言。"⑤

他认为管理应该和道德分离，"如有必要，君主应随时抛弃传统道德"，他说：

"你可以显得慈悲为怀、值得信赖、仁至义尽，清白无瑕，心地虔诚——并且还要这样去做，但是你要做好精神准备，一旦不再需要这样做了，你能够做到反其道而行之。必须明白一点：一位君主，尤其是一位新生的君主，不可能身体力行所谓好人应做的所有事情，为了保住他的地位，往往不得不悖逆诚实，悖逆仁慈，悖逆人道，悖逆信仰。"⑥

但他告诉君主行不义之事时要注意：臣民的财产和体面，不注意就会遭到不测，这是和韩非稍有不同的地方：

"对绝大多数人来说，只要财产不被侵夺，体面不受凌辱，他们就心满意足了，这样一来，君主就可以调动各种手段同极少数人的野心进行斗争，很容易就能制服他们。"⑦

他也告诉君主应学会找"替罪羊"，恶事由他们去做，好事自己做：

"明君应当把招致怨恨的事务交给别人处置，能够令人感恩戴德的事务则亲自料理。"⑧

综上，我们可以看出，韩非和马基阿维里关于管理手段的思想是相同的，都是"为了目的可以不择手段"。他们的理由是既然人性恶，君主们就不用过于考虑道德良心。成功证明手段合理，善没有恶有用。只要能保住王位和国家，什么都是可以做的。他们都是管理中的道德杀手，都坚持管理要和道德分离，因此才有"为了达到目的可以不择手段"的共识。有人认为韩非是"给君主一把杀人刀"，我们不这么认为，君主有无限的权力，杀人刀就在他们手上，不是韩非给的，韩非只是告诉君主杀谁，并告诉君主杀人的时候心不要颤，手不要抖。马基阿维里干的也是这种事。正是他们在"可以不择手段"问题上的共识使他们分别成为东方和西方最有名的权术大师。

---

① 马基阿维里：《君主论》，张志伟等译，陕西人民出版社 2001 年版，第 66 页。
② 马基阿维里：《君主论》，张志伟等译，陕西人民出版社 2001 年版，第 70 页。
③ 马基阿维里：《君主论》，张志伟等译，陕西人民出版社 2001 年版，第 72 页。
④ 马基阿维里：《君主论》，张志伟等译，陕西人民出版社 2001 年版，第 74 页。
⑤ 马基阿维里：《君主论》，张志伟等译，陕西人民出版社 2001 年版，第 75 页。
⑥ 马基阿维里：《君主论》，张志伟等译，陕西人民出版社 2001 年版，第 76 页。
⑦ 马基阿维里：《君主论》，张志伟等译，陕西人民出版社 2001 年版，第 77 页。
⑧ 马基阿维里：《君主论》，张志伟等译，陕西人民出版社 2001 年版，第 81 页。

六、管理风格的比较

韩非和马基阿维里的管理理论是同一种风格的，都是极端实用主义。他们两个人都是实用主义管理大师。他们的管理理论可以说是实用主义管理理论中最有典型意义的代表。

首先，综观古今，中国各种学术思想的实际效用还没有哪一家能超过韩非的。正如蒲阪圆所言："诸子中，惟韩非书最切世用。"

《韩非子》是一部实用的帝王书，在这部书里，他融合了春秋以来的法家思想，告诫帝王应该怎么样，不应该怎么样，目的只有一个：如何治国安邦才能保住大位。大到天子，小到诸侯，如何才能保住君主之位不发生动摇，并避免自己身亡国灭。秦王嬴政是最早发现韩非文章高明的人，他最欣赏韩非的理论，韩非的思想被秦王读到心里去，而且是第一个实践韩非理论的人，一经试用，便灭了其他六国，统一了天下。秦始皇以后的历代帝王特别是开国帝王和动乱年代的帝王几乎都是韩非思想的信徒，尽管他们嘴上说自己是孔子儒家的信徒或者是老子道家的信徒。

和韩非一样，马基阿维里也是一个彻头彻尾的实用主义者。他不但力图摆脱传统神学和良心道德的束缚，也反对脱离实际的幻想。在《君主论》的第十五章中一开始，马基阿维里就声明：

"我的目的是写一些东西，即对于那些通晓它的人是有用的东西，我觉得最好论述一下事物在实际上的真实情况，而不是论述事物的想象方面。"①

也是在第十五章中，针对不切实际的幻想，他还深刻地写道：

"许多人曾经幻想那从未有人见过更没有人知道曾经在哪里存在过的共和国和君主国，可是从人们实际上怎样生活到人们应当怎样生活距离是如此之大，以至一个人要是为了应当怎样而忘记了实际怎样，那么他不但无法生存，而且会自取灭亡。"②

其次，韩非和马基阿维里的管理理论都是可以实证的。管理理论有实证和规范之分，实证管理理论没有价值判断，只考虑管理事件之间关系的规律，并在这些规律的作用下，分析和预测人们的行为的效果。实证管理理论有两个特点：第一，它回答"是什么"的问题；第二，它所研究的内容具有客观性，它的结论是否正确可以用事实或经验来检验。

韩非和马基阿维里的管理理论都是实证性质的管理理论。他们的理论都排斥价值判断，都回答"是什么"的问题，结论都具有客观性，他们的管理理论都是可以用事实来检验的。他们的理论都自觉地摆脱了道德因素成为纯粹的管理理论。

和韩非在中国帝王心目中的地位一样，欧洲的君主多是马基阿维里的信徒。《君主论》是欧洲各国君主和统治者的案头书，马基阿维里的理论也是其后 500 年间，西方君主或最高管理当局行之有效的管理理论。英国国王查尔斯五世对《君主论》爱不释手。英国资产阶级革命领袖克伦威尔一直珍藏着一部《君主论》的手抄本。法国国王亨利三世和亨利四世遭暗杀时，随身都带着一部《君主论》，路易十四把《君主论》作为自己每天睡前必读的书。拿破仑惨败滑铁卢时，人们在他的车中发现一部写满批注的《君主论》。普鲁士国王弗里德里希一直把《君主论》作为自己决策的依据。德国的铁血宰相俾斯麦熟稔《君主论》。希特勒一直把《君主论》放在桌上或床边，随时阅读，墨索里尼说过："我认为，马基阿维里的《君主论》是政治家的最高指南，至今仍具有生命力。"《君主论》中阐述的理论成为西方后世统治者所奉行的治国原则。

---

① 马基阿维里：《君主论》，张志伟等译，陕西人民出版社 2001 年版，第 91 页。
② 马基阿维里：《君主论》，张志伟等译，陕西人民出版社 2001 年版，第 92 页。

七、韩非和马基阿维里管理思想的不同点

韩非和马基阿维里一个生活在公元前300年，一个生活在公元后15世纪，根本不是一个时代的人；从空间上看相差万里，一个在地球东半球的中国，一个在地球西半球的意大利。他们的管理思想能有那么多的相同点已属惊人，然而，"世界上没有两粒相同的麦种"。相同是相对的，不同是绝对的。本文的观点是：韩非和马基阿维里的管理思想大同小异。下面我们就分析比较他们管理思想的不同点。

就最大的不同点而言，我们认为：韩非管理思想的支撑是"法"、"术"、"势"，三者是一个相辅相成的"铁三角"，共同支撑着人主的大位。这里，"法"就是法律，"术"是权术，"势"是权势；而马基阿维里管理思想的支撑点是"力"、"术"、"权"，这三者也构成一个相辅相成的"铁三角"，支撑着君主的宝座。这里，"力"是实力，说得更直白一点就是"军力"，"术"和韩非的概念相同，"权"也和韩非的概念大致相同。本文认为他们关于"术"的思想最为相近，关于"权"的论述比较相近，而最大不同点在于对"法"和"力"的重要性的认识上，简言之，韩非最重"法"，马基阿维里最重"力"。

我们先分析比较韩非和马基阿维里关于"法"和"力"看法的不同。通读《韩非子》和《君主论》你会有一个印象，《韩非子》中谈论最多的是法律，几乎篇篇都涉及法律；而马基阿维里的《君主论》中论述最多的是军事。它的第二部分，从第十二章到第十四章，专门谈论军事，其他各章也多涉及军事。

韩非认为制定法律是国家的根本，一个国家走上法治轨道，其他事情就都好办了。在《韩非子》的《饰邪》中，韩非写道：

"故先王以道为常，以法为本。本治者名尊，本乱者名绝。"①

这段话的意思是，先王把天地之道作为常规，把法律作为治国的根本。根本治理好了，名声就尊显；根本搞乱了，名声也就没了。

就法与国家强弱的关系，韩非写道：

"明法者强，慢法者弱。强弱如是其明矣，而世主弗为，国亡宜矣。语曰：'家有常业，虽饥不饿；国有常法，虽危不亡。'"②

国家没有永远强盛的，也没有永远衰弱的。韩非这段话的意思是说，彰明法度的国家就强大，荒废法律的国家就衰弱。强大与衰弱就是这样地分明。当代的君主却不去做，国家灭亡就理所当然了。他相信一句俗语："家有固定的产业，即使荒年也不挨饿；国有固定的法律，即使危机也不会灭亡。"

韩非在本篇中还写道：

"明主之道，必明于公私之分，明法制，去私恩。夫令必行，禁必止，人主之公义也。"③

韩非认为英明君主的治国之道，一定要明确公与私的界限，彰明法制，去除个人恩惠。有令必行，有禁必止，这是人主公开执行的国家规条。

在《有度》篇中，韩非更具体地写道：

"明主使法择人，不自举也；使法量功，不自度也。能者不可弊，败者不可饰，誉者不能进，

---

① 韩非：《韩非子》，陈秉才译，中华书局2007年版，第76页。
②③ 韩非：《韩非子》，陈秉才译，中华书局2007年版，第77页。

非者弗能退，则君臣之间明辩而易治，故主雠法则可也。"①

马基阿维里并不否认法律的重要性，他认为任何国家的根本基础都是"良好的法律和精良的军队"，但他认为法律和军队相比较，军队更重要。在《君主论》的第十二章《论军队的种类和雇佣军》中，马基阿维里写道：

"君主必须把自己建立在稳固的基础之上，否则必然会招致灭亡。而一切国家，无论是新的国家、旧的国家或者混合国，其主要的基础乃是良好的法律和良好的军队，因为如果没有良好的军队，那里就不可能有良好的法律，同时如果那里有良好的军队，那里就一定会有良好的法律。"②

所以他"不准备讨论法律问题而只谈军队问题"，并认为只有自己的军队才是可靠的。他在《君主论》的第十三章《论援军、混合军和自己的军队中》中写道：

"英明的君主总是……依靠自己的军队。他宁可依靠自己的军队打败，也不愿依靠他人的武力制胜，因为他并不认为用他人的军队赢得的胜利是真正的胜利。"③

在这一章的结论部分接着写道：

"任何一个君主国如果没有自己的军队，它是不稳固的。反之，一个君主国在不利的情况下，如果没有实力带着信心防卫自己，它就不得不完全依靠侥幸了。明智的人们常常提出这样的意见和论断：'世界上最弱和最不牢固的东西，莫过于不以自己的力量为基础的权力的声誉了'。所谓自己的军队就是由臣民、市民或者你的属民组成的军队。所谓其他一切军队就是雇佣军或者援军。"④

马基阿维里甚至偏激地认为军事应是君主的唯一专业。《君主论》的第十四章《君主的军事责任》中说：

"君主除了战争、军事制度和训练之外，不应该有其他的目标、其他的思想，也不应该把其他事情作为自己的专业，因为这是进行统率的人应有的唯一的专业。"⑤

马基阿维里认为精通军事专业对君主至关重要。他接着道：

"它的效力不仅能够使那些生下来就当君主的人保持地位，而且有许多次使人们从老百姓的地位一跃而高居王位。君主沉醉于安逸比对关心军事想得更多便亡国。亡国的头一个原因就是忽视这种专业，而使你赢得一个国家的原因，就是因为你精通这门专业。"⑥

马基阿维里认为，"因为不整军经武而受人蔑视，这是君主们所应提防的奇耻大辱之一"。原因是：

"因为拥有武装的人同没有武装的人是无法相比的。指望拥有武装的人服从那没有武装的人，或是没有武装的人安于处于已经武装起来的臣仆之中，这都是不合情理的。因为一方持有蔑视，而另一方心怀疑惧时，双方是无法安然共事的。所以，一个不习军事的君主，除了其他的不幸外，他还既不能获得自己士兵的尊敬，也无法使自己信赖他们。"⑦

在马基阿维里看来，君主应把民事管理工作交给自己选定的其他官员，自己专心致志地研究军事。

他认为军队必须在君主的控制之下，君主永远不要让自己的思想偏离军事训练。在战争年代，

① 韩非：《韩非子》，陈秉才译，中华书局2007年版，第22页。
② 马基阿维里：《君主论》，张志伟等译，陕西人民出版社2001年版，第73页。
③ 马基阿维里：《君主论》，张志伟等译，陕西人民出版社2001年版，第83页。
④ 马基阿维里：《君主论》，张志伟等译，陕西人民出版社2001年版，第85~86页。
⑤ 马基阿维里：《君主论》，张志伟等译，陕西人民出版社2001年版，第87页。
⑥ 马基阿维里：《君主论》，张志伟等译，陕西人民出版社2001年版，第87~88页。
⑦ 马基阿维里：《君主论》，张志伟等译，陕西人民出版社2001年版，第88页。

"君主应当御驾亲征，而且亲自料理指挥官的事务。"① 在和平时期，君主则应比在战争时期更注意军事，时刻不忘思考战争的方法。

韩非"势"的思想和马基阿维里"权"的思想大致相近，不同在于韩非认为统治者要掌握绝对的权力，在《爱臣》一篇中，韩非论道：

"权势不可以借人"，"爱臣太亲，必危其身；人臣太贵，必易主位；主妾无等，必危嫡子；兄弟不服，必危社稷。"②

他认为君主不应让大臣结党。在《爱臣》中，他还论道：

"欲为其国，必伐其聚。"

"是故大臣之禄虽大，不得藉威城市；党与虽众，不得臣士卒。故人臣处国无私朝，居军无私交，其府库不得私贷于家，此明君之所以禁其邪。是故不得四从；不载奇兵；非传非遽，载奇兵革，罪死不赦。此明君之所以备不虞者也。"③

他不许臣子效忠于贵族豪门，不许私设小朝廷，不许臣下私下来往，不许结党拉派互相吹捧等，总之，韩非对待除君主之外的其他集团党派的态度是一律不允许。

和韩非相比，马基阿维里的权势概念较宽，他认为：

"由于每个城市都分为各种行会或者部族集团，因此君主必须重视这些社会集团，有时会见他们，自己做出谦虚有礼和宽厚博济的范例，但是总是保持着自己的至尊地位。"④

韩非和马基阿维里关于"术"的思想最为接近，我们在"管理手段"一节中已经分析比较了，这里就不再比较了。

以上是对韩非和马基阿维里整个思想体系的比较，我们还注意到在以下几个方面，他们两人的理论观点有所不同。

首先，我们看韩非和马基阿维里对谨慎的看法。韩非认为谨慎是人主最重要的品质。他说：

"且臣闻之曰：'战战栗栗，日慎一日，苟慎其道，天下可有。'"⑤

他的意思是说：只要人主"战战栗栗"，一天比一天谨慎，谨慎地推行治国之道，就可以得到天下。为了说明这个道理，韩非列举了两个历史上很有名的例子，一个是周武王打败纣王拥有天下的故事，一个是赵襄子打败智伯瑶的故事说明谨慎的重要性。

马基阿维里对谨慎的态度和韩非有所不同。他认为"谨慎和急躁"都可能成功。在《君主论》的第二十五章，他写道：

"人们还会看到两个谨慎小心的人，一个实现目标，另一个则不然；同样的，两个禀性不同的人，一个谨慎，另一个急躁，却一样成功了。"⑥

马基阿维里认为成败的原因不在于"谨慎还是急躁"，在于看他们的做法是否符合时代特征。他认为随着时间和事态的发展改变自己的性格才是重要的。他说：

"盛衰的变化亦由于这个原因：如果一个人采取谨慎、耐心的方式行动，时间与事态的发展情况说明他的行动是合适的，那么他就获得成功；但是如果时间与事态变了，他就失败了，因为他没有改变他的做法。没有一个人如此谨慎小心地使自己能够适应这种情况，这是因为他不能够离开天性驱使他走的路子，还因为他走一条路子亨通已久，他就不能说服自己离开这条路子。因此，

① 马基阿维里：《君主论》，张志伟等译，陕西人民出版社 2001 年版，第 75 页。
②③ 韩非：《韩非子》，陈秉才译，中华书局 2007 年版。
④ 马基阿维里：《君主论》，张志伟等译，陕西人民出版社 2001 年版，第 130 页。
⑤ 韩非：《韩非子》，陈秉才译，中华书局 2007 年版。
⑥ 马基阿维里：《君主论》，张志伟等译，陕西人民出版社 2001 年版，第 142 页。

一个谨慎的人，到了需要采取迅猛行动的时候，他不知所措，结果他就毁灭了。但是如果一个人能够随着时间和事态的发展而改变自己的性格，那么命运是决不会改变的。"①

他断定"迅猛胜于谨慎"，他认为"命运之神是一个女子"。他坚定地写道：

"因为命运之神是一个女子，你想要压倒她，就必须打她，冲击她。人们可以看到，她宁愿让那样行动的人们去征服她，胜过那些冷冰冰地进行工作的人们。因此，正如女子一样，命运常常是青年人的朋友，因为他们在小心谨慎方面较差，但是比较凶猛，而且能够更加大胆地制服她。"②

马基阿维里的这段话非常著名，这表现出他对很多事情的理解不是单向度的，而是双向度的。应该说韩非和马基阿维里都是极理智的人，他们都能冷静客观地看问题，都对历史有深入的研究，又都敢言，但细加比较，我们会发现韩非的理论更稳健，而马基阿维里的理论更为灵动。

其次，我们再看韩非和马基阿维里对社会其他阶层的看法。在对社会各阶层的看法中，首先肯定韩非和马基阿维里都最看重军人，这是毫无疑问的。但对其他阶层的看法，两人是有重大不同的。韩非是"重农主义者"，而马基阿维里是"重商主义者"。韩非在这方面的思想集中体现在《韩非子》中的《五蠹》一篇中，韩非认为一个国家要富强，只靠两类人：一是军人，一是农民，其他阶层的人不但不重要，甚至有害，是社会的蛀虫。在《五蠹》中，韩非写道：

"儒以文乱法，侠以武犯禁，而人主兼礼之，此所乱也。"③

韩非的意思是儒者用文献典籍扰乱法制，游侠用武力来触犯禁令，而人主却礼遇这两种人，这是天下混乱的原因。他认为儒者即文人和带剑者即游侠是社会上最有害的两种蛀虫，接着他又开列出社会上的其他三种人——言谈者，指纵横家；患御者，指依附于贵族并逃避兵役的人，以及商工之民，他认为这些人是无益于耕战并危害国家政权的"五蠹"，必须铲除他们，国家才能治理得好。

马基阿维里认为君主应爱惜各行各业的优秀人物。他在《君主论》第二十一章中说：

"一位君主必须表明自己是一个珍爱才能的人，引用有才艺的人们，对各个行业中杰出的人物给予荣誉。此外，他必须激励他的公民在商业、农业以及其他一切职业上，能够安心地从事他们的业务，使得张三不致因为害怕他的财产被拿走而不愿意有所增益，使得李四不致因为害怕赋税而不愿开办一项行业。相反，君主对于愿意从事这些事情的人，以及试图以任何方法发展他的城市或国家的人都应该提供奖励。"④

马基阿维里认为君主应鼓励社会上各阶层的发展，在社会各阶层中，他甚至把商业放在农业的前面。

韩非和马基阿维里在对社会军人以外的其他各阶层的认识上有重大不同。其中韩非的思想甚至是有害的，秦始皇第一个实践韩非的理论，于是有了"焚书坑儒"，中国封建社会的历代帝王信了韩非的话，于是历朝历代都有迫害知识分子的"文字狱"。

八、韩非和马基阿维里的个人比较

在人类思想史的星空里，找不到比韩非和马基阿维里更相似的巨星了。虽然他们的出生时间相差1749年，但他们思想惊人地相似，个人经历也有相似之处，这是偶合还是必然？本文承认

---

① 马基阿维里：《君主论》，张志伟等译，陕西人民出版社2001年版，第142~143页。
② 马基阿维里：《君主论》，张志伟等译，陕西人民出版社2001年版，第144页。
③ 韩非：《韩非子》，陈秉才译，中华书局2007年版。
④ 马基阿维里：《君主论》，张志伟等译，陕西人民出版社2001年版，第130页。

"人是环境的产物"，"性格决定命运"。既然他们有相似的思想，就必然有大致相同的生活际遇和性格轨迹。本文的这一部分比较分析韩非和马基阿维里个人，因为每个人的思想都和他们的经历有密切的关系，要了解他们的思想，就有必要了解他们的个人经历。

在比较韩非和马基阿维里的个人经历时，我们发现相同之处是：他们都出生于贵族之家，自幼都聪明好学；他们都面临内忧外患的国情，都生活在一个风云际会的时代；他们都不得志，都进过监狱；他们都想在政治上有所作为，最后都没有实际政治作为，却都因为他们的著作历史留名；他们都是毁誉参半的人物。

首先，韩非和马基阿维里都出生于贵族家庭，都是从小聪明好学。韩非（约公元前 280 年至公元前 233 年）出身于韩国国都阳翟（今河南禹州市）的一个没落贵族之家，他的家族是韩国宗族的公子。据司马迁《史记》记载：① 韩非喜欢刑名法术之学，思想渊源出黄老。他天生口吃，不善言谈，却才学出众，智慧超群，极善写作。他和李斯都是荀况的学生，李斯都自以为不如韩非。

尼古拉·马基阿维里（1469~1527）也出生在一个贵族家庭，他的祖辈都是佛罗伦萨贵族，他的家族曾经"出过 13 名政府首脑和 53 名执政官"，② 但马基阿维里的家庭却是这个家族中最清贫的一支，马基阿维里的父亲是一个不知名的律师，但他学识渊博，热衷于研究人文科学。马基阿维里出生后，家中除了四壁图书外一无所有。和韩非一样，马基阿维里从小聪明过人，过目成诵。小时候经常参加父亲朋友的聚会，受到潜移默化的影响，和他父亲一样，喜欢人文科学。七岁后开始接受教育，由于学习刻苦，如饥似渴地看遍家中的藏书，很小就养成独立思考的习惯。

其次，他们都面临内忧外患的国情，都生活在一个风云际会的时代。韩非生活的年代是我国古代战国末期，当时战国七雄——齐、楚、燕、韩、赵、魏、秦风云际会。但当时的韩国在七雄中最为弱小，常遭秦国的侵犯，国土日渐减少，濒于危亡之际。情况正如韩非所言："韩事秦三十余年"，"与郡县无异也"，"主辱臣苦，上下相与同忧久矣"。那时的韩国内政混乱不堪。韩王昏庸无能，一派亡国之风。国家在危难之中，但战国时期的思想界持续着春秋时代的繁荣，仍然是一个百家争鸣、人才辈出的时代。正是在这样一个时代，韩非出世，集先秦法家之大成，成为我国历史上法家最重要的代表人物。

人类历史有一个共同的现象：国家不幸思想家幸，内忧外患促使人们冷静思考自己和国家的前途，无论东方还是西方概莫能外。凡是内忧外患的年代，也都是思想极为活跃的年代，各种思想纷纷登场，百家争鸣后，总有胜出者领一时乃至后世数百年风骚；凡是稳定的时代，人们的思想也趋于稳定，鲜有创新。和韩非一样，马基阿维里也生活在一个国家不幸但思想家幸运的时代。在马基阿维里生活的年代，曾经创造过古代罗马帝国辉煌的意大利在政治上正处于四分五裂、任人宰割的境地，而当时的西班牙、法国、英国早已成为强大的统一君主制国家。佛罗伦萨名义上共和，实际上却在梅迪奇家族的统治之下，热衷于建设自己的城市国家。军事上不堪一击的意大利，在西班牙、法国等强邻面前，随时有被瓜分的危险。罗棱佐去世后，他的小儿子小皮埃罗掌握佛罗伦萨政权，这是一个无能的庸才，却又是一个挥霍无度的花花公子。他的统治引起人们的强烈不满。马基阿维里生活在内忧外患，但在文学艺术上、政治思想上却在为现代人类文明开创着无与伦比的文艺复兴时代。也正是赶上这样的时代，使马基阿维里成为足以和艺术上的达·芬奇、米开朗基罗和拉斐尔媲美的思想家。

再次，他们活着的时候都不得志，大多数时候都很郁闷，都有牢狱之灾。韩非是怀才不遇之

---

① 司马迁：《史记》，西安出版社 2005 年版，第 371~372 页。
② 何宁生、王迁：《〈君主论〉导读》，四川教育出版社 2002 年版，第 6~7 页。

人。他早年拜在荀子门下，学成后回到家乡，目睹韩国的政局混乱，日渐衰落，本想为韩国的繁荣富强贡献力量，多次上书给韩王，但韩王却根本不接受他的那套治国理论。于是他奋笔疾书，写下《韩非子》。韩非的著作流传到秦国，得到秦始皇的赞赏，秦王派兵攻打韩国，逼迫韩国把韩非请到秦国，准备让他大展宏图，不料却遭到同门李斯的嫉妒，和姚贾一起在秦王面前造谣挑拨，把韩非抓进监狱，当时，君主有生杀大权，对韩非这样的大才非用即杀。李斯派人给狱中的韩非送去毒药，令他自杀，韩非被迫服毒自杀，死在秦王的狱中。韩非之死，究其原因既有李斯的嫉妒和姚贾的仇恨，但秦王的不信任还是关键。韩非的管理思想虽然流传至今，但在他所处的时代，却终究没有得到展示才华的机会。

相较于韩非，马基阿维里还曾有过一展身手的机会。"在他29岁那年，被任命为第二国务秘书厅的秘书长，从此开始了他长达十多年波澜壮阔的外交生涯。"[①] 但最终仍没逃过怀才不遇的命运。在梅迪奇家族回国后，马基阿维里的国务秘书职务被解除，并且入了大狱。在他出狱后，不断给他的友人写信，希望政府能够重新起用他，但却未能遂愿。于是他隐居起来，写成了最著名的《君主论》，希望引起当局者的注意，同时又给好友写信，倾诉这种怀才不遇的情绪，想让好友帮他推荐，但希望又一次落空，他郁悒成疾，58岁即去世。

又次，韩非师从荀子学的就是帝王术，后来成为职业说客。他一直想在政治上有所作为，不论是为韩国还是秦国，他坚信他的治国理论谁用谁成功，但韩王没有用他，秦王也没有用他的实际政治才能，他活着的时候始终没有施展政治才能的机会，最终使他出名的不是他的实际作为，而是他的著作《韩非子》。

马基阿维里也是这样。年轻的时候，他当过国务秘书和外交官。他很了解实际政治的运行，早年也非常想在政治上大显身手，他甚至还有很多实际的作为，比如说他曾经筹备建立一支国民的常备军，但是在后来的实际的政治斗争当中，他所从属的那一派失败了，他就被驱逐、坐牢，再也没有实际从政的机会，于是开始写作，最终写出了一系列的著作。

他的著作中影响最大的是《君主论》，其他著作还有《论提图斯·李维著〈罗马史〉前十卷》、《佛罗伦萨史》、《战争的艺术》，甚至还有一部戏剧叫《曼陀罗花》。和韩非一样，他也希望自己在实际政治领域有所作为，但是实际上使他在历史上有名的是他的一系列著作。

最后一点相同是韩非和马基阿维里都是毁誉参半的历史人物。在人类历史上，再也找不出像他们两人那样受到如此尖锐对立的赞扬与批评的思想家了。一方面，他们的名字始终与阴险、狡诈、口是心非、背信弃义、残暴无情联系在一起；另一方面，历代总有人对他们的思想不吝赞美之重大辞。就韩非的评价而言，汉人司马谈有认为"严而少恩"，宋人苏轼说："韩非著书，言治天下无若刑名之贤，及秦用之，终于胜广之乱，教化不足而法有余。秦以不祀，而天下被其毒。"近代严复认为："居今日而言救亡学，唯申韩庶几可用。"林语堂认为："半部《韩非子》治天下。"

就马基阿维里的评价而言，他的名字（Machiavelli）就有权术的意思，莎士比亚称他为"凶残的马基阿维里"，近人称他为"罪恶的导师"。人们都不愿意被称为马基阿维里主义者（Machiavellist），不愿意沾他名字的边，而经验主义哲学家培根却说："马基阿维里等前人致力于观察人类曾做了什么，而不是强求人们应该怎样做，使后人得益匪浅。"

韩非和马基阿维里的不同点我们在比较他们两人思想的时候涉及一些，上面提到的还有教育背景不同、时代不同和职业不同等。

韩非和马基阿维里的教育背景不同，或说学历不同，一个是名师高徒，一个是自学成材的标

---

① 何宁生、王迁：《〈君主论〉导读》，四川教育出版社2002年版，第13页。

本。韩非是他那个时代最有名的学者荀子的学生，他有一个非常出名的同学，就是后来当了秦国宰相的李斯。应该说韩非受到了当时最好的精英教育，是一代名师的弟子，有师承关系可言。和韩非相比，马基阿维里没有受过多少正规教育，更没有名师调教，他靠的是自学，他父亲是他的老师，父亲的藏书对他一生影响极大。

他们两人的时代背景不一样。韩非生长在封建君主制国度，马基阿维里赶上共和制，赶上了文艺复兴时代，他有共和思想，他有追求个性解放的诉求，这是韩非所不能有的。此外，马基阿维里的出生地佛罗伦萨是意大利中部一个大城市，得天独厚的自然条件使佛罗伦萨政治、经济、文化都很发达，文艺复兴时代佛罗伦萨率先体现自由进步的精神对马基阿维里有重大影响。

从职业上看，他们都是政治思想家、作家，这是他们两人相同的部分，就具体的职业而言，韩非是一个说客，而马基阿维里是一个外交家。韩非善于游说，而马基阿维里善于外交。他们的管理思想也必然有职业留下的痕迹。

九、韩非和马基阿维里管理思想的局限

正像韩非和马基阿维里管理思想的优点大致相同一样，他们管理思想的局限也大致相同。2000多年前的韩非和500多年前的马基阿维里的管理思想有着不可避免的历史局限性，尽管他们都是历史进化论者，但他们的极端功利主义显然只考虑了他们所处的时代而没有考虑人类的长远发展，这是我们不能苛求的。此外，韩非和马基阿维里都很专，正因为专，就显得有些狭隘。他们只为君主考虑，告诉君主怎样治臣、治民，也就难免有些极端之词，在积极中存在消极的因素。简言之，他们的管理思想都是"君本"而非"人本"的，他们的管理思想适应封建社会而不适应当代。

纵观古今中外封建君主2000多年来使用过的统治术，都没有跳出韩非和马基阿维里所划定的范畴。正是从这个意义上讲，卢梭说："马基阿维里自称是在给君主讲课，其实他是在给人民讲大课。"随着时代的发展和媒体的发达，韩非所言也是在"给人民讲大课"，当人人都能看破权术的时候，权术就不灵了，甚至看上去可笑了。从他们两人管理思想的落伍中，我们可以看清时代进步的脚步。

十、结 论

经过上述分析比较，我们的基本结论是：韩非和马基阿维里的权术政治思想中包含完备的管理思想，它们虽然是独立发展起来的，前后相差17个世纪，但它们的理论体系极为相似，它们有相同的理论假设，都认为"人性恶"；它们有相同的管理目的，都是为了"保住君主的地位"；它们有相同的管理手段，都认为"为了目的可以不择手段"；它们有相同的管理风格，都是实用主义管理。韩非和马基阿维里的管理思想是人类在漫长的封建君主统治时代最主要的管理思想，是被最高管理当局实际应用最多最广的管理思想，是人们不愿意说却愿意实行的管理理论。由于人类历史的连续性，不管现在人类进入到什么社会，他们这种被人类应用了几千年的管理思想还会在今天的管理中找到他们思想的影子，分析比较他们的管理思想，分清什么是可以肯定的，什么是必须否定的，对今天的管理理论特别是领导理论的发展仍具有一定的理论意义和实用价值。

最后，我们想说的是本文只是对韩非和马基阿维里管理思想的一次粗略的分析比较，我们对他们两人的生平和著作没有做更多的考证，所用的《韩非子》虽然找到很多版本，但并没有考证55

篇中具体哪篇是不是韩非写的。对马基阿维里，我们仅选用了他的代表作《君主论》进行比较分析，这不能包括他的全部管理思想，他还有《论提图斯·李维著〈罗马史〉前十卷》、《佛罗伦萨史》和《战争的艺术》等著作，要全面比较马基阿维里的管理思想，还必须对这些书进行研究。

〔参考文献〕

[1] 马基阿维里. 君主论. 张志伟等译. 陕西人民出版社，2001

[2] 马基阿维里. 君主论. 阎克文译. 辽宁教育出版社，1998

[3] 马基阿维里. 君主论——汉译世界名著丛书. 潘汉典译. 商务印书馆，2005

[4] 何宁生，王迁.《君主论》导读 [M]. 四川教育出版社，2002

[5] 韩非. 韩非子. 陈秉才译. 中华书局，2007

[6] 姚会元，叶青. 商业霸术·韩非子. 湖北人民出版社，2003

[7] 韩非. 白话韩非子. 李传书译. 岳麓书社，1994

[8] 韩非. 韩非子. 盛广智译评. 吉林文史出版社，2004

[9] 胡适. 中国哲学史大纲. 东方出版社，1996

[10] 司马迁. 史记. 西安出版社，2005

[11] 刘亚臣. 管理学. 中国电力出版社，2008

[12] Stephen Robbins and Mary Coulta, Management, Prince Hall Press

[13] 潘乃樾. 韩非子与现代管理. 中国经济出版社，1995

[14] 阮忠. 韩非：权术人生. 长江文艺出版社，1993

[15] 张素贞. 韩非子快读：国家的秩序. 海南出版社，三环出版社，2005

[16] 陈东升.《韩非子》与中国式管理. 企业管理出版社，2006

[17] 亚历斯泰·麦克尔平. 马基阿维里教你做. 海南出版社，2000

The Comparative Study of Han Fei and Machiavelli's Management Thoughts

YANG Zhao-yu，WANG Ping，CHEN Na

(School of Management, Shenyang Jianzhu University, Shenyang, 110168, China)

Abstract：Han Fei and Machiavelli were the most famous thinkers for oriental and occidental power tactics，and their ideas greatly influenced the Emperors by generations. First，this paper confirms the management thought in their ideas by listing some elements. Next，each of their masterpieces—*Han Feizi* and *The Prince* were compared and analyzed in combination of each of their lives. Their systems of management theory were compared in four aspects：management aims，theoretical assumptions，management methods and management styles. The main conclusion of this paper is that the aims of Han Fei and Machiavelli's management theory are both "to keep the position of monarch"；the theoretical assumptions are the same："human beings are evil by nature"；the methods are the same："by fair means or foul"；the styles are the same："pragmatism." The primary difference between Han Fei and Machiavelli is that one focuses on "law" while the other one focuses on "power"；one focuses on "agriculture" while the other one focuses on "commerce"；one looks for "steadiness" while the other one looks for "fast pace". Their management theories "put monarches in the first place" rather than "people"，which is more and more unapplicable in modern society.

Key Words：Han Fei；Machiavelli；Emperor Chicanery；Evil Humanity；By Fair Means Or Foul；Practical

2009 年 10 月
第 2 期

比 较 管 理
Comparative Management

Oct., 2009
No. 2

【文化与管理方式】

中国公司"家天下治理"模式研究

——文化路径依赖的探寻

朴勇慧

（沈阳体育学院管理系，辽宁　沈阳　110102）

[摘　要] 公司治理深受文化传统的影响，不同的文化往往对应着不同的公司治理模式，中国的公司治理模式不可能完全照搬任何一种模式。从宏观文化对比视角出发，根据路径依赖理论，研究中国公司治理模式。由于文化的差异，中国的企业目标、利益与他国不同，中国公司治理模式为"家天下治理"模式，研究宏观治理，追求"社会整体福利最大化"，在治理中注重兼顾单个企业的有效性与整体社会的有效性，一要解决投资者与公司经理之间的矛盾，二要处理投资者之间的矛盾，三要处理公司与社会之间的矛盾。

[关键词] 中国模式；公司治理；文化路径依赖

一、引　言

公司治理深受文化传统的影响，不同的文化往往对应着不同的公司治理模式，如盎格鲁—撒克逊文化对应英美模式、日耳曼文化对应德国模式、大和文化对应日本模式、儒家文化对应东南亚模式（家族控制模式）（王怀林、冯登艳，2006）。因此，中国的公司治理模式不可能完全照搬任何一种模式，其模式必然为中华民族共享价值观所认同，为文化所支撑，才可达到有效治理的目的。

近年来，中国公司治理模式研究中文化因素备受关注，国内学者的主要研究观点为中国文化有别于他国，因此，中国公司治理的首要问题为现代文化重塑问题，其次是在现有文化下如何完善他国公司治理模式问题。华景阳（2003）认为，中国长期以孔孟学说为主的儒家思想主张维系封建家长制下的和谐，结果使得问题的解决靠的是人缘关系而非规章制度，在这样的文化背景下，人们比较服从人治的权威。张晓峰（2004）认为，农耕文明长期的专制下产生的仆从心理和特权思想的文化依赖，有别于西方商业文明中契约精神的平等、自由、功利、理性，进而使中国的股东大会、董事会、监事会的治理趋于无效，因而，必须在承认其中文化依赖的基础上逐步培养新的后向文化，辅以制度建设，才能最终建立起属于和适合我们的公司治理制度。魏秀丽（2005）在分析中国文化与西方公司治理结构冲突的基础上，提出建立一个具有足够权威性的监事会、加高交易的障碍等措施对现行的公司治理模式进行补充。王怀林等（2006）认为从文化角度来看，股份公司和经理式公司治理关键要有信用制度的支撑，而中国传统"家的文化"中差序格局与血

[作者简介] 朴勇慧，1978 年生，女，辽宁盘锦人，沈阳体育学院管理系讲师，博士研究生。E-mail: rockey1997@163.com。

缘关系形成的信用较西方文化中的契约信用缺少惩罚性制约；而长期的计划经济使得我们社会用命令和计划代替市场契约关系，淡化了人们的信用意识，因此，解决公司治理"貌合神离"状态的当务之急是在依法治国和以德治国的大政方针下，积极推进信用制度建设。万媛媛（2008）通过分析各公司治理模式文化传统，提出儒家思想下中国本土文化特征的公司治理外部机制与内部机制。

在以往的研究中，不难发现国内学者对于中国文化对公司治理模式影响否定多于肯定，这可以解释"英美模式"与"日德模式"在中国的"水土不服"，却难以解释为什么中国儒家文化对于"东南亚模式"有着积极影响而在中国却未实现，更重要的是使得中国公司治理研究的重点一直徘徊在对于外国模式的选择和修正上，而外国模式也不尽善尽美，其本身也存在难以解决的问题，如隧道挖掘等难题。因此，中国的公司治理模式应从宏观文化对比视角出发，根据路径依赖理论，以文化差异入手研究其差异性所导致的企业目标、利益认知的不同，借此研究符合中国文化特色的公司治理模式的内涵、特征、类型，使其完善、推广。笔者对大量文献进行详细梳理并对中国文化在企业实际经营中的影响进行深入分析后，认为改革开放 30 年来中国文化对于经济发展起着重要作用，积极与消极并存，在其影响下中国正在自发形成其独有的"家天下治理模式"。

二、公司治理模式的文化路径依赖分析

美国文化强调人身自由、个性自由、行动自由，个人愿望、能力和行为不应受到任何组织和个人限制与干扰的自由主义。美国人对权力的集中有一种持久的不信任感，倾向于让任何一家机构都不具有举足轻重的力量。对应美国文化的治理结构中将监督权分散在企业内部和企业外部，尤其是企业的外部监管更多，美国更倾向于用法律监管和资本市场、经理人市场的竞争来间接地解决公司治理问题。德日两国和美国有很大不同，"团队主义"和"集体主义"的价值观影响了公司的股权结构，公司经营层相对稳定，注重长远利益，对政府民主运作、企业透明经营的要求远没有美国那么强烈，公司更多地依靠内部治理，而两国的银行业在经济发展中的巨大作用也加剧了内部治理的有效性，形成主银行制。中国文化有别于他国，笔者认为应从不同文化对其企业目标、利益认知的影响入手，研究中国的公司治理结构，这样才可以从宏观的视角来审视中国公司治理理论的特色。

（一）企业目标的文化路径依赖分析

公司目标是公司治理基本理论的一个核心内容，对公司治理模式和具体运行方式的选择与构建具有严格的约束作用，既是制定公司治理规则的基本政策理念，也是实施公司治理行为的基本指南（王文钦，2005）。如果对公司目标的认识不一致，就难以在公司治理模式的选择与发展思路方面达成共识（冯根福，2003）。由于东西方的文化差异巨大，所追求的企业目标各不相同，使得各国成形的公司治理模式都具有各自的特色。

1. 西方文化路径依赖下的公司目标

国外学者关于公司目标的认识概括起来有三种观点：一是公司应以股东价值最大化为目标，其目标符合西方文化的价值取向——经济民主，始于地中海文明的工商业贸易活动明确了"财产关系"的合理性，西方宗教文化中人与人之间"自由、平等"的核心理念形成了现代公司治理的民主决策和监督两大核心理念，而美国的移民文化崇尚个人主义、敢于冒险、追求经济民主，强化了股东利益至上的思想，也使得股权结构高度分散。二是公司应以利益相关者价值最大化为目标，符合德国的团队精神和集体本位主义文化。三是公司应以"开明的股东价值最大化"和"开明的利益相关者价值最大化"相结合为目标（Jensen，2005），则是顺应了公司社会化的趋势，符

合当代强调企业社会责任的文化理念。

2. 东方文化路径依赖下的公司目标

东方文化主要是指以中国为发源地，对东方人的思维、价值观、伦理道德及管理思想影响最大、最广的传统文化。中国文化以农耕文明为基础，确立了以血缘关系为纽带的完备宗法制度和严密的专制主义。宗法制度的本质为家族制度的政治化，动荡不安常常困扰着中国历史，但构成中国传统社会基石的以血缘纽带联系起来的家族始终非常稳固，"家国同构"、"忠孝同义"的"家国一体"思想深入人心，"普天之下，莫非王土；率土之滨，莫非王臣"（《诗经·小雅·北山》）的观念，明确了土地①属于国家所有，而两宋理学又高度强调人们对"天理"的自觉意识，确立修身、齐家、治国、明德于天下的个人"自律"，使得中国文化呈现出注重社会责任与历史使命的文化性格，"为天地立心，为生民立命，为往圣断绝学，为万世开太平"。

中国儒家文化传入日本，把儒家文化的核心概念"仁"改造成"忠"和"诚"，逐渐形成了"稳定性强"的具有大和民族色彩的文化传统，在此文化基础上公司目标确立为利益相关者价值最大化。而东南亚受"家文化"的影响，在市场经济不完善的情况下，家族监控成为公司治理的一种可行的选择，股权和经营权合而为一，企业决策家长化，企业雇员管理家庭化，公司目标为家族利益最大化。

中国近代屈辱的历史强化了"以天下为己任"的企业使命，中国近代民族资本在创办、经营企业的过程中，大都怀有"富国图强"、"实业救国"、"服务社会"的爱国思想。1949年新中国成立后，全民所有制、集体所有制更进一步强化了企业的国家使命，这也成为改革开放后企业沉重负担的重要部分。

3. 中国文化路径依赖下的公司目标

改革开放以后，企业产权形式多样，经营方式灵活，但"家天下"的主流意识并未淡泊，早期"长虹以产业报国、以民族昌盛为己任"的言论，到2008年汶川大地震中众多上市公司绕开股东大会许可的巨额捐赠等行为，均获得社会各界的认可与好评，这显示出社会对企业的期望与要求。对比来看，严格遵守公司治理原则的万科，因其董事长王石表示"万科捐出200万元是合适的"的言论，以及捐款200万元符合股东大会和董事会授权的行为，恰恰引起社会各界的指责，遭遇网民不满及股民的恶意抛售（高明华，2008）。② 这是因为中国"家天下"的社会讲情、理、法，西方"民主"的社会讲法、理、情。这不仅意味着中西社会强调三者的次序相反，而且意味着中西社会对三者内涵的理解有所不同。一般而言，在西方文化中，"理"往往表达为脱离具体事项的"纯形式"，并与"情"对立，合理则必不合情；而在中国文化中，合理必为合情——合情方能合理（仇赛飞，2003）。

在中国传统文化主流价值观中，单个个体、单个组织都难以作为纯粹的个体存在，都作为国家的一部分承担着社会、国家责任。因此，在此文化导向上、舆论监督下，公司若想永续、长效存在便不得不实行"家天下治理"模式的公司目标，即公司利益与国家使命相统一，依据权变理论相平衡。

（二）企业利益认知的文化路径依赖分析

不同文化对价值最大化的体现指标的认知截然不同，或者说对于实现的利益方式各不相同。美国的移民文化对利益的主流认知为"效率"、"公平"、"利润"、"股价"，而日本的岛国文化对利益

---

① 土地是农耕文明财富的主要体现。

② 高明华认为，为了中国公司治理制度的健全和完善，在褒扬公司慈善行为的同时，我们不要忘了信守公司治理制度。也许可以特事特办，但不能以破坏制度作为代价，否则，制度的公信力将会丧失，这样的后果是很难设想的。

的主流认知为"增长率"、"市场份额"。不同的利益追求使得公司治理模式各不相同，在不同的经济环境下各种治理模式都有一定的优势和长处，但也存在着一定的缺陷和不足。即使这个国家公司治理中存在缺陷和不足，相对于本国的具体条件而言，往往也有其存在的合理性（李锦生，2007）。中国的文化对利益的主流认知为"稳定"、"效率"、"利润"，而文化的多元性、包容性和合一性融合着看似矛盾的利益诉求。

1. 重实际求稳定的文化路径依赖分析

中国传统文化是一种农业文化，在此基础上形成独具一格的"实用—经验—理性"、重实际而黜玄想的务实精神、安土乐天的生活情趣、循环与恒久意识的变易观念。它认为世界是悠久的、静定的，反映在精英文化中，则是追求"久"的观念，《易传》的"可久可大"，《中庸》的"悠久成物"，《老子》的"天长地久"、"深根固蒂长生久视"。反映在民间心态中，便是对用具追求经久耐用，对统治方式希望稳定守长，对家族祈求延绵永远。即使在现代快节奏的社会变迁中，企业追求"百年品牌"，消费者痴迷老字号，都体现国人对"久"的认知。

日本文化属于岛国文化，自然灾害频发、国土面积狭小、资源禀赋不足，使日本具有极强的"危机意识"，日本文化的特征之一是民族昌盛的愿望，由此产生了一种强烈的愿望和感情——赶上和超过发达国家，在利益追求中注重"增长率"、"市场份额"。古希腊文明的海上工商贸易活动，以及欧洲文明特别是近代文明所带来的开拓海洋事业的进取精神、流动性很强的生活方式，使得西方文化极大地接受了市场经济的高效率、高利润、高风险以及所带来的不确定性与不稳定性，而美国特色的自由主义文化，强调个人利益至高无上、自由选择和受到尊重的个人主义、强调机会均等，使得对利益的追求为"效率"、"公平"、"利润"、"股价"，使得股权结构日益分散。但这些却难以嵌入中国平和"自守"求稳的文化中，而"三鹿奶粉事件"等显示了高效扩张所带来的高风险以及社会成本的加大，也使人们反思对于企业利益的认知。

2. 多元合一的文化路径依赖分析

重实际求稳定的这种文化缺乏扩大社会再生产的能力，但过于追求"效率"等一系列利益又会加大企业风险以及社会动荡。"稳定—低利润—低风险"与"效率—高利润—高风险"两者看似不可协调，但在中国"贵和尚中"的文化中却可多元合一。

西方文化重分别和对抗、主体与客体二分、心灵与物质对立。在公司治理中，企业与消费者对立，出资者之间对立，经营者与监督者对立等，通过"博弈"达到利益最大化。在公司治理结构中，其内部主要由三类策略互动的参与人组成（也许还有其他附属的参与人，视环境而定）：提供金融资产的投资者、投资组织专用性资产的工人和在无法签约事态下被授权使用金融和人力资本的经理。公司治理结构在某种程度上是上述三方动态博弈的一个结果（高闯，2006）。这样的"博弈"使得"英美治理"模式研究的重点为追求效率，即如何为股东创造更高的经济效益和如何更加公平地分配，经营者、生产者、管理者、监督者的责任明确、权利到位和利益协调构成公司治理的基本目标。遇到风险时则通过裁员、破产等方式向社会转嫁经营风险，如美国的安然、金融危机等事件。

对于中国文化中的和谐与统一，李约瑟评论道："儒家相信宇宙的道德秩序（天），他们使用'道'一词，主要的——如果不是唯一的——是指人类社会里的理想道路或秩序，这在他们对待精神世界和知识的态度上表现的很明显。他们固然没把个人与社会人分开，也没有把社会人与整个自然界分开，可是他们向来主张，研究人类的唯一适当对象就是人本身。"贵和尚中的文化提倡在主导思想的规范下，不同派别、不同类型、不同民族之间思想文化的交相渗透，兼容并包，多样统一，"天下百虑而一致，同归而殊途"（《系辞下》）。儒家认为实现"和"的根本途径，在于保持"中"道，即不偏不倚，既不过度，也不要不及。因此，中国的公司模式为多种利益诉求同时存在，出资者、经营者、生产者、管理者、监督者、供应者、销售商、消费者等一系列利益相关者，

以国家委托代理为主，实现"企业—社会—国家"三者合一的监控、制约。

三、中国公司"家天下治理"模式的内涵

通过文化路径分析我们可以得出，"英美治理"模式建立在"对立"价值观的基础上，其公司治理模式为微观治理，追求股东价值最大化的单边治理模式，"德日治理"模式则在"对立"的基础上结合"集体主义本位"，其公司治理模式为中观治理，追求利益相关者价值最大化的多边治理模式，而中国的治理模式建立在"合一"价值观的基础上，其公司治理模式为宏观治理，追求"社会整体福利最大化"，在治理中注重兼顾单个企业的有效性与整体社会的有效性，视公司社会性采用多样的治理模式，笔者认为从文化的视角可将其命名为"家天下治理"模式。

（一）中国公司"家天下治理"模式的社会性

不同的文化对应着不同的公司治理模式，而不同的公司治理模式往往面对不同的研究范围。"家天下治理"模式不仅仅要解决投资者与公司经理间的矛盾（代理型公司治理问题），还要处理投资者之间的矛盾（剥夺型公司治理问题），更重要的是处理公司与消费者或者说与社会之间的矛盾（社会型公司治理问题），主要包括公司经营中的风险转移问题、公司利润来源与分配问题。

一方面，中国文化路径依赖决定了公司的"非私有性"和"稳定与效率兼顾"，而现代化工业文明更进一步明晰了企业的社会性质。申欹（2008）系统地分析了公司的社会责任及其对公司治理的影响，认为现代社会的快速发展使得公司的社会性领域与范围日益扩大。一是公司财产的社会性。工业经济时代，公司财产的来源、使用、支配等方面与农业经济时代相比已经发生了很大的变化，其社会性、多态性、层次性使公司成为国民财富的具体管理者，公司应对整个社会承担直接和间接责任。二是公司关系的社会性。随着公司特别是股份有限公司的发展，公司对社会经济、政治、科技、文化、教育等社会生活的影响日益强大，公司内外法律关系也日益复杂，原来纯粹的私权关系在一定程度上变成公权关系。三是公司影响的社会性。现代公司对社会经济生活的影响已远远超出公司股东，金融、税收、劳动、社会保障等部门以及企业、社区、消费者等均受到一定程度的影响。虞政平（2008）认为，公司社会性的日益扩大，决定了大型公司的兴衰不再是企业个人的行为，在世界公司法改革浪潮中也出现了小型公司治理结构日趋宽松、大型公司治理结构日趋严格的特点。

另一方面，任何制度的选择都取决于特定的经济、社会、文化和历史传统。在 20 世纪 90 年代之前，日本的公司治理模式一直受到人们的赞誉，而在 90 年代末期亚洲金融危机之后，却受到众多批评，这是因为经济环境的变化显示出日本公司治理机制本身的不足，而后日本不断吸收英国和美国公司治理模式的长处，出现了在多样化基础上的趋同化现象。而值得深思的是，相比经济环境的变化公司治理的变化往往是后知后觉，对于单个企业体现为"适者生存"的残酷竞争，而对于整体社会而言往往体现为动荡与不安，这不符合中国的文化诉求。从微观角度来看（单个企业），不论是"英美模式"还是"日德模式"都无法解决此问题；而从宏观角度（国家）来看，模式的多样选择可以有效地缓解此问题，多样的利益目标、多样的模式选择可以规避不同的风险。

（二）中国公司"家天下治理"模式的政府介入性

中国的价值观建立在"合一"的基础上，结合"家国一体"的文化理念，配合完备与高效的宗法制度，使得中国呈现了较为稳固的社会委托代理制：个人为小家（家族），小家为大家（诸侯、卿、大夫），大家为天下（天子），而天下为百姓。当这种范式之间出现偏差时，即天下的代言人君主不奉行"民为贵，社稷次之，君为轻"（《孟子·尽心下》）的理念时，就会出现武装暴动

式的革命。因此，中国公司治理模式从文化路径依赖分析，不论市场经济如何发达，政府的作用依然不可替代。而即使在市场经济发达的西方社会，公司治理中一些市场失灵的问题也无法通过市场机制得到有效解决，比如，无法提供作为公共物品的法制基础与产权保护、不愿实现稳定就业等政治目标、不能确保收入的平等、无法克服制度变迁的外部性与"搭便车"等（吴金群、耿依娜，2007）。因此，政府作为一个国家或地区的政治权威机构，作为整个社会经济的调节者与市场的监管者，弥补市场不足与失灵。"家天下治理"模式的效用函数模型可以简单地描述为：

$$U = \alpha U_1(X) + (1 - \alpha) U_2(Y) \tag{1}$$

其中，U_1 为政府介入的效用函数，X 为政府介入方式，U_2 为市场效用函数，Y 为市场运作方式。α 为公司治理中政府的权数，即政府股份与市场全部股份的比重，$S(U_1)/[S(U_1) + S(U_2)]$。α 越大，就意味着政府介入的比重越大，越注重稳定性；反之，则意味着注重效率，其取值与国家经济政策相关。

$$U_1(X) = G(X_1, X_2) - C(X') \tag{2}$$

G 为政府介入的收益，X_1 为直接介入，包括政府规制、经济立法、股权控制等；X_2 为间接影响，包括舆论导向（公司治理文化）、市场培育等内容。$U_1(X)$ 的效用会有损耗，带来一定的低效率，C 为政府失灵成本，X' 为政府偏好与理性化能力、意识形态性质、官僚机构的运作效率、集团利益的冲突以及社会科学知识的供给水平等因素。相应的 $U_2(Y)$ 包含市场有效运作的收益 M（Y）和市场失灵的成本 C（Y'）。

$$U_2(Y) = M(Y) - C(Y') \tag{3}$$

显然，提高"家天下治理"模式的有效性在于 α 的数值，以及收益与成本的控制。当然，有效的公司治理需要高质量的独立董事与监事、丰富流动的经理市场，透明的企业财务报告与信息，准确的中介机构财务报告与评级、有效监督的政府管制、完备的法律体系、强大的舆论力量，这些是各种公司治理模式所必备的条件，中国公司"家天下治理"模式也必须在此基础之上进行设置。

（三）中国公司"家天下治理"模式的均衡性

中国公司"家天下治理"模式以政府介入的方式来达到社会整体效率与稳定的均衡，因此需引入垄断性和影响性两个变量来考量，垄断性是指公司达到垄断规模的难易程度，影响性是指单个公司对于国计民生的影响程度。结合市场经济的高效率、低稳定性与计划经济的高稳定性、低效率，明确政府导向与市场导性的治理类型，来分析单个企业的有效性与整体社会的有效性，达到社会整体效率与稳定的均衡，如图1所示。

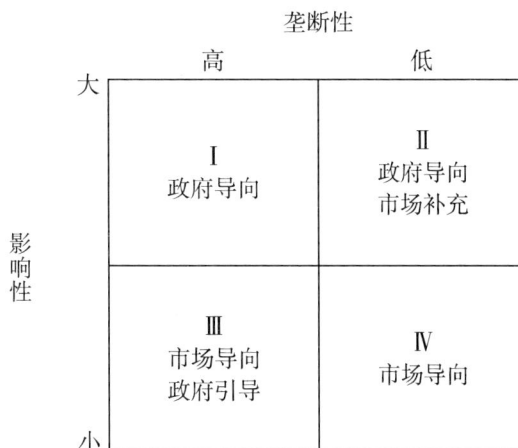

图1　治理模式类型

74

Ⅰ类型的公司，垄断性高、影响性大，对于社会责任的承担远高于其对经济利润的追求，应采用政府导向型，其公司治理的目标为"低成本、低风险、高效率"，追求经济稳定发展，降低资本逐利的市场经济所带来的风险性，减少高垄断所带来的社会福利损失，如铁路、电力等垄断型公司，首要处理公司与消费者或者说与社会之间的矛盾（社会型公司治理问题），其次要解决投资者与公司经理之间的矛盾（代理型公司治理问题）。

Ⅱ类型的公司，垄断性低但影响性大，如银行等金融业，应采用政府导向为主，市场导向为辅，其公司治理的目标为"利益相关者利润最大化"，追求经济稳定与快速发展，首先要解决投资者与公司经理之间的矛盾（代理型公司治理问题），其次是公司与消费者或者说与社会之间的矛盾，最后为处理投资者之间的矛盾（剥夺型公司治理问题）。

Ⅲ类型的公司，垄断性高、影响性小，如汽车、家电等企业，应采用市场导向为主，由政府引导，其公司治理的目标为"利益相关者利润最大化"，追求经济快速发展。首先要处理投资者之间的矛盾（剥夺型公司治理问题），其次是解决投资者与公司经理之间的矛盾（代理型公司治理问题），最后为公司与消费者或者说与社会之间的矛盾。

Ⅳ类型的公司，垄断性低、影响性小，如服装企业，应采用市场导向，追求"股东利润最大化"。首先要解决投资者与公司经理之间的矛盾（代理型公司治理问题），其次是处理投资者之间的矛盾（剥夺型公司治理问题）。

经过30年的企业改革，如"抓大放小"、"国有股减持"等方式，已形成中央企业与地方企业及国有独资企业与国有控股企业、民营企业之分，初步形成政府导向与市场导向相结合的格局，但这也加大了中国企业公司治理的难度，如政府介入的形式与限度、不同类型之间的比重、不同类型的治理模式等难题。

四、中国公司"家天下治理"模式的特征

公司治理体系主要包括四大子体系：一是公司内部治理体系；二是国家（或政府）治理体系；三是市场治理体系；四是中介机构治理体系。后三个体系都是围绕着保障公司内部治理体系的运行来运转的。在每个子体系中，又包括了许多不同的治理主体或治理机制（手段）等。这些治理体系相互作用，共同构成了一个完整的公司治理体系或系统（冯根福，2003）。但体系完备并不意味着制度的有效。多重制度均衡理论强调构成某一经济体制的诸项制度之间相互补充的功能，单个制度的有效性及其生存能力取决于是否能与其他制度很好地契合。这就意味着一旦某一体制形成（哪怕是非帕累托最优的），互补性制度就会使其对环境变化产生抵抗能力而拒绝变化（高闯，2006）。而中国公司治理的复杂性在于中国传统文化并不仅仅体现制度完备、多重制度的均衡，更强调人治与法治的均衡，也就意味着中国的"家天下治理"模式是制度之间与非制度之间的均衡。

（一）制度（正式约束）与道德（非正式约束）均衡

中国古代文化是一种天地和德的伦理类型，半封闭的大陆性地域、农业经济格局、宗法与专制的社会组织结构相互影响和制约，形成了一个稳定的生存系统。在政治上表现为儒法合流，在文化上的反映则是伦理政治化和政治伦理化，用政治伦理秩序代替法律秩序，政治大于法律，伦理也大于法律。正因为如此，斯宾格勒（Oswald Spengler，1880-1936）才把道德灵魂作为中国文化的基本象征，黑格尔（Hegel，1770-1831）才说："中国纯粹建筑在这一种道德的结合上，国家的特性便是客观的家庭敬孝。"伦理型文化对包括君主在内的统治者形成道德制约和严格要求，在缺乏分权制的古代中国发挥着重要的社会调节功能，形成了"尊君论"和"民本主义"。

可以说中国传统文化强调的德智统一、以德摄智的文化，在以德治民与以法治国之间寻求均

衡。但是中国文化的伦理型范式随着农耕文明向工业文明转变而逐渐瓦解，使得中国公司治理出现制度与道德的双缺失，加大了公司治理的难度。

随着新一代企业家的崛起以及国家近些年的"诚信教育"，重塑道德规范内涵和加强内在约束，也使得中国公司"家天下治理"模式必然有别于他国单一"一系列制度安排"的模式，而是制度与道德并重。公司治理道德概念外延广于公司治理文化概念。公司治理文化主要强调职业经理文化、股东文化等内容。[①]公司治理道德除包含公司治理文化内容外，还应包括"主权在民"思想，加强对Ⅰ类型政府导向型的国有企业的道德监控。将公司治理道德分为三个层次：道德监控、道德约束、道德引导，道德约束力逐一降低。如图2所示，分别对应不同的企业类型。

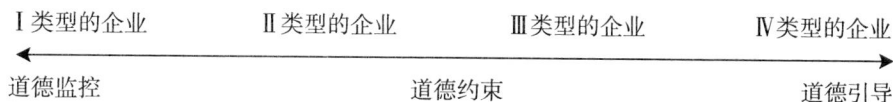

Ⅰ类型的企业	Ⅱ类型的企业	Ⅲ类型的企业	Ⅳ类型的企业
道德监控	道德约束		道德引导

图2　公司治理道德层次

道德监控重点研究道德力量的制度性，将外部治理内部化，重点为Ⅰ类型的企业，该类型企业多为中央企业，传统的国家代理民众监督企业的委托代理链条过长，降低了公司治理的效率与效果。在治理结构上，体现"主权在民"思想，通过设立独立董事与听证会作为道德监控的主体，听证会不仅仅是目前的价格听证会，而是作为社会民众的代表全面反映民众对企业道德监控，从企业的经营质量到社会责任的承担等一系列的问题，每天至少召开一次；听证会选举出独立董事，独立董事负责召开听证会，并代表民众利益（听证会）行使在董事会的权利。

道德约束重点研究舆论导向与监督，媒体、学者、普通民众作为道德监控的主体具有独立的优势，美国的安然事件，中国的银广夏、蓝田事件充分体现出舆论的强大市场监督力量，但也反映出舆论监督的"滞后性"、"延迟性"。因此，对于Ⅱ类型的企业可有选择地采用独立董事与听证会，对于Ⅲ类型的企业则重点在于舆论的监督与控制，可不设立听证会。

道德引导重点研究企业的社会责任、公司治理文化建设等内容，通过树立道德体系形成对人和企业的内在监控。

（二）专制与分权的制衡

与西方不同，中国的专制传统十分悠久。从春秋时代到辛亥革命推翻清朝皇帝，前后共计2500多年，社会动荡的本质仅仅是一种新的专制制度取代旧的专制制度。中国社会结构的专制性特征，导致中国文化形成政治型范式。这种范式形成了中华民族的整体观念，国家利益至上的观念，也形成了"一把手"文化，其本质依然是"家文化"的延续。这种家长作风深刻的文化根源在于东方的君主与人治观念。这种对权力的敬畏与期待智者仁人的人治意识仍一定程度地存在于当今人们的思想中，"唯上"仍然是最安全、最能得到赏识的行为通则（魏秀丽，2005）。这也使中国的公司治理研究无法忽略和摆脱"人治"的阴影。另外，有两点值得注意：一是在明清前，中央集权的君主专制制度中存在相权，形成皇帝与以丞相为首的百官决策的均衡格局，朝议制度和谏议制度等制约着皇权；[②]二是中国君主专制制度也做出过世界性的贡献，其严密性、高效性曾令世人赞叹、模仿，中国近代的国力衰亡与其说是君主专制制度的过错，不如说是统治集团中锐

---

① 关注公司长期发展的成熟的股东文化十分缺乏，资本市场的投机色彩浓重。这不仅导致我国公司治理质量低下，而且不利于我国资本市场的发展。欲从根本上解决这些问题，加强公司治理文化建设是关键（徐金发、刘翌，2001）。

② 明太祖朱元璋"收天下之权归于一人"（王世贞：《弇州史料》卷十一），废除沿袭1000多年的丞相制和沿袭700多年的三省制，将相权并入君权。

意进取、乐于吸收外来文化精神的衰减，代之而起的是抱残守缺、夜郎自大、故步自封，如乾隆帝在给英王的敕书中声称天朝"无所不有"，"从不贵奇妙"，抗拒外来文化，"但肯受害，不肯受益"的自我封闭心理，使"西学东渐"的进程在雍正以后戛然而止，直到19世纪中叶以后，西方列强的坚船利炮打破了清帝国金币的大门。

因此，常年的皇权与相权制衡下中国形成了有效的"专政但不独裁"的均衡理念和制约模式，同时封建王朝政权的轮回反复也揭示了这种均衡与制约的有效基础必须为建立有效的领导者进入与退出机制、强化道德的监控力量。相应地，在我国公司治理中，法律上规定董事长是法人代表，同时又强调董事会的集体决策，本身并无问题，但董事长的进入、监督、退出则是难题。

另一方面，在我国大量的企业中股东大会、董事会、监事会、执行经理层的结构制约并未有人员的制约，执行董事长又是总经理，总经理又是总书记，更有些民营企业董事会与监事会是家庭成员的分工。这种人治的氛围严重降低了分权的效果。因此，制度上的分权必须伴有人事上的分别。面对监事日益成为兼事的情形，学者普遍认为应扩大监事会的权力，改变其地位不高、职责不清等问题。笔者认为，在不改变《公司法》对监事会的职权内容条件下，通过人事调整来增强监事会的作用，对于国有独资企业或国家参股的企业监事会与党委融合，总书记与总经理、董事长独立分开，各级书记与经理分开，使得监事的职责逐层实现。

五、研究结论

不可否认，中国公司"家天下治理"模式中政府的角色被加大、职能被强化，这也使得中国的经济问题趋于政治化，但是政府在一国经济发展中的重要作用却不容忽视。青木昌彦（1998）提出了"市场增进"论，认为政府最积极的作用在于增强和发展每个人的意志行使能力与经济活动能力，并更有序地协调民间分散的决策。1993年，世界银行发表了题为《东亚奇迹——经济增长与公共政策》的专题研究报告。该报告认为，在东亚经济发展过程中，政府的政策是一种基础性政策和干预性政策的混合体。该报告虽未直接肯定这种干预性的政策，但它认为这些政策在经济发展的早期对弥补市场缺陷起到了很大的作用，这实际上是一种介于市场主导和政府主导之间的中间论点。而西方各国在解决2008年经济危机的手段之一也包括政府注资等国有化行为，这种后知后觉的政府介入行为事实上变相变更了企业股东、债权人。因此，政府对于经济运行、企业规制进行调控本身存在一定的合理性、必要性。

同时，中国公司"家天下治理"模式也容易从市场失灵转化为政府失灵，政府的"腐败"、"无能"也容易使其治理模式的效率降低。但值得注意的是，仿照国家三权分立构造学说建立的现代公司治理模式中，现代公司乃现代国家的缩影，公司内设的意识决策机关——股东会、代表执行机关——董事会、监督机关——监事会等，是仿照国家立法、行政、司法三权分立的学说而构造的。"人们总是设想三权分立可以以权力制约权力，防止权力的腐败和权力的滥用。但是，大家似乎忘了，三权之间既可以相互制约，也可以相互勾结达成某种默契。相互勾结的交易成本虽然高一点（一般也就是初次成本较高，一旦形成某种隐性制度，成本自然也就降下来了），但收益却非常之高，而且从长远来看操作顺当，也合乎人情或者说官情。所以，凡发达的民主国家，不仅三权之间在制度设计上就安排了许多彼此交易的障碍，而且关键是这些国家都存在一个发达的市民社会，存在发达而且代表各方利益的传媒。也就是说，在三权分立的背后，还存在着第四权或者第五权"（张鸣，2004）。因此，"家天下治理"模式的研究在于"质"的管理与"度"的调节的同时，还应在于对"市民社会"或者说"第四权、第五权"的完善，才可以降低成本，提高其效率。

笔者认为，公司治理模式具有企业自治的特点，其产生的根源离不开当时的历史背景，18世纪工业革命时期，资本主义反抗封建皇权，启蒙运动中最进步的思想家们主张宗教上的无神论、

哲学上的唯物主义、政治上的民主政体、经济上的自由放任，而美国的特殊建国历史强化了经济中的放任、企业治理中的自治。但是，当公司成为国民财富的具体管理者，公司应对整个社会承担直接和间接责任时，传统的公司治理模式还需不断进行调整才能适应 21 世纪的新要求。

〔参考文献〕

[1] Jensen M.C. Value Maximization, Stakeholder Theory, and the Corporate Objective Function, Corporate Governance at the Crossroads, Edited by Donaed H. Ehew, Jr. and Stuart L. Gillan, 2005

[2] 王怀林，冯登艳. 我国上市公司治理结构问题的文化解释 [J]. 管理世界，2006（7）：151

[3] 张晓峰. 中国公司治理中的文化依赖研究 [J]. 南京工业大学学报（社会科学版），2004（2）：54-57

[4] 魏秀丽. 我国公司治理难题：文化与结构的冲突 [J]. 财经科学，2005（4）：118-122

[5] 万媛媛. 儒家文化与我国公司治理模式的构建 [J]. 经济师，2008（2）：27-28

[6] 王文钦. 公司治理结构之研究 [M]. 北京：中国人民大学出版社，2005（9）：4

[7] 冯根福. 中国公司治理基本理论研究的回顾与反思 [J]. 经济学家，2006（3）：13-20

[8] 高明华. 赈灾捐款凸显中国公司治理的尴尬 [J]. 上海证券报，2008 年 6 月 20 日第 C08 版

[9] 仇赛飞. "以德治国" 论辨正——中西传统文化比较的视角 [J]. 天津社会科学，2003（2）：74-79

[10] 李锦生. 公司治理模式的有效性及其对我国的启示 [J]. 经济管理，2007（13）：43-47

[11] 李约瑟. 中国科学技术史 [M]. 上海：上海古籍出版社，1990：8

[12] 申歆. 公司的社会责任及其对公司治理的影响 [J]. 商场现代化，2008（1）：110

[13] 虞政平. 构建中国多元化公司治理结构新模式 [J]. 中外法学，2008（1）：66-74

[14] 吴金群，耿依娜. 公司治理变迁中的政府介入研究 [J]. 中南财经政法大学学报，2007（5）：118-124

[15] 高闯，郭舒. 公司治理的演进论解释 [J]. 辽宁大学学报（哲学社会科学版），2006（3）：124-128

[16] 华景阳. 转型时候公司治理与公司绩效的关联研究 [M]. 上海：上海财经大学出版社，2003

[17] 张鸣. "行政分权" 论古今 [J]. 读书，2004（1）

[18] 黑格尔. 历史哲学 [M]. 三联书店，1956

[19] 张彦波，聂清凯. 公司治理文化，企业竞争力和形成路径 [J]. 当代经济管理，2007（1）

[20] 张岱年，方克立. 中国文化概论（第二版）[M]. 北京：北京师范大学出版社，2004

[21] 陈浩. 政府主导，还是市场主导——战后日本经济发展模式研究 [J]. 世界经济与政治，2007（9）：8

[22] 青木昌彦. 政府在东亚经济发展中的作用——比较制度分析 [M]. 北京：中国经济出版社，1998

China Corporate Governance of "Manage the Family as the World": The Research of the Cultural Path Dependency Theory

PIAO Yong-hui

(Shenyang Institute of Physical Education, Shenyang, 110102, China)

Abstract：Corporate governance is deeply influenced by the cultural traditions, usually with different cultures deciding different patterns of governance. Therefore, Chinese corporations can't completely copy any one pattern without considerations. In this way, we should study the governance pattern of Chinese companies from the perspective of macro cultural contrast by applying the Path Dependency Theory. Because of different cultural background, Chinese corporations always differ from other countries in goals and benefits. Corporations in China adopt the model of "manage the family as the world" to pursue the goal of studying how to govern a company in a macro way as well as maximizing social over-all welfare. It is important in governance to give considerations to effectiveness of single company and the society as a whole. In order to reach the goal, we should follow the three principles. First, settle the contradictions between the investors and managers; second, deal with contradictions among the investors; third, resolve the contradiction between corporations and the society.

Key Words：Chinese Patterns of Governance; Corporate Governance ; Cultural Path Dependency

2009 年 10 月
第 2 期

比 较 管 理
Comparative Management

Oct., 2009
No. 2

【文化与管理方式】

韩中企业文化影响因素比较研究

王忠伟　唐志丹　郑钟南

（辽宁科技大学工商管理学院，辽宁　鞍山　114051）

[摘　要] 研究比较韩中两国企业文化的特点和差异，首先要研究影响两国企业文化的因素。本文首先从韩国的农耕文化和儒家文化等传统文化、韩民族特有的民族精神，以及日本和美国等外来文化等方面对韩国企业文化的影响进行了比较研究；然后从中国的传统文化、长期的计划经济体制以及管理思想的发展演变等方面对中国企业文化的影响进行了比较研究；最后对两国企业文化的影响因素进行了比较，以期为中国和韩国的企业在国际化进程中提供借鉴。

[关键词] 韩中企业文化影响因素；传统文化；外来文化；民族精神；计划经济

一、引　言

韩国从 20 世纪 60 年代开始，用 30 年的时间实现了经济腾飞，一跃成为“亚洲四小龙”之一。现代、大宇、三星、浦项等企业的迅速发展更是引起了全世界的瞩目。其成功的重要原因不得不归功于它们特有的企业文化。中韩两国是近邻，近年来两国不仅贸易往来发展迅速，而且韩国对华直接投资的规模也在不断扩大。中韩两国文化交流历史悠久，文化上具有同质性，但同时又由于历史、自然、社会、政治、文化环境等方面的差异形成了各具特色的企业文化。笔者以韩中两国企业文化比较研究为专题，试图通过对两国的企业文化影响因素、企业文化风格特征以及两国的企业文化等方面分题目连续进行比较研究，有利于互相汲取其中的精华，避免矛盾与冲突，以促进两国企业文化交流融合、开拓创新。

二、韩国企业文化的影响因素

（一）传统文化对韩国企业文化的影响

1. 农耕文化对韩国企业文化的影响

受惠于中国古代农业文化的传播，早在公元前 10 世纪以前，在其周边民族尚不知稻谷为何物之时，韩民族先人已经开始种植水稻，从事规模性稻作生产了。稻作文化的传来，不但奠定了韩

[作者简介] 王忠伟，1955 年生，男，辽宁辽阳人，辽宁科技大学工商管理学院院长，教授，硕士生导师，研究方向：中国管理思想史、企业文化；唐志丹，1949 年生，女，江苏高邮人，辽宁科技大学工商管理学院教授，硕士生导师，研究方向：企业文化、定量决策分析；郑钟南，1971 年生，女，韩国庆尚南道昌原市人，韩国庆尚大学母语教育研究会庆南支社长，辽宁科技大学外籍教师，硕士研究生。

半岛农业文化的基本格局，同时也加快了韩半岛文明发展的进程。以稻作为主要生计手段的农耕文化一直对韩国原有生活模式和民族文化的形成有着重要的影响，对企业文化的影响主要体现在勤勉性、地域观念和共同体意识等方面。

（1）勤勉的劳动精神。"火耕水耨"的稻作生产尤为辛劳。不同于中国南方的温润气候，面对相对寒冷、恶劣的自然环境，要不错时节地完成必要的劳作，还要时刻抵御飓风、台风或者海啸等自然灾害的袭击。这种特点的农耕文化就是勤勉性的起因。

韩国在传统上视懒惰为罪恶、视勤劳为必备的重要品德。过去韩国遇到非残疾人乞讨时，有将他打跑的风俗习惯。韩国企业创业者绝大多数白手起家，社会上对通过自己的艰苦奋斗而白手起家的人给予很高评价。崇尚勤劳在很大程度上促成了韩国人较高的职业道德水平。韩国企业员工每天工作时间长，被公认为是非常勤奋的员工。虽然也是 8 小时工作制，但是加班、不休息他们也都是乐意的。尤其那些年长一些的韩国人，由于经历过近代韩国的动荡与贫困，使他们形成了一种生存危机感，而这种危机感又转化为强大的工作驱动力。所以，韩国的经济发展是靠韩国人这种勤勉的劳动精神干出来的。

（2）地域观念。以互帮互助共同劳动为中心的农业生产，自然地形成了以家族部落为单位的紧密的纽带。在这样世代传承的文化影响下以及历史上封建割据等原因，韩国人地域观念浓厚。到社会上工作后，同一地方的人，不论年老年幼，都会融到一起。这样的地域观念在企业的成长过程中起到了一定的作用。同一地域或出生地的亲切感使成员之间产生了信赖和协作精神，同时还形成亲和集团结伴共同向上，以战胜逆境。像这样由地域观念集合在一起的力量被适当地用在达成企业目标上，是可以得到肯定的。但地域观念也导致了企业在人事政策上的偏重现象，也成为造成企业内部不和谐、影响企业发展的原因之一。

（3）共同体意识。农耕文化互帮互助的共同合作劳动孕育了以家族为基础的共同体意识。与西方崇尚的个人主义不同的是，韩国人共同体意识很强烈，更重视集团内部的凝聚力。韩国人以"我们"来称自己的家、工作单位、学校、公司等甚至国家。尽管韩国人有较强的个性，但当他们组织成团体，并对组织拥有归属感、认同感时，就表现出良好的组织纪律性。组织成员之间能相互尊重信任、协调合作、团结友爱。强烈的自尊心驱使他们接受挑战，意志坚定地去实现目标。良好的可塑性使他们在正确的引导下，能发挥出令人难以置信的潜力和创造力。韩国企业往往在恶劣的条件下起步，却可以在短时间内得以成长，共同体意识起了非常积极的作用。但"封闭的共同体"意识往往对界限以外的世界怀有排他性，有时甚至还限制了企业内部部门之间的意识交流。

2. 儒家文化对韩国企业文化的影响

韩国是受中国儒家文化影响最早、最深的国家之一。远在公元前 3 世纪，儒学便和汉字一起传入，在韩国的封建社会初期担当了重要角色，与韩国固有的文化融合在一起，为古代韩文化的发展起了决定性的作用。儒家文化在韩国的传播是一个渐进的过程，从民间往来之中文化习俗的接受，到国家层次上儒家政治制度的传入，逐渐进入到文献的学习和研究，即学术文化方面的引进。在漫长的历史进程中，尽管随着社会的发展，儒家文化的形式和内容不断演变，但儒家文化的基本理念已经深深地根植于韩国文化之中，成为韩国民族精神和企业文化的基石而且一直延续至今。儒家文化对韩国企业文化的直接影响，具体体现在以下几个方面。

（1）推崇儒家文化。在韩国，儒教在李朝时代就上升为国教，儒家文化受到全社会的推崇，深深影响着该国的社会生活、家庭生活和人际关系，成为韩国人思想和言行的准则。许多经济和企业管理研究机构将儒教列为研究课题，研究儒家文化对韩国现代企业经营管理的影响及可以借鉴、利用的精髓。学者们普遍认为孔孟学说中的很多理论都对现代企业管理有用并切实发挥了极大的作用。伴随着韩国工业化和现代化的进程，从小深受儒家文化熏陶的韩国企业家们在经营管

理上积极、大胆引进日本和西方先进的企业管理理念、制度和方法，同时又自觉不自觉、有意无意地将这些外来的管理理念、制度和方法进行了韩国化、儒家化，以适应本国特有的文化传统和氛围，创新出具有儒家风格的现代管理之道。

（2）以家族为中心的经营。儒家文化强调的"家族观"在韩国人心中根深蒂固，具有不可替代的地位，他们十分讲究家族的凝聚力、向心力。深受儒家伦理影响的企业很像一个大家庭，员工成为和睦家庭中的成员，企业主和管理人员成为拥有极高权威，又对员工怀有温情的家长，是企业的中心人物；员工之间既讲兄弟友爱之情，又长幼有序、论资排辈；下级服从上级，企业整体利益至上；无论管理者还是普通员工，均须遵礼守仪，讲究秩序。韩国的企业集团多数为家族和亲朋好友结合型，以家族经营为中心的垄断色彩非常浓厚。在企业集团内部，其创办人既是所有者也是经营者，拥有最大的权力，而且这种权力依世袭制而延续下去。即使是实行了股份制的企业集团，其所有权和经营权仍然掌握在创办人手中。

以家族为中心的经营对企业的影响有以下三个方面：第一，家族的构造形态和关系影响到家族成员的成就感。第二，在企业里家族主义的纽带关系确定了他们的经济关系。第三，家族制度的文化传统直接影响到个人的经济行为和职业的选择。个人离不开家族，个人是家族的组成成员，对家族的忠诚程度关系到整个团体。

（3）重视权威与人和。在韩国，儒家思想所强调的三纲五常等权威与和睦相互依存的伦理观，同样极大地影响着韩国企业员工对企业主的忠诚心、企业主对员工的慈爱、上下属间的等级观、同事间的信赖感等伦理关系的形成。韩国企业中普遍存在高度的集权化，企业领导层在管理过程中拥有巨大权威，中下级管理人员只拥有极其有限的权力，但这种高度集权化并不等于专制独裁。

深受儒家文化的影响，韩国很多企业经营者认为，"人和"可以解决企业经营中的一切问题。强调和睦，非常重视与下属的人际关系，尽力体谅下属的需求和感受；重大决策均是在向下属咨询并与其充分商议之后由高层做出，员工的参与意识蔚然成风。韩国大多数成功企业都积极培育劳资共同体意识和劳资和解气氛，从而使企业的经营活动能够在稳定的劳资关系中顺利进行。韩国的经理们与下属非正式交往的次数很多，这种接触被认为是上下级建立互信关系的重要手段。

（二）外来文化对韩国企业文化的影响

由于地缘地理背景和特殊的历史，韩国受儒家文化影响最深，在进入近代以后先后受到了其他外来文化的影响，其中日本和美国文化对韩国的影响最大。

1. 日本殖民文化对韩国企业文化的影响

1910 年 8 月 29 日，日本正式吞并韩国，致使韩国沦为日本的殖民地长达 36 年之久。在此期间，日本人以强迫的方式将现代事物强加给韩国人民，在客观上缩短了韩国的现代化进程。在主观上日本人采取文化侵略政策，将日本的社会风俗习惯与武士道精神相结合的文化投射到韩国社会，试图以强制性的文化控制将韩国国民在文化专制的手段下愚化日化，以达到同化的目的，致使韩国的文化传统蒙受极大的损害。尽管日本的民族同化政策最终破产，但日本的文化价值观念在一定程度上影响了光复后的韩国政治、经济和文化的发展。

韩国近代企业的萌芽期正是受日本统治的时期，日本企业文化对韩国企业中集体主义行为方式与人事管理方式产生了很大影响。日本独特的行业工会制度、年功序列制、终身雇佣制、经营方式都影响了韩国企业文化。在 1965 年后，随着日韩关系的正常化，日本对韩国文化的影响又进一步加强。

2. 美国文化对韩国企业文化的影响

1945 年韩国光复后，美国通过军政统治、参与政府成立工作和后来的三年战争，以及随之开始的经济军事等方面的大规模的援助，其作用和影响已渗透到韩国社会的各个领域。直至今天，

美国的军事支持、经济援助仍然是韩国的政治精英们决策的重要筹码。军事、教育和行政管理是西方科学、管理技术和文化价值观念输入韩国的三大渠道。事实上，韩国军队是由美国训练出来、由美元装备起来的。美国军队的管理方式潜移默化地影响了企业的管理方式和员工的行为方式。韩国的男人除特殊情况外，都要服兵役之后才能参加工作。韩国很多曾在美国受训的将领，退役后又多在企业做管理工作，因此很自然地把美国军队的管理制度引进企业的管理之中，如韩国浦项钢铁公司的创建人朴泰俊就是退役将军。韩国大部分公司都采用军队式组织形式，一方面向全体员工灌输服从意识、培养责任观念；另一方面，提高领导者的统御能力。同时，美国社会崇尚的个性自由和个性张扬、注重创新、崇尚科学、讲究效率、分工和责任明确等思想观念，也逐渐融入了韩国的社会文化，进而被导入现代韩国的企业文化。新引入的西方先进企业文化，无疑在克服传统儒家文化弊端方面起到了不小的作用，使韩国的企业文化表现出崇尚竞争、创新和发挥个人才能的一面。

（三）政治文化对韩国企业文化的影响

韩国是一个高度集权的国家，从国家的发展战略、经济发展政策，到计划执行的每一个环节均由政府进行统一行政管理。韩国政府的这种主导作用，影响着韩国企业的经营战略和经营活动，是影响韩国企业文化的重要环境因素。从 20 世纪 60 年代开始，韩国政府就确立了"经济发展第一"的指导思想，在 70 年代政府随后制定了"出口第一"的经济政策。韩国企业根据政府的这种政策，采取了以出口为主、不断成长的经营战略和经营活动，企业注重向大规模化、财阀化、集团化方向发展，企业日益发展壮大，最终演变成重视大规模经济的经营意识和集权性经营体制。这一时期韩国企业以创业者的献身精神、骨干员工的全心投入、劳动者的勤勉努力，取得了企业的快速发展，这种"增长第一"、不断追求创新的企业文化也随之形成。

1987 年韩国的民主化运动使韩国民众的价值观和意识形态产生了较大的变化，特别是在个人的自由和权利、平等和平均、开放和参与等新意识方面的变化促进了韩国全社会的变化和改革。民主化运动对韩国的企业文化也有着重大影响。韩国企业解决了长期以来忽视工人待遇和福利等问题，企业的劳资关系和价值观念等方面发生了很大的变化，员工的民主和参与意识日渐增强。企业除了重视股东、政府、金融机构外，也开始重视满足顾客和尊重企业成员、加强内部凝聚力、发挥员工潜力、培育共同价值观等企业文化建设。

（四）民族精神对韩国企业文化的影响

由于特殊的历史进程和地缘地理背景，近代韩国文化先后融合了佛教和基督教等外来文化，在思想领域实现了对儒家核心价值的改造与异化。这使韩国人能够一方面固守思想领域的民族文化传统，另一方面又能够在政治、经济领域对西方的文明进行整合与吸收。而正是这种东方的伦理与西方的文明相结合，加上面对外来入侵而建立的"应激—反应"模式，使韩国人具有强烈的"自励"与"排他"的忧患与团结意识，成就了极具特色的"韩国式民族精神"。

强烈的民族自尊心和危机意识以及自强不息的民族进取精神是"韩国式民族精神"的重要内容。他们至今仍然不忘民族仇恨，对日本侵略记忆犹新，对军国主义复活高度警惕。而且这种"记忆"和警惕在全国是普遍的，构成了整个民族意识。更为难能可贵的是，他们能与昔日的殖民国在经济与技术上打交道，刻苦学习、高价购买日本的技术，与日本发展经贸往来，以求自己的民族振兴，同时又不放映日本电影，不唱日本歌曲，防止日本文化同化韩国人。这种对日本军国主义在文化侵略上所保持的警惕性比政治和军事上的警惕性更加宝贵。这种自立自强的民族进取精神和奋斗精神是很多韩国企业文化强调创新的基础，也是导致韩国企业迅速崛起的原因。

三、中国企业文化的影响因素

（一）传统文化对中国企业文化的影响

中国是世界上唯一一个具有 5000 年延绵不绝文明历史的国家。中国传统文化一般是指 1840 年鸦片战争以前的中国文化。中国传统文化是我们先辈传承下来的丰厚遗产，曾长期处于世界领先的地位。中国传统文化的主干是儒、道、释三家思想，其中儒家思想是核心。中国传统文化对中华民族的文化心理、风俗习惯、伦理道德、人生观、价值观等影响极其深远，中国企业文化每时每刻都在渗透着中国传统文化的印记。

1. 强烈的爱国情操

在中国传统文化中，爱祖国、爱民族历来被看做是"大节"。早在周代，我国古代爱国主义思想就已形成。晏婴的"利于国者爱之，害于国者恶之"的言论，屈原的"虽九死其犹未悔"的意志，文天祥的"人生自古谁无死，留取丹心照汗青"的信念等，均闪烁着爱国主义思想的光辉。虽然在封建社会它与忠君联系在一起，具有局限性，但它在本质上是把君作为国家的代表，是一种深层的国家意识，这种忠心爱国的精神是中华民族的巨大凝聚力，也是推动民族发展的巨大精神力量。今天，无论是"以产业报国、民族昌盛为己任"的长虹目标，还是"敬业报国、追求卓越"的海尔精神；无论是"弘扬民族工业，发展中国名牌"的格力观念，还是"钢铁强国"的鞍钢理想，无不体现着强烈的民族责任感和拳拳爱国之心。

2. 鲜明的人本思想

中国传统文化的人本思想最早来自于儒学。儒学把人看成是天地物之中心，天人合一，天地间以人为贵，深信价值之源内在于人心。孔子提出"人能弘道，非道弘人"（《论语·卫灵公》），由他倡导的儒学文化是塑造人、培养人、提高人的重要思想宝库。这与西方传统文化中以上帝和神为最高标准的神本文化截然有别。首先人本思想体现在"仁者爱人"的原则上，并将此作为最高道德标难，强调舍己利人、舍己爱人，并提出"仁、义、礼、智、信"的"为人"的原则。墨子从功利主义出发，提出"兼相爱"、"交相利"、"爱人若爱其身"，主张就像爱自己一样去爱别人。其次，人本思想还体现在"重人"上，老子说："道大，天大，地大，人亦大。域中有四大，而人居其一焉。"孟子曾提出"民为贵，社稷次之，君为轻"的著名观点。孟子还说"人人皆可为尧舜"，认为人只要努力，皆可成才。这种人本思想是现代企业以人为中心的管理的文化基础。

3. 一贯的和谐追求

《论语》中的"和为贵"、"和而大同"的观点，是儒家最高的理想境界。爱人、仁慈、和谐、互助、团结、合作、忍让的"和"的思想是宇宙间最可贵的，超越了天时、地利，是做好一切事情的关键。这种和谐的思想深深影响着中国人的为人和处事方式。中国传统文化追求和谐，追求人际和谐、家族和谐，由个人和谐推展到家族、社会乃至国家和谐。和谐文化贯穿在企业中，要求企业与其生存发展所处的内外环境和各结构性要素之间的协调统一、利益均衡和企业对人性的尊重。和谐文化是中国传统文化的精华，具有一定的科学性和真理性。综观中国优秀的企业文化，其终极精神价值几乎都指向和谐。营造企业良好的和谐氛围，以化解矛盾，消融对抗，同心协力实现组织目标，是儒家文化对现代企业文化的又一贡献。

4. 积极的进取精神

在中国传统文化中，贯穿着一种刚健有为的进取精神。《易经》云："天行健，君子以自强不息。"《论语》亦云："士不可以不弘毅，任重而道远。仁以为己任，不亦重乎？死而后已，不亦远乎？"这正是中华民族自强不息、积极进取精神的高度概括。中国传统文化极力倡导锐意进取、自

强不息。只争朝夕不敢安逸、积极奋进的人生态度磨砺着中华民族，形成了自尊自强的民族精神，虽历经坎坷而不辍。在中华文明中高扬着一股阳刚之气，弘扬着积极入世的精神，成为鼓舞中华民族不竭的精神力量。从近代兴办民族工业的企业家的实业救国大志，到今天的鞍钢宪法、大庆精神为代表的企业文化中无不体现这种拼搏向上、自强不息的基调和价值内核。

5. 高尚的道德品格

孔子认为，人要讲高尚的道德品格修养，低微、卑劣的品德不行。"志于道，据于德，依于仁，游于艺"（《论语·述而》），要求人们立志于道，守信于德，依附于仁，游憩于礼乐射御书数六艺之中，树立理想、培养品德、心怀仁爱、陶冶情操，做一个有益于人类的人。受儒家思想的影响，中国很早就提出了"儒商"的理想人格追求：智慧与道德相交融，做人之道与经营之道相统一，在商业活动中坚持"守信与重义"、"修身与报国"、"君子爱财，取之有道"。到了近代以致现代，中国商人一直深受这种文化传统的影响，讲究以义取利、舍利取义、义利并举，不赚不义之财。而且，尊道贵德的传统美德被熔铸到企业管理之中，杜绝那些由于急功近利、见利忘义、利欲熏心而导致的污染环境、浪费资源、危害社会等现象的发生。追求具有长久生命力的核心价值观，自觉地承担起应有的和更多的社会责任。

6. 不懈的勤俭精神

克勤克俭、艰苦奋斗是中华民族不朽的传统美德，正是在这种美德下，中国人创造了华夏光辉灿烂的物质文明和精神文明。"克勤于邦，克俭于家"（《尚书》），将勤俭视为大德，将奢侈视为大恶。"勤以补拙，俭以养廉"，"奢则不逊，俭则固，与其不逊也，宁固"（《论语·述而》）。老子也提出为人处世要"一曰慈，二曰俭，三曰不敢为天下先"。唐代诗人李商隐在《咏史》诗中道："历览前贤国与家，成由勤俭败由奢。"这些齐家治国的道德被弘扬光大成为勤俭建国、艰苦奋斗、兢兢业业、勤奋苦干和节俭持家、敬业精业的精神。

（二）长期的计划经济对中国企业文化的影响

1. 革命传统文化奠定了老国有企业文化的精神基调

相对于日本的以"人"为本、美国的以"科学"为本的企业文化，我国在长期的计划经济体制下形成了以"精神"为本的企业文化。在中国革命历程中，以中国共产党为代表的先进分子、革命志士，为民族解放事业英勇奋斗、坚忍不拔的革命精神和革命品格对中国企业特别是老国有企业的企业文化有着深远的影响。在中国共产党领导下，为推翻三座大山，为中华民族的崛起，有无数英烈前仆后继、流血献身。正是这些众多的"中国人的脊梁"，推动着社会不断发展，对后世产生了巨大影响。老国有企业综合凝聚了中华民族优秀传统文化并继承了中国革命传统，构成了以孟泰精神、三老四严、大庆精神、鞍钢宪法等为代表的中国企业文化中拼搏向上、自强不息的精神基调，具有强大的感召凝聚力。

2. 强烈的爱国热情主导着老国有企业的价值观

由于政企合一、高度统一集中的管理方式，决定了当时企业文化的萌发，不可能出现千差万别、各具特色的模式，而只能是培养出几个集中体现社会主义计划经济所要求的精神状态和价值观念体系的榜样，供全国所有工商企业学习。在强烈的政治责任感和社会责任感的驱动下，干部工人上下一致、团结拼搏、发愤图强、自力更生，以实际行动为中国人民争气；无所畏惧、勇挑重担，靠自己的双手艰苦创业；一丝不苟、认真负责、讲究科学，踏踏实实做好本职工作；胸怀全局、忘我劳动，为国家分担困难，不计个人得失。这种老国企工人的群体意识，能最大限度地统一职工意志，规范职工行为，凝聚职工力量，为计划经济时期企业的发展起到了非凡而重要的作用，为我国的国民经济做出了巨大的贡献，体现了我国企业特有的而资本主义企业不可能具有的价值观念，并达到了一个高度。

3. 培养造就了具有巨大震撼力量的劳模文化

中国老企业在建设新中国的岁月里，出现了大量为国家、民族和人民的崇高利益，默默无闻、埋头苦干、艰苦创业、无私奉献的劳模们，在他们身上集中体现了中国工人阶级的精神风貌，成为一代光辉楷模。在这些劳模中，有妇孺皆知的为鞍钢恢复生产做出巨大贡献的孟泰；有以开展劳动竞赛、大搞技术革命的马恒昌小组；有"宁可一人脏，也要换来万家净"的掏粪工人时传祥；有胸中揣着"一团火"的特级售货员张秉贵；有享有"铁人"称号的王进喜和他的钻井队……这些先进集体、模范人物是工人阶级先进思想和优秀品质的集中体现，是时代精神风貌的生动写照，为全社会树立了光辉的榜样，形成了老国有企业特有的劳模文化，是企业的一种宝贵的精神财富和特有的无形资产，有着强烈的震撼力量，使我们每一个中国人一想起他们就肃然起敬。

4. 计划经济对中国企业文化的负面影响

在计划经济条件下，企业存在着某些政治地位的优越性，与行政权力有着天然的联系。事实上都是由政府来办企业，用政府官员代替企业领导者。一些企业的领导者深受计划经济体制的"官本位"和官僚主义等不良作风的影响，在企业中形成"一言堂"的局面。在官僚主义作风影响下，企业员工的积极性和主动性被扼杀，长此以往使得企业领导层与工人之间形成相对分离的两个阵营，相互之间难以协调，员工积极性的发挥受到压抑。同时，企业对于经营的盈利性和风险性的关注较差，相当一部分领导和员工思想中形成循规蹈矩、满足现状的思维定式，缺乏主动性、开拓性。近年来这种现象虽然有所改变，但个性不足、缺乏创新、强调稳步、行为短期化等仍然是一些国有企业文化的特点。

计划经济体制下形成的重视群体价值、强调集体力量、以发挥群体作用为主的传统，其历史价值无疑应该充分肯定。但是，这种群体导向的文化也带来了忽视个人利益、回避个人价值、不重视个人才能发挥等问题，使个人的主体意识和创造才能的实现受到一定程度的抑制，影响了企业的活力与效率。

（三）管理思想的发展演变对中国企业文化的影响

中国近代企业管理开始于 1840 年。在半个多世纪前，当欧美各国正大力推行"泰罗制"、强调科学管理的时候，中国近代民族实业家卢作孚、宋裴卿等就已经认识到文化在企业管理中的作用，相继倡导"民生精神"、"东亚精神"，并以此为本企业创造出显赫的业绩。其成功的企业文化实践远在日本企业家创造的"松下精神"、"丰田精神"之前。但是，在新中国成立后，忽略了对近代民族企业文化中优秀传统的发掘。新中国成立初期，中国经济体制基本上照搬苏联模式，曾出现过《鞍钢宪法》、《工业七十条》等以生产为宗旨的管理文化。改革开放以来，当我们开始睁眼看世界的时候，最先感觉到的是技术落后的问题，接着又感觉到经济管理落后问题。于是，在引进各种先进技术和设备后又引进西方各种管理理论。但是，随着改革开放的深化，人们逐步认识到中国企业的发展除了经济因素之外，更重要的是文化因素。文化是社会发展的重要力量，更是企业发展的推动力。要使企业在竞争中取得长久的优势，必须建设具有中国特色的企业文化。

四、两国企业文化影响因素的对比和借鉴

综上所述，中韩两国企业文化影响因素的比较可以用图示大致地概括出来（见图1）。企业文化作为社会文化的亚文化，与本国的文化有着非常密切的关系，民族的传统文化必然要灌注于企业管理之中，成为企业管理的文化底蕴和根基。中韩企业价值观的许多部分都受传统文化的影响，儒家思想在中韩两国的传统思想观念之中占相当重要的地位，因此在中韩企业的核心价值观念当中相当部分是与儒家思想密切关联的内容。韩中两国同属于东亚，有较深的历史文化渊源，两个

民族在爱国主义、勤勉进取、家族观念、人本思想、善于接受外来优秀文化等方面的文化意识相通与相融，非常便于相互理解与沟通。

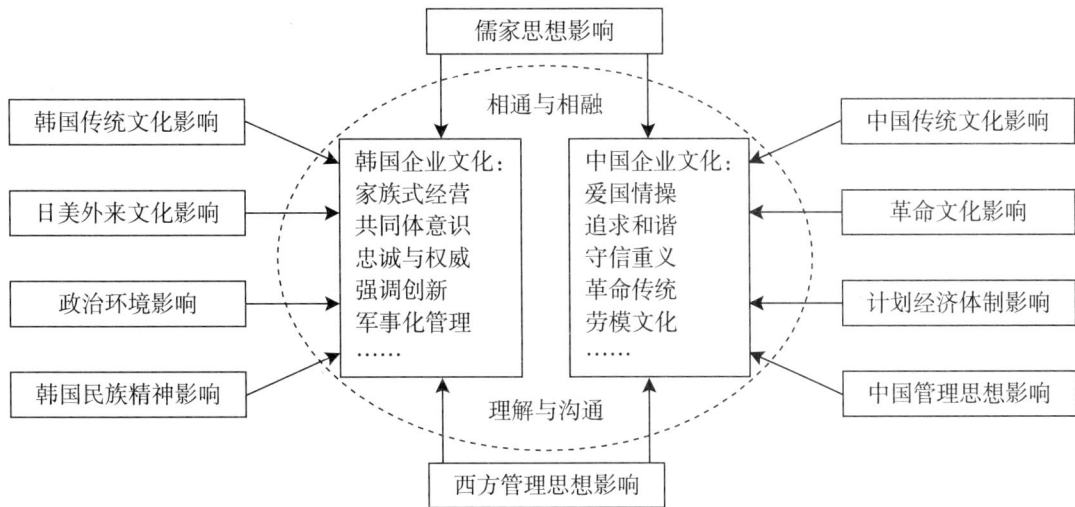

图1 韩中企业文化影响因素比较

由于韩中两国的国情、发展历史、政治制度等方面各不相同，对各自企业文化带来的影响也不尽相同。两国企业文化的价值取向、管理模式和风格特征才表现出一定的差异性。中国广袤的国土、千百年来多民族的不断融合、受儒家文化的深远影响，逐渐形成了宽容平和、随遇而安的性格，而韩国狭窄的半岛和山区的封闭性以及屡遭外族入侵的经历，形成了强烈的地域观念和共同体意识以及倔强刚健的性格；在中国，能够通达权变的人才是真正的英雄，而韩国人和中国人相比不太会融合、迁就，比较直接、较真、专一；中国人看问题最讲究全面辩证，比较慎重，重和谐，而韩国人的急性子举世闻名。这样的一柔一刚、一个懂得变通一个认真、一个从容一个急躁的不同的民族风格在企业文化中有着不易体会到的微妙影响，应互相理解包容、互相学习、取长补短。

"韩国式民族精神"使韩国企业有非常强烈的民族自尊和致富兴国的价值观，把企业的效益与国家的富强紧密地联系起来。强烈的爱国主义在中国民族资本主义企业发展时期和新中国建设初期是中国企业的主导意识，劳模文化就是当时的光辉典范。这种为民族振兴奋斗、为国家繁荣的社会责任感在中国现代社会民众和企业中还需进一步发扬。韩国服兵役的制度以及企业军队式的管理使他们的纪律性较强，而中国企业管理人员比韩国企业管理人员更重视成员之间的和谐关系和工作成果。这些都值得两国企业互相学习和借鉴。

不同的文化对企业文化的影响各有特点、各有优长。以韩中两国5000年悠久的交流历史为基础，相互补充、相互依赖的两国经济的共同发展，企业之间的关系也将更加紧密和深厚。只有互相汲取各自文化中的精华，适应时代的要求创造企业文化，企业才能充满生机地开拓前进。

〔**参考文献**〕

[1] 苑利. 韩民族文化源流 [M]. 北京：学苑出版社，2000：30-76

[2] 朴文一，金龟春. 中国古代文化对朝鲜和日本的影响 [M]. 哈尔滨：黑龙江朝鲜民族出版社，2000：192-196

[3] 李祥熙. 韩国儒学与现代社会接轨的成功实践及对我们的启示 [J]. 广州社会主义学院学报，2009，24（1）：42-47

［4］王玲玲.试论东北亚儒家文化圈中企业伦理的特点［J］.武汉大学学报（哲学社会科学版），2005，58（2）：279-285

［5］赵月华，李志英.模式Ⅰ——美国、日本、韩国经济发展模式［M］.济南：山东人民出版社，2006：312-349

［6］李师任.韩中企业文化比较研究［D］.长春：吉林大学出版社，2005

［7］马菊萍，陈丽珍.解读韩国企业文化［J］.中外企业文化，2005（6）：63-64

［8］李柱熙.韩国经济开发论（第1版）［M］.上海：上海财经大学出版社，1996

［9］张岱年，方克立.中国文化概论（修订版）［M］.北京：北京师范大学出版社，2005

［10］郭建庆.中国文化概述［M］.上海：上海交通大学出版社，2005

［11］王忠伟.中国管理思想简史［M］.北京：经济科学出版社，2007

［12］朱子律.儒家经典［M］.北京：中国长安出版社，2007

［13］王成荣.企业文化学教程［M］.北京：中国人民大学出版社，2005：210-216

［14］王乐忠.论儒家学说与现代企业文化［J］.商业研究，2003，263（3）：154-157

［15］奚从清.现代企业文化概论（第二版）［M］.杭州：浙江大学出版社，2006：147-160

［16］唐志丹.老工业基地国有企业文化的沉淀分析与优势发挥［J］.科技进步与对策，2005，22（07）：137-139

［17］赵洪恩，李宝席.中国传统文化通论［M］.北京：人民出版社，2003

［18］郑钟南.中韩企业文化比较研究［D］.鞍山：辽宁科技大学出版社，2007

［19］王德复.新兴经济学：观念、制度与发展：韩国经济起飞实证研究［M］.北京：中国经济出版社，2006

［20］Chatterjee S., Lubatkin M., Schweiger D.et al. Cultural Differences and Shareholder Value：Explaining theVariability in the Performance of Related Mergers［J］. *Strategic Management Journal*，1992，13（5）：319-334

［21］Morosini, P., Shane, S., Singh, H. National Cultural Distance and Cross-Border Acquisition Performance ［J］. *Journal of International Business Studies*，1998，29（1）：137-158

［22］Nahavandi, A., and A.R. Malekzadeh. *Organizational Culture in the Management of Mergers*［J］. Westport Conn：Quorum Books, 1993

［23］*Mergers And Acquisitions*：*Managing Culture And Human Resources*. Stanford, Calif：Stanford Business Books，2005

Comparative Study on Influence Factors Between Korean and Chinese Corporate Culture

WANG Zhong-wei，TANG Zhi-dan，ZHENG Zhong-nan

(School of Business Administration, University of Science and Technology Liaoning, Anshan，114051，China)

Abstract：The pivotal issue of comparative study on the characteristics and differences between Korean and Chinese enterprises is to study the influence factors of corporate culture. Firstly the article comparatively studies the influence to Korean enterprises from the aspects of traditional culture, Korean agricultural culture and Confucianism, unique national spirit of Korean, and foreign culture from Japan and America. Secondly it comparatively studies the influence factors to Chinese corporate culture from the aspects of Chinese Traditional culture, the long-term planned economy system, and development and evolvement of management thought. Finally it compares the influence factors to these two corporate cultures, and expects to provide reference for the international process for Chinese and Korean enterprises.

Key Words：Influence Factors of Korean and Chinese Corporate Culture；Traditional Culture；Foreign Culture；National Spirit；Planned Economy

2009 年 10 月
第 2 期

比 较 管 理
Comparative Management

Oct., 2009
No. 2

【文化与管理方式】

日韩企业创新管理的比较分析*

[韩] 马丁·赫马特

(高丽大学商学院，韩国 首尔)

[摘 要] 本文从比较的视角来分析日韩公司的创新管理。统计数据的汇总研究显示，相对于日本而言，韩国公司的研发 (R&D) 更大程度上集中在数量较少的公司和行业。管理领域的广泛分析表明，高投资用以发展新技术以及采用先进的研发管理措施在日本和韩国企业是很普遍的。但与此同时，各种差异使它们有所区别。从技术战略来看，日本公司倾向于保守，而韩国公司往往更愿意冒险。韩国公司依赖国外技术的程度比日本公司要高。日本公司看重供应商对于研发活动的早期参与，而韩国公司优先考虑早期的设计活动。最后，在与创新相关的人力资源管理方面，韩国从稳定和资历导向到灵活和业绩导向的过渡比日本更迅速。

[关键词] 比较管理研究；创新管理；国际研发 (R&D)；日本；韩国

一、引 言

自从 20 世纪 80 年代日本公司在世界市场上成为西方公司强大的技术竞争对手以来，国际上对其创新管理的兴趣已经变得很普遍了。有一段时间，人们大力强调了日本创新管理的优势（例如，见美国商务部，1990），而后来，20 世纪 90 年代日本经济的停滞让人们更注意其潜在缺点了（例如，Porter et al.，2000）。然而，不论是对其优点还是缺点的具体评估，日本创新管理研究的参照系主要是西方企业管理（例如，Okimoto & Nishi，1994；Wakasugi，1994；Nonaka & Takeuchi，1995）。

然而，最近其他东亚国家的公司也成为国际上强劲的技术竞争对手，特别是韩国一些主要企业的成就已经引起了研究者的广泛兴趣。因此，学者也在过去几年对韩国公司的创新管理进行了一些研究（例如，Kim，1998；Hobday et al.，2004；K. Lee et al.，2005）。

总之，在国际竞争中两国公司都通过大量的产品和工艺创新展示了持续的技术实力，并不断挑战竞争对手。因此，为了制定恰当的竞争和合作策略，对其管理概况的深入了解是至关重要的。

一方面，鉴于日韩地理和文化上的接近，似乎有理由认为日本和韩国公司总体管理策略高度相似，在创新管理领域尤其如此。另一方面，考虑日本和韩国经济的不同发展轨迹以及两国公司运行的不同体制环境，也可能预期日韩公司有相当大的差异。然而，为了更好地理解日本和韩国

[作者简介] 马丁·赫马特 (Martin Hemmert)，现任韩国高丽大学商学院教授，长期以来一直从事企业创新管理研究。

* 本文已在《亚太商业评论》(Asia Pacific Business Review) 2008 年 7 月第 14 卷第 3 号上发表。本文的翻译得到了作者本人及《亚太商业评论》杂志社的授权。

公司创新管理风格的异同，明确、详细的比较分析是必要的。

本研究旨在通过一种直接进行比较的方式，在广泛收集两国管理实践的原始数据和二手数据的基础上，对文献做出贡献。首先，本文综合考察日本和韩国公司与创新相关的投入和产出。其次，比较研究它们的创新管理风格，涉及多个管理领域，例如战略行为、技术获取、研发管理和人力资源管理。尤其注重分析日本和韩国企业创新管理的异同。另外，也分析了两国管理风格的潜在优势和弱点。最后，根据研究结果，为日本和韩国公司以及它们的国际竞争对手提供管理建议，并概述未来研究方向。

二、研究问题和命题

本研究讨论以下研究问题：①日本和韩国公司创新管理特征的异同是什么？②如何通过历史、体制和文化因素解释这些特征？③由此产生的日本和韩国公司创新管理的潜在优势和弱点是什么？

在探讨这些问题时，本研究提出以下命题：①采用比较的视角，日本和韩国公司创新管理实践的异同可以通过历史、体制和文化因素做出解释。②由此产生的日韩公司创新相关活动的潜在优势和弱点也可以通过类似的因素进行解释。

三、情境：日韩企业创新相关活动比较

2004 年，日本和韩国公司研发（R&D）总支出按购买力平价调整后分别为 887 亿美元和 217 亿美元（OECD，2006）。这也反映了日本经济的规模比较大，日本公司研发支出大约是韩国公司的 4 倍。然而，日本公司的研发强度按与国内生产总值（GDP）和工业增加值的关系来看分别为 2.35% 和 3.13%，而韩国公司分别为 2.19% 和 2.99%（OECD，2006）。因此，日本和韩国公司的相对研发强度相当接近。同时，这些强度也在各经合组织国家中居于前列，明显超过美国和欧洲主要经济体的研发强度。

图 1 显示了日本和韩国公司研发的产业组成。两国相对最多的研发经费都投入在电子和微电子行业，其次是汽车行业。但是也可以看到，韩国的研发投入更集中在这些行业，而日本把相当可观的经费投入到其他领域，如通用机械、制药、化学品。

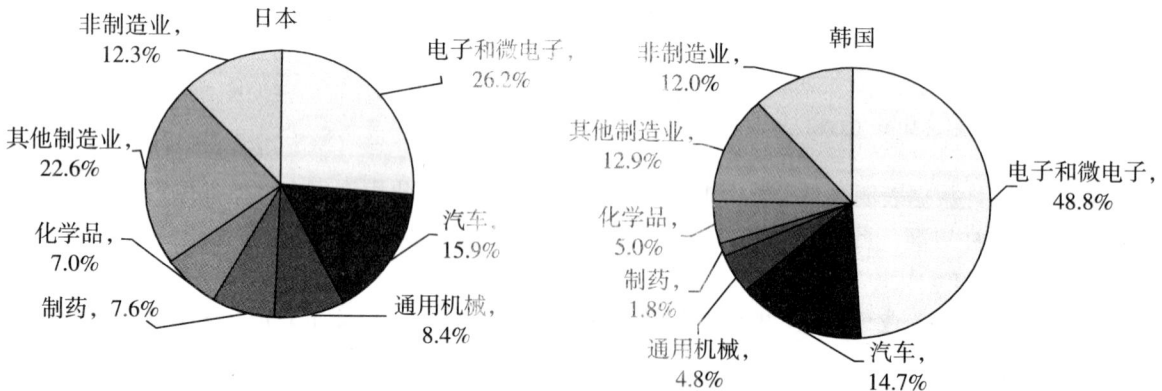

图 1　各行业日韩企业研究经费（2004）
资料来源：作者根据 MPM（2006）；MoST（2005）数据整理。

此外，从两国大企业，特别是最大的一些企业的研发支出集中情况，也可以看出两国的差异。至于研发经费在小型和大型企业的分配（图 2），两个国家公司的大部分研发都是由至少有 1000

名员工的较大企业承担。另外，与人们普遍认为的大企业在韩国尤其占主导地位恰好相反，韩国少于300名员工的较小公司的研发投入相对数额远远高于日本。但与此同时，韩国最大的一些企业的研发支出集中度也更大，其中前五大公司的研发经费占全国所有公司研发经费的40%还多。这比日本比例要大，因为日本相应的比例不足20%（见图3）。事实上，仅韩国最大的研发经费投入公司三星电子2004年就支出研发经费47.9亿韩元（三星电子，2005），这相当于韩国当年总产业研发支出的28.1%。

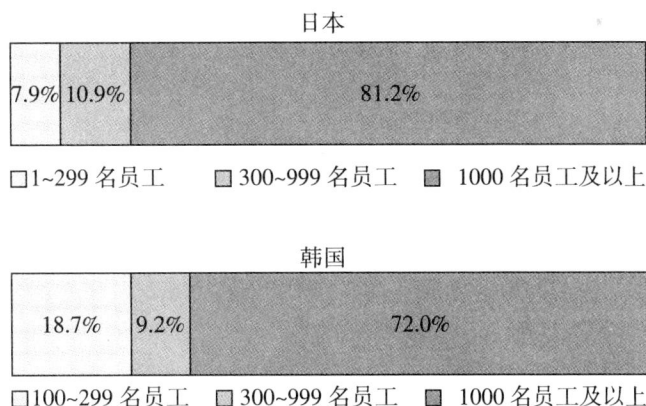

图2 各规模日韩企业研发经费

资料来源：作者根据 MPM（2006）；MoST（2005）数据整理。

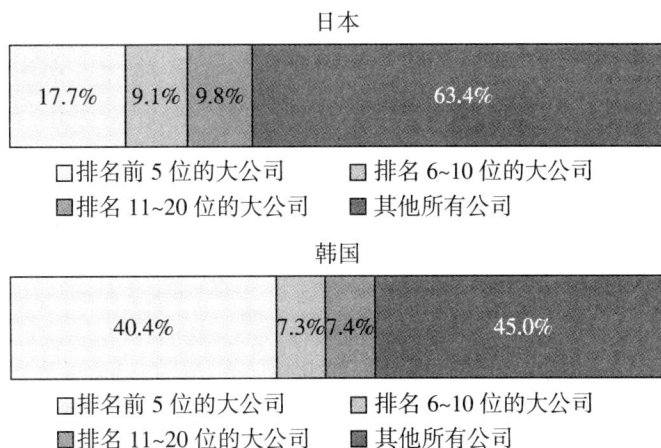

图3 日韩企业研发经费集中情况

资料来源：作者根据 MPM（2006）；MoST（2005）数据整理。

总之，统计数据表明虽然总体上日本大型企业研发活动的集中度更大，但韩国最大的一些企业的相对重要性更高。此外，与日本相比，韩国企业的研发更大程度上集中在较少的几个行业，特别是电子和微电子。

除日本和韩国企业创新活动的结构之外，各项综合指标也可以衡量其成果和业绩。2006年，美国专利与商标局授予日本39868项专利，授予韩国受让人6317项专利。[①] 考虑到与两国经济规模的关系，日本每10亿美元的购买力平价调整的国内生产总值被授予9.7项专利，而韩国被授予5.5项专利。[②] 这表明，尽管韩国在技术上不断赶超，但平均而言日本企业的知识产权产出能力比韩

---

① 本文专利信息来源于美国专利和商标局网上服务器，网址为：www.uspto.gov/patft/index.html。

② 作者的计算是基于来源于美国专利和商标局的数据与经合组织（OECD）购买力平价调整后的国内生产总值数据（GDP）（2006年）。

国企业强得多。此外，在两国的技术国际收支方面，2003年日本技术出口的收益为引进技术支付金额的2.68倍，而在韩国收益仅相当于支付的0.25倍（OECD，2006）。换句话说，日本主要是技术净出口国，韩国主要是技术净进口国。此外，2003年日本进口技术的支付总额占商界总研发经费的3.6%，而韩国达到20.2%（OECD，2006）。这些数据清楚地表明，对韩国企业而言技术进口仍然发挥着非常重要的作用，对日本企业来说相对重要性较小。

对两国高科技产业竞争地位的进一步分析显示出更多的信息（见表1）。首先，可以看出，日本和韩国在电子、办公和机械行业占经合组织的出口市场份额较大，而制药和航空工业相对薄弱。仅在仪器行业，两国存在较大差异：日本公司占全球出口市场份额的15%还多，而韩国企业只占2.3%。另外，可以观察到，日本所有高科技行业的出口市场份额都超过韩国，但如果考虑到日本经济规模更大的事实，这就不足为奇了。

表1　日韩技术密集型行业的出口情况

	日　　本		韩　　国	
	OECD 出口市场份额（%）	OECD 出口市场份额（%）/OECD 国家 GDP 份额	OECD 出口市场份额（%）	OECD 出口市场份额（%）/OECD 国家 GDP 份额
电子	18.4	1.60	13.8	4.48
办公设备和计算机	11.0	0.96	9.2	2.99
制药	1.9	0.17	0.3	0.10
仪器	15.1	1.31	2.3	0.75
航空	1.3	0.11	0.3	0.10

资料来源：作者根据 OECD 数据整理（2006）。

然而，考察两国的出口市场份额占经合组织国家总 GDP 的比重（见表1），可以看出韩国在电子、办公设备和计算机行业的相对出口专门化程度比日本高。同时，相对于日本同行，韩国制药和航空业出口比较薄弱。总体来说，这表明虽然在技术密集型行业两国公司很大程度上表现出相似的专门化模式，但韩国的专门化程度甚至超过日本。

总之，统计数据汇总研究发现，日本和韩国公司在创新管理领域有重要的相似之处，它们是：①日本和韩国公司的研发强度相似，同时在各主要经合组织国家中位于前列；②两国公司研发的投入主要集中在少数行业（电子、微电子、汽车）；③日韩两国大部分研发是由大公司进行的。同时，也认识到一些主要差异：①韩国特定行业的投入、产出相关专门化程度高于日本；②与日本相比，韩国公司拥有相对较少的知识产权，而且依赖技术进口的程度更高。

四、管理领域对比分析

（一）战略行为

公司的技术战略一般可被描述为对新产品和新工艺的开发所做的投资组合以适应其技术地位和新技术的重要性（Burgelman et al.，2004）。Tidd 等人（2005）在这方面特别指出了公司对新技术应做的创业投资的程度。从这个意义上讲，因为日本和韩国公司的平均研发强度高于其他国家的竞争对手，它们可能被视为具有强烈的创业性，如前文所示。

然而，这一观点可缩小为公司在某个特定时间点对开发陌生新技术所乐于投资的程度。如果公司对不熟悉的技术投资力度较大，那么其战略行为可被描述为是冒险行为。相比之下，如果公

司将投资主要集中于其相对熟悉的技术上，冒险度则反之。

在这一方面，日本公司和韩国公司有一些明显的差异。众所周知，日本公司已成为众多领域的技术领跑者，如电子、微电子和汽车。然而，值得注意的是，在大多数情况下，其研发力量持续不断地集中在某些特定的技术上。例如，在半导体行业，它们一直主要坚持于已经比较熟悉的技术——一直关注的终端产品（主要是内存芯片）及其配套工艺技术（Okimoto & Nishi，1994；Shindo，2006）。同样，在汽车业，诸如丰田等大公司的竞争力主要来源于对已经引进几十年的流程管理行为的完善上，并非来源于对新产品或新工艺技术所做的努力（Fujimoto，2003）。在制药行业中，相对于其他国家的公司，日本公司的创新也主要是以修改为基础的，即熟悉的组合和运用（Hara，2005）。

即使在日本公司已成为全球性先锋的领域，如液晶显示器领域，它们的技术知识的形成据发现是高度累积型的，而不是在短时间内对新技术大规模投资的成果（Numagami，1999）。有趣的是，对日本公司的企业战略的研究发现，它们的多样化程度较低（Kurokawa et al.，2005），从而进一步支持了这一观察结果，即它们倾向坚守在它们已经熟悉的活动领域。综上所述，日本公司在创新管理领域的战略行为主要是风险规避和保守的。

对韩国公司的技术策略的研究表明，它们的战略行为不同于日本公司。例如，现代汽车，在其努力实现技术独立于外国汽车公司的过程中，不断开发其完全不熟悉的技术，如制造发动机（Kim，1998）。三星电子在半导体产业也有大举进军新技术领域的记录（Shin & Jang，2005）。此外，该公司正积极探索目前仍在商业化视野之外的某些领域的技术机会（Cho et al.，2005）。另一个例子是韩国电信公司激进地、冒险地进行 CDMA 蜂窝电话系统的研发，并最终成功（Lee & Lim，2001）。韩国公司也以其在企业和商业集团层面采取的激进的多样化战略而闻名（Chang，2003）。它们在新产业、新产品和新技术领域的大胆进步可被视为创业性的（Cho et al.，1998）。总之，与日本公司不同，韩国公司迅速前进到迄今它们并不熟悉的技术领域中，在创新管理领域往往采取冒险的战略行为。

（二）技术获取

技术获取领域对公司的创新管理至关重要，因为这一领域决定了开发新产品及新工艺所需的科技知识的获取来源与方式。技术的内部来源与外部来源的比重尤其是本文的关键问题。

根据日本和韩国的国家研发统计数据，两国公司 2004 年外部技术获取分别占总研发的 13.1% 和 13.7%（MoST，2005；MPM，2006）。这表明企业只有相对一小部分技术来源于外部。换句话说，日本公司和韩国公司通过内部活动来获取其大部分新技术。这一评估已经为在两国做的创新调查所证实（Goto & Nagata，1997；Eom et al.，2005）。然而，在韩国公司中，技术合作，特别是与外国伙伴的合作，近年来有所增长（Hobday et al.，2004）。

然而，得到外部技术许可的支付不能归入研发经费之中，国家研发统计数据展示的只是全局中的一部分。在前面的概述部分中已报道了韩国公司为引进技术的付款总计达其研发经费的 1/5，而在日本公司中，其相应比例就非常小。

总之，总体数据显示，一方面，两国公司均明确优先考虑内部技术获取；另一方面，韩国公司比日本公司更高程度地依赖来源于海外的外部技术获取。

这些研究结果可以辅之以收集于两国的企业研发管理人员的调查数据。图 4 总结了作者所做的关于日韩两国公司技术获取方法问卷调查的结论。调查中的受访者是两国半导体、电信、制药行业主要高科技公司的本土高级研发管理人员，每位受访者负责不同的领域。他们需要在 5 分利克特量表上针对他们活动领域中的不同技术获取方式的相对重要性进行打分。

这项调查结果证实了上述日韩两国主要公司技术获取的一些相似和差异之处。内部研发活动

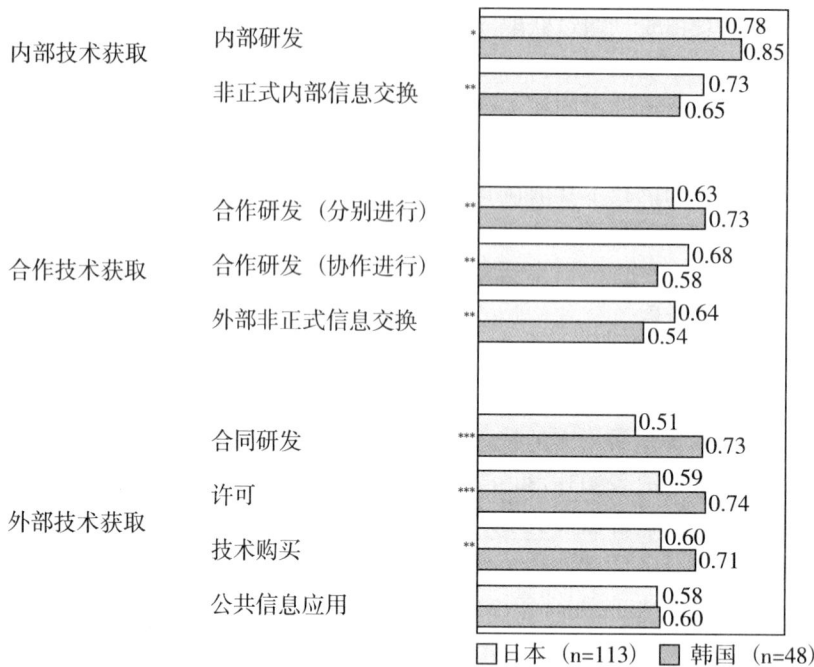

内部技术获取　内部研发　*　0.78 / 0.85

非正式内部信息交换　**　0.73 / 0.65

合作技术获取　合作研发（分别进行）　**　0.63 / 0.73

合作研发（协作进行）　**　0.68 / 0.58

外部非正式信息交换　**　0.64 / 0.54

外部技术获取　合同研发　***　0.51 / 0.73

许可　***　0.59 / 0.74

技术购买　**　0.60 / 0.71

公共信息应用　0.58 / 0.60

□ 日本 （n=113）　　▨ 韩国 （n=48）

图4　日韩公司管理人员技术获取方式（0~1 标准化平均值）

注：* = 显著差异在 0.1 水平上，** = 显著差异在 0.05 水平上，*** = 显著差异在 0.01 水平上。

均被日韩管理人员明确评为最重要的技术获取方式。此外，两国人员也认为内部技术获取方式一般要比合作技术获取和外部技术获取方式更重要。至少就日本公司方面，在开发新技术时相对更高程度的依靠内部研发的倾向也已被其他实证研究所证实。例如，与其他领先国家相比，人们发现日本公司所参与的技术联盟要少得多（Sakakibara，2005）。

但是，除了这些相似之处，也可以看到两点差异。首先，韩国管理人员明确认为非正式信息交流（包括内部和外部）作为技术获取方式的重要性没有日本管理人员高，这表明在获取新技术方面他们更高程度地依赖正式项目。其次，与日本受访者相比，韩国受访者认为各种外部技术获取方式，即合同研究、许可和技术采购更重要些，从而证实了作者以前从两国国际技术贸易数据得出的观察结果以及对韩国公司进行案例研究得出的结果（Hobday et al.，2004）。

国际技术获取的另一个重要方面是从海外各技术来源获取的科技知识的质与量。除了国际技术贸易数据，这方面也可以由公司的总研发经费中海外研发经费的相对比重来衡量。根据 OECD（2006），日本公司在 1998 年和 2003 年的海外经费分别占其总经费的 1.8% 和 4.3%。虽然近年来日本公司的国际研发活动的重要性日益增长，其相对比重仍然远远低于同等状况的欧美公司。美国公司将其总研发的 15% 用于海外活动，主要欧洲国家将超过 20% 的企业总研发经费用于海外活动。

至于韩国公司，并没有关于国际研发经费这样全面的数据。然而，最近在韩国 192 个主要公司所做的一份调查显示，仅占 15.6% 的公司维持所有海外研发活动（J. Lee et al.，2005）。此外，一半以上参与国际研发的公司用于海外活动的经费低于其总研发经费的 5%。虽然这些结果与经合组织关于日本及其他国家的数据没有直接可比性，但也表明韩国公司国际研发活动的总体重要性非常低。

然而，技术获取还需要考虑国际研发活动的战略方向。并非所有的国际研发活动主要是针对从海外获取技术的。在这方面，国际研发活动可划分为母国技术扩张型和母国技术应用型（Kuemmerle，1997）。前者的目的是从海外获取技术然后转移至母国，而后者主要针对的是在国内取得的技术在海外市场的应用和开发。上述对韩国公司所做的国际研发活动调查显示，迄今进行

国际研发最经常引用的理由是"通过获取先进技术来开发前沿技术"（J. Lee et al., 2005: 69）。这表明，韩国公司进行海外研发的主要目标是从海外获取技术。相反，对日本公司国际研发的定性研究表明，很多情况下，日本公司的相关活动是母国技术应用型而非母国技术扩张型（Gerybadze & Reger, 1999）。

总之，日本和韩国公司的技术获取调查数据表明：①两国公司均对内部技术获取给予最优先考虑；②日本公司比韩国公司更重视非正式技术获取；③韩国公司比日本公司更重视来自海外的外部技术获取；④两国公司的国际研发活动的比重均比较低，而在这方面，韩国公司比日本公司更强烈地倾向于国际技术获取。

（三）研发管理实践

日韩公司在研发方面普遍采用多种管理措施。众所周知，两国公司新产品的快速开发大大提高了其国际竞争力（Fujimoto, 2003; Shin & Jang, 2005）。通过不同开发阶段的并行和重叠工作，而不是顺序的工作安排（Cho et al., 1998; Yasumoto & Fujimoto, 2005; Nobeoka, 2006）以及通过建立跨职能团队和特别任务团队使得公司内部不同职能、不同部门的开发工作得到整合，缩短了产品开发时间（Yasumoto & Fujimoto, 2005; Shin & Jang, 2005）。于是，协调跨职能团队或任务团队的产品经理在企业管理体系中的地位比职能部门经理要高（Fujimoto, 2003）。因此，可以得出结论，过去几十年日本和韩国公司许多相同的研发管理措施和方法大大提高了它们的竞争力。但同时，它们也存在一些差异。

日本公司另一个普遍实行的管理实践就是独立的核心供应商早期积极参与到研发活动中，这些公司可能与特定的生产商关系密切，但它们在管理上不被生产商控制（Numagami, 1999; Fujimoto, 2003），这种方法在韩国公司是很少见的。采用供应商参与研发这一方法的公司主要限于那些同属于一个商业集团，因而管理上受控制的公司（Chang, 2003）。

近年来，一些韩国公司将设计活动融入早期产品开发项目中，提高新产品销路的不懈努力广为人知（Cho et al., 2005）。未来可能生产的产品都是在整个新产品开发过程的初始阶段，通常由设在海外的各个公司设计中心设计出来的。这种"设计优先"的做法在日本公司中的应用并不广泛。

综上所述，日韩公司都采用诸如并行开发过程和跨职能整合等多种研发管理措施，在很大程度上提升了其科技竞争力。但与此同时，它们之间也存在一些差异。具体来说，日本公司注重开发项目中的上游一体化，即供应商的早期参与，而韩国公司更注重下游一体化，即把新产品设计作为新产品开发项目的起点。

（四）人力资源管理实践

最后，人力资源管理实践在创新管理中也发挥了核心作用，因为人的技能和努力构成了创新的基础。传统上，无论是日本还是韩国企业，特别是大型企业，长期雇佣和论资排辈的晋升和薪酬似乎是人力资源管理的主要做法。管理人员和雇员的劳资关系是稳定的，晋升和加薪主要依照个人在一个特定的公司工作的年数，而不是他/她的个人业绩（Westney, 1994; Chung et al., 1997）。

20世纪90年代以来，日本公司已经开始尝试对它们的研发人员采取有所区别的雇佣措施。具体来说，已经考虑部分引入以业绩为基础的薪酬制度和结果导向的任务（KSKKK, 1994）。然而，迄今为止公司的雇佣和薪酬制度的改革只是逐步地、非常谨慎地进行。例如，日本卫生劳动部的一次调查显示，直到2005年，所有回应的公司中仅有13.9%采用以业绩为基础的年度薪酬制度（Ko-sei Ro-do-sho-, 2005）。此外，据观察，即使是那些在研发领域采用了以业绩为基础的薪

酬制度的公司也仅是在有限的范围内实行新的体制（例如，在大公司几十个高级研究人员中），而不是在研发人员中普遍实行（KSKKK，1994）。总之，我们可以看到虽然日本的一些公司，特别是在研发领域，已经开始改变其人力资源管理制度，从传统的资历导向转入精英导向，但这种变化是缓慢而谨慎的（Benson & Debroux，2003）。

相比而言，韩国的情况反映了近些年公司如何更迅速地改变人力资源管理实践（与直到 20 世纪 90 年代日本公司的情况颇为相似）。这一变化的起因是 1997 年亚洲金融危机，许多韩国大企业和企业集团不得不大规模解雇管理人员和雇员或完全倒闭（Park & Yu，2002）。因此，外部经济冲击使得过去几十年大多数韩国大企业存在的稳定雇佣关系受到破坏。

然而，许多危机后复苏的韩国公司也改变了它们的人力资源管理体系。据韩国劳动部调查，截至 2005 年，所有受访公司总数中的 48.4% 已经采用以业绩为基础的年度薪酬制度，32.1% 的公司确立了利润分享制度，而 2000 年确立上述两个制度的企业分别仅为 23% 和 20.6%（Nodongbu，2005），这清楚地表明对以前资历导向的薪酬和晋升制度的背离。另外，一些大型企业还通过了公司内部的风险投资方案（Bae & Rowley，2003），而且考虑个人及其组织部门的业绩来决定雇员的薪酬（Cho et al.，2005）。韩国风险投资公司也广泛采用"高风险，高回报"的激励体制，设法通过认股权等财政奖励激励员工（Bae & Yu，2005）。综上所述，虽然韩国公司依然存在传统的资历导向的薪酬和晋升制度，但是人力资源管理，特别是在研发领域，朝着绩效导向转型的速度明显高于日本公司。

五、讨　论

表 2 总结了以上管理领域关于日本和韩国公司创新管理比较分析的主要研究结果。可以看出，虽然两国公司在管理上存在某些相似之处，但也有一些将它们区分开的明显差异。

表 2　日韩企业创新管理特征

管理领域	日本公司	韩国公司
战略行为	研发高投资	研发高投资
	风险规避战略倾向	风险喜好战略倾向
技术获取	内部研发优先	内部研发优先
	非正式技术获取方式重要性高	高度依赖海外技术来源
	国际研发技术获取程度低	国际研发技术获取程度中等
研发管理实践	阶段重叠并行项目管理	阶段重叠并行项目管理
	跨职能整合	跨职能整合
	研发早期外部供应商较强一体化	研发早期设计一体化
人力资源管理实践	传统长期雇佣以及资历导向的薪酬和晋升制度	传统长期雇佣以及资历导向的薪酬和晋升制度
	业绩导向激励和薪酬的缓慢过渡	亚洲金融危机以来更灵活的雇佣制度
		业绩导向激励和薪酬的迅速过渡

许多历史、文化和体制因素有助于解释两国公司的异同。日本和韩国公司倾向于对研发进行相对较高的投资并以内部技术获取为主，这一点与其强大的战略意图有关，而在战略管理和创新管理领域，这种战略意图在东亚国家的公司中广泛存在（Hamel & Pralahad，1989）。这一地区的公司因为其管理人员和雇员间的强大凝聚力而知名，这种凝聚力促进了进攻型战略的成功实施，

以在技术方面赶超其主要竞争对手。

产生这一趋势的一个潜在的文化特征是东亚的集体主义。与个人主义社会相比，集体主义社会中，群组成员与非成员之间的界限更重要，群组成员间的关系建立和社会交往比与非成员的交往被给予更多的重视（Triandis，1995）。由于日韩两国社会均可视为集体主义社会（Cha，1994；Yamaguchi，1994），所以两国公司会比较容易地在管理人员和员工之间形成强凝聚力，而这种强凝聚力的结果是使公司倾向于通过内部研发工程来获取技术，而非从海外获取科技知识。另外，有助于解释两国公司进行研发高投资的另一个常见的文化特征是日本人和韩国人所信奉的"长期取向"（Hofstede，2001），因为研发活动可以被划分为对将来的投资，往往需要很长时间才能得到它们的回报。

日本和韩国公司研发管理实践的共同点及其对长期雇佣和资历导向的薪酬、晋升制度的传统偏好也与类似的潜在因素有关。文化因素有助于日韩公司内部形成强大的凝聚力，建立依赖于内部（包括跨部门）紧密沟通和协调的管理方法。长期雇佣和资历导向的薪酬、晋升制度根源于其技能培训系统主要是企业导向，而不是专业导向（Aoki，1988），而且诸如儒教的东亚文化传统非常重视资历（Chung et al.，1997；House et al.，2004）。此外，由于韩国在20世纪上半叶被日本占领长达35年，韩国的管理体系受到日本影响，特别是诸如人力资源管理等领域，日韩两国有着共同的文化根源（Chen，2004）。

同样，情境因素也有助于解释日本和韩国公司创新管理的差异。至于战略上韩国公司比日本公司更倾向于承担更大的风险这一问题，必须考虑两国企业文化和公司治理的差异。人们用以共识为强大动力来描述日本企业管理。只有经过大量的纵向和横向的沟通过程才做出决定，这些沟通过程构成了所有相关组织单位和个人早日达成共识的基础（Nonaka & Takeuchi，1995）。在这种情况下，激进、冒险的策略难以执行，因为公司内部至少可能会有一些相关人员不支持他们。此外，注重与供应商和其他相关公司的长期和谐关系，也使得从根本上改变上述情形的愿望难以实现（Collison & Wilson，2006）。

相反，韩国管理风格被描述为普遍层级化程度很高（Chung et al.，1997；Chen，2004），高层管理者做决定时无须获得整个组织的广泛共识。众所周知，韩国企业集团的所有者对集团内各公司的战略制定和实施具有近乎无限的权力（Chang，2003）。因此，由于不需要得到组织内各部门以及个人的同意，企业所有者更可能实行冒险策略。

韩国公司对产生于海外的外部技术来源相对较多的依赖可以通过他们相对后来者的地位得到解释。相对于一些西方主要国家的公司，日本公司在技术能力的形成方面也是后来者，但他们进行技术追赶的时间比韩国公司多。日本的技术追赶实际上是在19世纪后期开始的，一直持续到20世纪下半叶（Francks，1992）。相比而言，韩国从1945年国家独立后才启动类似的过程，1953年朝鲜战争结束后这个过程才更持续稳固（Kim，1997）。

因此，日本企业通常试图充分吸收和内部化一些具体的核心技术，以及诸如生产复杂的终端产品所需的部件和组件的生产方法等一系列配套技术，缩小与主要国家的技术差距，以摆脱对其他国家的依赖，实现完全的技术独立。相反，韩国公司由于技术追赶时间较短，宁愿把内部精力花费在有限的核心技术上，并通过外包和许可协议的方式依赖外国公司的配套技术。

另外，国家经济规模的论述也可以对这方面做出解释。日本是世界最大的经济体之一，有足够的空间容纳在广大国内市场和国际市场上竞争的多个行业。韩国经济规模却相当小，①因而迫使企业集中发展可以进行国际竞争的行业和技术领域，而这个范围较窄。韩国经济较强的技术专门

---

① 根据世界银行的统计数据，韩国2005年名义GDP和购买力平价调整后的GDP分别占日本GDP的17.5%和26.8%（IBRD，2006）。

化程度可以通过两个维度进行考察：横向意味着集中在较少的行业，如图1和表1所示，纵向表明行业内价值链中某些具体阶段的专门化。后者可以通过韩国公司较强地依赖来自海外的外部知识得到体现，这些知识通常是技术领域用于支撑其核心技术的相关知识。

韩国相对后来者的地位和相对较小的经济规模的论述同样可以用来解释日本公司研发过程中与外部供应商一体化程度比韩国高。由于发展起步晚、速度快，国家经济规模较小，韩国技术强大的供应商行业没有成长到与日本相同的程度。因此，在韩国，国内供应商在技术上是吸引力较小的合作伙伴。

韩国公司创新管理较强的设计导向不能像上述比较分析的大多数结论那样，简单地与历史或体制因素联系起来。而要认识到韩国人对设计和时尚的意识相当强烈和广泛，因此，韩国公司的这个管理特征似乎也可以嵌入到国家的文化背景中。

最后，韩国人力资源管理从稳定和资历导向到灵活和业绩导向的迅速过渡部分归因于应对亚洲金融危机带来的经济影响的急迫性和必要性。为了生存，危机之后许多韩国企业必须降低劳动成本，提高生产率。然而，如上所述，韩国人力资源管理实践在已经克服了危机造成的经济后果之后仍然持续改变。造成这种现象的可能原因同样在于韩国经济规模相对较小。由于像韩国这样经济规模较小的国家与日本这样经济规模大的国家相比，普遍比较依赖海外市场，而且受到的外部冲击更大，韩国公司的管理人员可能会有更强烈的紧迫感来改变他们的管理方法，以恢复国际竞争力。

六、管理评价

如何从管理的角度来评价以上日本和韩国的创新管理特征呢？广泛实施管理战略和措施是为了适应一个公司特定的竞争和财务状况。因此，管理措施不能普遍分为"好"或"坏"。其效力和结果常常取决于具体案例及公司的运作状况。尽管这是基本事实，然而，管理工具和系统仍然可以在众多行业中或竞争背景下被评价为成功或不成功。

在近几年或近几十年里，日本和韩国公司所采取的一些普遍的管理工具和做法显然大大提高了他们的创新能力和成功竞争力。给予研发高投资和重视内部技术获取的战略非常适合东亚的文化环境。在这种文化环境中，机构的形成带有激进的战略意图，即在技术上赶超竞争对手。同样，在执行层面，如阶段重叠项目管理和跨职能一体化也被证明在像汽车、电子和微电子等众多行业中非常成功（Nonaka & Takeuchi，1995；Kim，1998；Shin & Jang，2005；Nakata et al.，2006）。此外，长期雇佣行为与资历导向的薪酬和晋升制度的结合也有可能提升了赶超环境中日本和韩国企业的技术表现，因为这些为管理人员和员工提供了就业保障，提高了他们的工作积极性。

然而，近年来，特别是在创新管理的背景下，这些人力资源管理行为受到更为苛刻的评价。虽然他们可能在赶超阶段起到积极作用，但是一旦公司达到技术的最前沿，某些劣势变得明显。在这种情况下，与组织的整体凝聚力相比，研究人员和工程师的个人创造力和业绩更具重要性。此外，给研发机构注入多样化元素和新的思想观点的是一些灵活雇佣措施，例如外部有能力的研究人员的招聘和薪酬建立在竞争的基础上，不考虑年龄因素。总之，由于日韩公司成功的技术追赶，特别在与创新有关的领域，两国公司人力资源管理的环境和挑战似乎有了相当大的变化。

从这个角度来看，在人力资源管理方面，韩国公司朝着灵活的业绩导向管理方式的迅速过渡比大部分日本公司选择的慎重方式更有前景也更有效。换言之，韩国公司适应新的管理挑战之快超过了日本公司。

当将累积的内部科技视为竞争力的来源时，与日本公司相比，韩国公司更多地依赖于从海外获取的外部技术。乍一看韩国公司似乎是处于相对劣势。然而，近年来出现一种普遍倾向，那就

是进行更多的技术外包和研发合作（Hicks et al., 1996；Tapon & Thong, 1999；Hagedoorn, 2002），这表明，相对于要覆盖的全部技术领域而言，许多公司不再把内部技术获取看做是它们的第一战略选择。在某些情况下，技术外包显然比内部研发更有效率和效果（Pisano, 1990）。此外，从战略角度看，把内部研发资源集中在少数核心领域上要比广泛散布在许多技术领域上更有利（Roberts & Berry, 1985）。因此，尽管韩国企业较多依赖来自国外的外部技术，相对于日本企业而言，它们更容易受到外部合作伙伴的冲击，但是不能说这种情况使韩国企业整体上处于不利地位。相反，具体的评价取决于一个公司所依赖的海外技术资源的质量和可靠性。事实上，最近的一些调查有力地表明，技术外包和外部合作提高了韩国企业的创新绩效（Jeong, 2004；Sung, 2005）。

在很多情况下，关于韩国公司更具风险的战略性行为，其激进的做法运作十分良好。一些公司已经从技术滞后走向全球前列，甚至成为全球的领跑者（Kim, 1998；Shin & Jang, 2005）。但是，在其他情况下，在向新技术领域积极挺进中的韩国企业，由于不能获得成为这些领域具有竞争力的企业所必需的技术能力，从而以失败告终（Lim, 2006）。换句话说，这种具有风险性的技术战略并非总是成功的。公司最初的资源地位和技术市场体制很大程度上决定了这些战略的实施能否成功。此外，我们应该考虑的是，到目前为止采取具有风险性技术战略的韩国公司大多都是从技术滞后的位置起步的。但是，在这些情况下这些公司的战略性选择仍然是具有风险性的，因为从自身的角度看，其进入的技术领域是全新的。同时，在追赶的阶段这些战略是相对容易实施的，因为目标清晰可见，与处于领先地位的公司相比，也没有那么多技术和市场的不确定性。因此，未来韩国公司在占据了主导位置之后将在多大程度上继续实施其激进的技术策略，这些策略在变化后的环境条件下能取得多大的成功，我们将拭目以待。

最后，日本在研发过程中与外部供应商实行较强的一体化和韩国在新产品开发早期采取新设计，分别被视为日韩公司技术和竞争力的来源（Lark & Fujimoto, 1991；Cho et al., 2005）。事实上，从这两种情况看来，两国特有的风格已经为那些总部设在国内的公司创造了有利条件。强大的供应商技术基础是日本在过去50年工业发展的结果，因为日本大企业倾向于通过技术转移和密切的合作关系，对它们供应商的技术能力进行升级换代而不是实现后向一体化（Fujimoto, 2003）。韩国企业在研发过程早期一体化设计的相关知识可能是韩国人普遍对于设计和时尚相关研发有强烈意识的结果，这种意识可能是由不同文化和气候特征演变发展而来，尽管这个方面还没有被普遍的跨文化研究和管理文献所提到。但是，无论是在日本还是韩国，我们所观察到的管理特征都是嵌入在各自国家的经济体系中的，因此，这些似乎就是民族竞争优势的组成部分（Porter, 1990）。

七、比较管理研究和实践的意义

本研究分析有多种局限性。第一，由于所涉及的话题覆盖面太广，大多数成果都是基于二手数据资源，无法应用严密的定量研究方法。第二，许多观察结果是来源于相对有限数量的主要日韩企业。因此，对这些结果的任何普遍化必须谨慎。第三，回顾一些管理领域，从总体说是缺乏经验数据支持的。综上所述，这项研究中的结论应该被看做是实验探索性的，需要在进一步的研究中得到证实。

对日韩企业的进一步对比研究，有以下几个可以进一步开拓的方向。首先，在深度上，对日韩几个主要公司的案例研究会增进我们对其管理风格异同的理解。其次，对两个国家具体优势产业（如电子、微电子或汽车）的关注研究，会为这个领域的研究做出有益贡献。再次，现有研究主要关注大企业，而对日韩中小型企业的创新管理研究会进一步加深我们对这个领域的了解。最后，如果对比研究不仅包括日本和韩国，而且能囊括其他的主要东亚经济实体比如说中国台湾、

中国香港和新加坡，那么我们的视角就会更加宽广，也会找出东亚公司在整体上管理方式的共同之处，使其与西方竞争对手有所区别。

从管理角度来看，这项研究对日本、韩国和一些其他亚太公司是有借鉴意义的。一方面，日本企业管理者应考虑加快其人力资源管理系统过渡，使其在与创新相关的活动中转向灵活和业绩导向。否则，在未来，日本企业会被来自诸如韩国等国家的动态竞争者甩在背后。另一方面，鉴于日本企业已经积累起了很强的内部科技能力，在某些情况下，它们的管理运作应该重新考虑其战略行为。战略保守主义虽然乍看上去是一种安全的做法，但是如果公司坚持这种行为不变，也会被其他来自动态产业的竞争者逐渐边缘化，结果可能会错失未来发展的良机。这类案例在Okada此次收集的材料中可以看到，比如半导体工业，在过去的 15 年中，日本公司的国际市场份额不断地被美国和韩国公司所抢占。

从韩国公司的观点看，我们分析的结果也表明虽然采用激进的科技策略可能是一种有前途的方法，但它不会无条件地提高公司的竞争能力。当市场、技术体制和一个公司的内部能力和这些策略相矛盾的时候，这些策略注定要失败。因此，韩国公司的经理在决定进入新的不熟悉的技术领域之前，应该考虑这些内部和外部因素。

最后，不论是作为日韩企业竞争者还是战略联盟合作伙伴，来自其他国家，尤其是西方国家公司的管理人员，都应该意识到日韩企业的异同之处。日韩企业在采用各种研发管理措施方面都是非常先进和有效率的。然而，在战略行为和技术获取上两者有很大不同。因此，他们的创新管理绝不应该被认为从整体上是基本相同的。

〔**参考文献**〕

〔1〕 Aoki, M.Information, Incentives, And Bargaining in The Japanese Economy, Cambridge: Cambridge University Press, 1988

〔2〕 Bae, J. & Rowley, C. Changes And Continuities in South Korean HRM 〔J〕. *Asia Pacific Business Review*, 2003, 9（4）: 76-105

〔3〕 Bae, J. & Yu, G.-C. HRM Configurations in Korean Venture Firms: Resource Availability, Institutional Force And Strategic Choice Perspectives 〔J〕. *International Journal of Human Resource Management*, 2005, 16（9）: 1759-1782

〔4〕 Benson, J. & Debroux, P. Flexible Labour Markets And Individualized Employment: The Beginnings of A New Japanese HRM System. *Asia Pacific Business Review*, 2003, 9（4）: 55-75

〔5〕 Burgelman, R. A., Christensen, C. M. & Wheelwright, S. C. Strategic Management of Technology and Innovation, 4th ed（Boston, MA: McGraw-Hill）, 2004

〔6〕 Cha, J. -H. Aspects of Individualism And Collectivism in Korea, In: U. Kim, H. C. Triandis, C, Kagitcibasi, S.-C. Choi & G. Yoon（Eds）. Individualism And Collectivism: Theory, Methods, and Applications, 1994: 157-174, Thousand Oaks: Sage

〔7〕 Chang, S.-J. Financial Crisis and Transformation of Korean Business Groups, The Rise and Fall of Chaebols, Cambridge: Cambridge University Press, 2003

〔8〕 Chen, M. Asian Management Systems: Chinese, Japanese and Korean Styles of Business, 2nd ed, London: Thomson, 2004

〔9〕 Cho, D.-S., Kim, D.-J. & Rhee, D. K. Latecomer Strategies: Evidence from The Semiconductor Industry in Japan And Korea. *Organization Science*, 1998, 9（4）: 489-505

〔10〕 Cho, H., Chun, H. & Lim, S. Dijital Chungbokcha Samsung Chuncha, Digital Conquerer Samsung Electronics, Seoul: Maeil Kyungjae Sinmunsa, 2005

〔11〕 Chung, K. H., Lee, H. C. & Jung, K. H. Korean Management: Global Strategy and Cultural Transformation, Berlin: de Gruyter, 1997

［12］ Clark, K. B. & Fujimoto, T. Product Development Performance: Strategy, Organization, and Management in the World Auto Industry, Boston, MA: Harvard Business School Press, 1991

［13］ Collison, S. & Wilson, D. C. Inertia in Japanese Organizations: Knowledge Management Routines And Failure to Innovate. *Organization Studies*, 2006, 27 (9): 1359-1387

［14］ Eom, M., Choi, C. & Lee, C. 2005-nyeondo hanguk oi gisul hyeoksin chosa: checho-ob bumun, (2005 Korean Innovation Survey: The Manufacturing Sector) Chosa Yongu 2005-05 (Survey Research No. 5, 2005) (Seoul: STEPI), 2005

［15］ Francks, P. Japanese Economic Development: Theory and Practice, London: Routledge, 1992

［16］ Fujimoto, T. Noryoku Kochiku Kyoso Competition Based on Construction of Capabilities, Tokyo: ChuoKoron Shinsha, 2003

［17］ Gerybadze, A. & Reger, G. Globalization of R&D: Recent Changes in The Management of Innovation in Transnational Corporations ［J］. *Research Policy*, 1999, 28 (2/3): 251-274

［18］ Goto, A. & Nagata, A. Inobeshon No Sen'yu Kanosei to Gijutsu Kikai: Sabei Deta Ni Yoru Nichi-bei Hikaku Kenkyu (Technological Opportunities and Appropriating the Returns from Innovation: Comparison of Survey Results from Japan and the U.S.), NISTEP Report No. 48, Tokyo: Kagaku Gijutsu Seisaku Kenkyusho, 1997

［19］ Hagedoorn, J. Inter-firm R&D Partnerships: An Overview of Major Trends And Patterns Since 1960, *Research Policy*, 2002, 31 (4): 477-492

［20］ Hamel, G. & Pralahad, C. K. Strategic intent ［J］. *Harvard Business Review*, 1989, 67 (3): 63-76

［21］ Hara, T. Innovation Management of Japanese Pharmaceutical Companies: The Case of An Antibiotic Developed by Takeda ［J］. *International Journal of Technology Management*, 2005, 30 (3/4): 351-364

［22］ Hicks, D. M., Isard, P. A. & Martin, B. R. A Morphology of Japanese And European Corporate Research Networks ［J］. *Research Policy*, 1996, 25 (3): 359-378

［23］ Hobday, M., Rush, H. & Bessant, J. Approaching The Innovation Frontier in Korea: The Transition Phase to Leadership ［J］. *Research Policy*, 2004, 33 (10): 1433-1457

［24］ Hofstede, G. Culture's Consequences, 2nd ed, Newbury Park, NJ: Sage, 2001

［25］ House, R. J., Hanges, P. J., Javidan, M., Dorfman, P. W. & Gupta, V. Culture, Leadership, and Organizations: The GLOBE Study of 62 Societies, Thousand Oaks, CA: Sage, 2004

［26］ IBRD (International Bank for Reconstruction and Development). World Development Indicators 06, Washington, DC: The World Bank, 2006

［27］ Jeong, J. Gisul Doibi Giob Gachie Michinun Yeonghyang (The Effect of Technology Introduction on The Firm Value), Gisul Hyeoksin Yongu, 2004: 12 (1): 49-65

［28］ Kim, L. Imitation to Innovation: The Dynamics of Korea's Technological Learning, Boston, MA: Harvard Business School Press, 1997

［29］ Kim, L. Crisis Construction and Organizational Learning: Capability Building in Catching-up at Hyundai Motor ［J］. *Organization Science*, 1998, 9 (4): 506-521

［30］ Kosei Rodosho. Heisei 17-nen Shuro Joken Sogo Chosa (Overall Investigation of Employment Conditions 2005) (Tokyo: Kosei Rodosho), 2005

［31］ KSKKK (Kikai Shinko Kyokai Keizei Kenkyujo). Minkan Kigyo No KenkyU Kaihatsu Katsudo Ni Kan Suru Kiso Chosa (Basic Investigation of the R&D Activities of Private Enterprises) (Tokyo: Kikai Shinko Kyokai Keizei Kenkyujo), 1994

［32］ Kuemmerle, W. Building Effective R&D Capabilities Abroad ［J］. *Harvard Business Review*, 1997, 75 (2): 61-70

［33］ Kurokawa, S., Pelc, K. I. & Fujisue, K. Strategic Management of Technology in Japanese Firms: Literature Review ［J］. *International Journal of Technology Management*, 2005, 30 (3/4): 223-247

［34］ Lee, J.W., Lee, J. O.&Kim, K. K. R & Dgurobolwha: Hyeonghwang Gwa Suchun Jukcheong Ul Uihan Chipyo Kebal (Development of R&D Globalization Indicators) Cheongjek Yongu 2005-09 (Policy Research no.

9, 2005) (Seoul: STEPI), 2005

[35] Lee, K. & Lim, C. Technological Regimes, Catching-up And Leapfrogging: Findings from The Korean Industries [J]. *Research Policy*, 2001, 30 (3): 459-483

[36] Lee, K., Lim, C. & Song, W. Emerging Digital Technology As A Window of Opportunity And Technological Leapfrogging: Catch-up in Digital TV by the Korean Firms [J]. *International Journal of Technology Management*, 2005, 29 (1/2): 40-63

[37] Lim, C. The Difficult Catch Up in The Numerical Controller Sector, In: M. Hemmert (Ed.) Emerging Economies in Asia and Europe: New Challenges for Competition and Collaboration, Proceedings of the 23rd Annual Conference of the Euro-Asia Management Studies Association, 2006: 137-156 (Seoul: Korea University Business School)

[38] MoST (Ministry of Science and Technology, Republic of Korea). Report on the Survey of Research and Development in Science and Technology, 2005 Edition (Seoul: MoST)

[39] MPM (Statistics Bureau, Ministry of Public Management, Home Affairs, Posts and Telecommunications Japan) [J]. Report on the Survey of Research and Development 2005 (Tokyo: Japan Statistical Association), 2006

[40] Nakata, C., Im, S., Park, H. & Ha, Y.-W. Antecedents And Consequence of Korean And Japanese New Product Advantage [J]. *Journal of Business Research*, 2006, 59 (1): 28-36

[41] Nobeoka, K. Maruchi Purojekuto Senryaku: Jido Sha No Seihin Kaihatsu Ni Okeru Purattofo Mu Manejimento (Multi project strategy: multi platform management in the automobile industry), in: H. Itami, T. Fujimoto, T. Okazaki, H. Itoh & T. Numagami (Eds) Ridingusu nihon no kigyo shisutemu, dai 2-ki, dai 3-maki:Senryakyu to inobeshon (Readings on the Japanese Firm as a System, II, Vol. 3: Strategy and Innovation), 2006: 127-151 (Tokyo: Yuhikaku)

[42] Nodongbu. Yeonbongjae, Seonggwa Bebunjae Siltae Chosa Gyolgwa 2005-12 (Survey Results Regarding Annual Compensation Systems and Profit Sharing Systems, December 2005) (Seoul: Nodongbu), 2005

[43] Nonaka, I. & Takeuchi, H. The Knowledge-Creating Company (New York: Oxford University Press), 1995

[44] Numagami, T. Ekisho Disupurei No Gijutsu Kakushinshi (History of Liquid Crystal Display Technology) (Tokyo: Hakuto Shobo), 1999

[45] OECD (Organization for Economic Cooperation and Development). Main Science and Technology Indicators, Volume 2006/2 (Paris: OECD), 2006

[46] Okimoto, D. I. & Nishi, Y. R&D Organization in Japanese And American Semiconductor Firms, in: M. Aoki& R. Dore (Eds) The Japanese Firm: Sources of Competitive Strength, 1994: 178-208 (Oxford: Oxford University Press)

[47] Park, W.-S. & Yu, G.-C. HRM in Korea: Transformation And New Patterns, in: Z. Rhee & E. Chang (Eds) Korean Business and Management: The Reality and Vision, 2002: 367-391 (Elizabeth, NJ: Hollym)

[48] Pisano, G. P. The R&D Boundaries of The Firm: An Empirical Analysis, Administrative Science Quarterly, 1990, 35 (1): 153-176

[49] Porter, M. The Competitive Advantage of Nations (New York: Free Press), 1990

[50] Porter, M., Takeuchi, H. & Sakakibara, M. Can Japan Compete? (Houndmills: Macmillan), 2000

[51] Roberts, E. B. & Berry, C. A. Entering New Businesses: Selecting Strategies for Success, Sloan Management Review, 1985, 26 (3): 3-17

[52] Sakakibara, K. Inobe-shon no shU-ekika: Gijutsu Keiei No Kadai to Bunseki (Profiting from Technological Innovations: Challenges and Analysis of Technology Management) (Tokyo: Yu-hikaku), 2005

[53] Samsung Electronics. Jae 36-ki saob bogoso. Business Report for the 36th Year of Operations (Suwon: Samsung Electronics Corp), 2005

[54] Shin, J.-S. & Jang, S.-W. Creating First-mover Advantages: The Case of Samsung Electronics, SCAPE Working Paper No. 2005/13 [J]. *Department of Economics*, National University of Singapore, 2005

[55] Shindo, T. Hando-tai Sangyo-no Paradaimu Shifuto to Inobeshon no Teitai Senryaku Shiko no Shien Kara

Mita NEC no Konmei no Honjitsu (The Paradigm Shift in The Semiconductor Industry and The Stagnation of Innovations-viewing The Core of NEC's Troubles From a Strategy Perspective), IIRWorking Paper #06-06, Institute of Innovation Research, Hitotsubashi University, Tokyo, 2006

[56] Sung, T.-K. Giob Oi Gisul Hyeoksinseong Gwa Gyeolcheong Yoin: Giob Gyumo Wha oebu Netuwuoku Oi Yeoghal Ul Chungsim Uro (Determinants of A Firm's Innovative Output: The Role of External Networks And Firm Size), Daehan Gyeongyeong Hakwaechi, 2005, 18 (4): 1767-1788

[57] Tapon, F. & Thong, M. Research Collaborations by Multi-national Research Oriented Pharmaceutical Firms: 1988-1997, R&D Management, 1999, 29 (3): 219-231

[58] Tidd, J., Bessant, J. & Pavitt, K. Managing Innovation: Integrating Technological, Market and Organizational Change, 3rd ed (Chichester: John Wiley), 2005

[59] Triandis, H. C. Individualism And Collectivism (Boulder, CO: Westview Press), 1995

[60] US Department of Commerce. Japan As A Scientific And Technological Superpower (Washington, DC: US Government Printing Office), 1990

[61] Wakasugi, R. Organizational Structure And Behavior in Research And Development, In: K. Imai & R. Komiya (Eds) Business Enterprise in Japan: Views of Leading Japanese Economists, 1994: 159-177 (Cambridge, MA: MIT Press)

[62] Westney, D. E. The Evolution of Japan's Industrial Research And Development, In: M. Aoki & R. Dore (Eds) The Japanese Firm: Sources of Competitive Strength, 1994: 154-177 (Oxford: Oxford University Press)

[63] Yamaguchi, S. Collectivism among the Japanese: A Perspective from The Self, In: U. Kim, H. C. Triandis, C., Kagitcibas, i, S.-C. Choi & G. Yoon (Eds) Individualism and Collectivism: Theory, Methods, and Applications, 1994: 175-188 (Thousand Oaks, CA: Sage)

[64] Yasumoto, M. & Fujimoto, T. Does Cross-functional Integration Lead to Adaptive Capabilities? Lessons from 188 Japanese Product Development Projects [J]. *International Journal of Technology Management*, 2005, 30 (3/4): 265-298

Innovation Management of Japanese and Korean Firms: A Comparative Analysis

Martin Hemmert

(School of Business, Korea University, Seoul, Republic of Korea)

Abstract: The innovation management of Japanese and Korean firms is analysed from a comparative perspective. A review of aggregated statistical datareveals that corporate research and development (R&D) in Korea is concentrated to a higher extent on a smaller number of firms and industries than in Japan. A broad analysis by managerial field shows that high investment into the development of new technologies and the adoption of advanced R&D management practices are common among Japanese and Korean firms. At the same time, however, various differences set them apart. Japanese firms tend to be conservative and Korean firms tend to be risk taking in their technology strategies. Korean firms rely to a higher extent on external technology from overseas than Japanese firms. Japanese firms focus on the early involvement of suppliers in R&D activities, whereas early design activities have a high priority in Korean firms. Finally, the transition from stable, seniority oriented towards flexible and performance oriented human resource management in innovation-related areas is more rapid in Korea than in Japan.

Key Words: Comparative Management Research; Innovation Management; International Research And Development (R&D); Japan; (South) Korea

（本文由辽宁大学外语学院讲师、澳大利亚昆士兰大学商学院国际商务专业和
市场营销专业硕士、辽宁大学工商管理学院企业管理专业博士杜鹃翻译）

2009 年 10 月
第 2 期

比 较 管 理
Comparative Management

Oct., 2009
No. 2

【管理范式与方法】

比较管理学的春天

——比较管理学的研究方法、理论模式及对我国的现实意义

黄群慧

（中国社会科学院科研局/学部工作局，北京　100732）

[摘　要] 本文从比较研究方法出发，提出了比较管理研究方法论原则，并进一步在前人提出的比较管理理论模式的基础上，提出了一个新的更加综合的比较管理理论模式，尝试为比较管理研究和比较管理学的发展提供新理论基础。基于这些比较管理理论认识，本文认为现阶段我国开展比较管理研究、推进比较管理学在我国的发展具有重要意义。经过改革开放以来的 30 年中国经济的快速发展，中国创造了"中国经验"，中国已经步入工业化中期的后半阶段，在这种背景下，管理学界需要回答是否存在或形成"中国管理方式"，需要寻求中国经济快速发展的企业管理基础是什么，需要探寻"'中国经验'的管理内涵"，在这方面比较管理学提供有效的工具正是大有用武之地，中国比较管理学的春天到了。

[关键词] 比较管理；比较研究方法；管理方式；中国式管理；管理移植

在管理学知识的大观园中，比较管理学是一朵奇葩。从理论上看，比较管理理论在"管理理论丛林"中很少被提及，但有着完整的理论体系；从学科上看，比较管理学远不及国际管理或者跨国公司管理等分支被广泛关注，但却是理论性更强的学科；从方法论上看，比较研究方法虽然不及管理科学学派推崇的数学研究方法那样高深复杂，但是具有更为广泛的应用领域和同样的科学性。

如果说，1959 年哈宾森与迈耶斯《工业世界中的管理：国际分析》的出版，标志着比较管理学的诞生，那么比较管理学已经整整经历了 50 年的发展历程。与管理学的发展存在"管理理论丛林"相似，比较管理经过 50 年的发展，从经济发展学派到生态学派，再到行为方法学派，进而到权变管理学派的提出，再到 20 世纪 80 年代的文化学派和 20 世纪 90 年代制度学派相继兴起和繁荣，最终也形成了"比较管理理论丛林"。比较管理学的研究重点从最初的"揭示工业增长过程和管理间的密切联系"，到着重分析环境因素和管理过程诸要素、管理效果、企业效率之间的相互影响和相互制约的关系，到关注管理哲学对管理实践的影响，进一步发展到研究重点为努力寻求环境和组织的最佳匹配关系，再到 20 世纪 80 年代"管理新潮流的四重奏"掀起了企业文化比较研究的热潮，而到 21 世纪比较制度分析又赋予了比较管理学新的研究热点。现在一般认为，比较管理学是建立在比较分析基础上对管理现象进行研究的一门管理学分支。它采用比较分析的方法，旨在分析不同国家之间的经济、政治、文化、社会等环境差异情况对管理理论和实践的影响，并

[作者简介] 黄群慧，1966 年生，河北省石家庄市人，中国社会科学院科研局/学部工作局副局长，研究员，管理学博士，博士生导师，研究领域为企业管理与产业经济。

探索管理发展的模式和管理知识在不同国家的适用性。但是，迄今为止，还没有一本公认的比较管理学教材能够囊括不断变化发展的比较管理研究的内容。之所以这样，一方面在于比较管理学学科方法——比较方法的广泛应用；另一方面在于比较管理理论随着管理实践的深入而不断完善和发展。本文试图对比较管理学的研究方法和理论模式提出一些看法，并进一步分析当前比较管理学对我国的现实意义。

一、比较管理学研究方法——对比较方法的再认识

比较管理学发展中，由于比较方法被过于简单化和经验化的应用，使得比较管理学的科学性受到一定影响。虽然一般要求进行比较研究，要坚持系统性、全面性和中立性的思维原则，避免表面现象的比较、片面比较、带有主观色彩的比较，但是由于对比较方法科学本质认识不够、缺少对比较方法应用程序的严格遵守，使得比较方法在管理问题分析中广泛应用，但相应的研究结论不具有可累积性。

实际上，作为一门学科的基础研究方法，比较方法并不仅仅是确定异同关系的思维过程和方法。它应是指为了一定目的而选择对象、收集资料和科学事实，互相对比并加工整理这些资料，包括其异同点推演结论在内的全部过程和方法。具体地说，一个完成的比较研究过程应首先明确比较研究目的，继而在一定理论指导下，选择比较研究对象，明确比较对象的具体比较特性指标，然后系统收集有关不同时间和不同环境中的事实资料进行对比，寻找异同点，揭示事物的因果关系，发现规律，证实或者证伪相应的理论或者相应结论，达到最初研究目的，如图1所示。

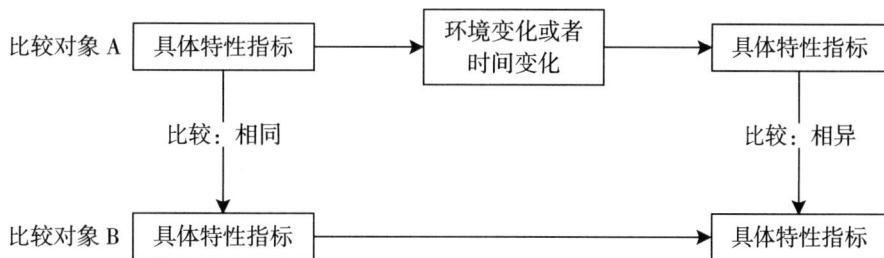

图1 比较研究方法示意图

其实，这与自然科学中的受控实验法十分相似。如图2所示，受控实验方法是指在一定理论指导下，通过严格控制条件下的实验手段，人为地系统观察、变革、控制客观对象，以获取科学事实并加以对比，揭示事物间本质联系。二者的区别仅在于比较方法不能通过实验获取资料，只能系统地收集不同条件下研究对象的现有资料，而实验方法是在受控条件通过有目的安排实验得到相应的资料。因此，比较方法的实质是受控实验方法的推广，它可以应用到不做实验的领域中。也就是，比较研究方法可以认为是自然科学的受控实验方法的原理在社会科学中的推广。

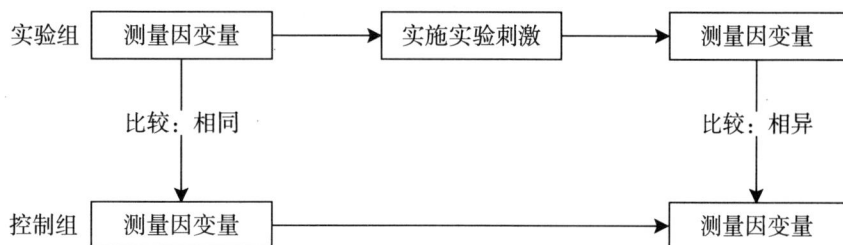

图2 受控实验研究方法示意图

进行受控实验，应事先确定受控实验对象有哪些相关因素和特性，这如同进行比较应先明确比较对象的特性指标一样。但由于实验过程中相关因素众多，逐一观察、控制、改变，全面进行比较是不可能的。所以，实验者在一定理论指导下，大胆略去那些理论上认为不相关或者相关程度不大的因素，只系统地改变几个变量，相应地观察其实验结果，并与理论假设或者推论进行比较。其实，实验是根据理论要求设计并在理论指导下进行的。理论具有预见性，实验的功能在于对于理论假设或者理论推论进行验证。如果实验结果与理论假设一致，也从一方面证实了理论假设或者推论；反之，则理论假设被证伪，但又为新的理论假设或者推论准备了新的素材。受控实验方法就是通过这个"理论—实验—理论"的反复过程，逐步逼近真理。

与受控实验研究方法一样，进行比较管理研究也必须在一定的管理理论指导下，在相应的理论指导下，提出相应的研究假设或者推论，确定比较研究对象和相应的比较指标，然后通过收集相应的数据和资料，比较这些资料从而验证相应的理论假设或者推论。如果比较结果与理论假设一致，也从一方面证实了管理理论假设或者推论；反之，则管理理论假设或者推论被证伪，但又为新的理论假设或者推论准备了新的素材。比较管理研究也是通过"管理理论—比较—管理理论"循环来逐步逼近真理。

从更为具体的研究程序看，一个完整的比较管理研究应遵循这样的步骤：一是确定比较管理研究框架的理论模式。该模式应该明确具体的比较研究目标、比较对象，并寻找理论支撑；二是充分获取与研究对象有关的概念性、理论性和实证性的知识，并加以分类，具体到相应的比较指标；三是比较样本设计，目的是规范样本选择方法，保证比较管理研究的有效性，把样本选择过程看做一个在成本和解释性之间、随机性和普遍性之间的权衡过程；四是进行工具设计，可以用现成有效的量表，也可视需要开发新量表；五是数据收集；六是数据比较分析；七是数据解释。解释是以理论为基础的，同时验证理论的相应的推论，证实与证伪相应理论推论。

虽然实验方法更多的是在自然科学中使用，但在管理学研究中实验方法也被广泛使用：泰罗最早采用实验方法研究如何提高管理效率，梅奥则通过"霍桑实验"创建了人际关系学派，现在管理实验研究方法已经成为管理科学化进程的重要推动力量，形成了实验管理学分支。但是，与实验方法相比，比较研究在管理学中引用更为广泛，比较管理学内容也因此更为庞杂。

二、比较管理学的理论模式与学科理论体系

比较研究方法需要在一定理论指导下进行，同样，比较管理研究也需要相应的管理理论指导。而且，对于比较管理学科而言，学科的发展也需要相应的学科理论来推动。比较管理理论模式就起到了这样一个作用。所谓理论模式，是一种严谨的理论，它通过一系列表现事物本质特征的概念体系体现出来，它是认识过程中主体所特有的认识功能，是带有创造性和超前性的一种思维。比较管理学的理论模式旨在从理论上指导各种管理现象的比较，使得比较管理从直观现象对比上升到科学的管理研究。

有关比较管理理论模式研究，仁者见仁、智者见智，如图3、图4、图5所示，为几个代表性的比较管理学理论模式。图3是第一个比较管理理论模式，由比较管理学的两个先驱者法默（R. N. Farmer）和里奇曼（Barry M. Richman）在其《比较管理与经济发展》中提出。在这个模式中，他们首先明确管理效果的概念及普遍使用的衡量方法，继而对管理过程、外部环境的因素进行了详细的分析、归类。这些工作都极富开拓性，对比较管理学的发展起了很大的推动作用。这个模式给人们提供了比较管理研究所需的概念体系，也是用以理解不同文化、地域之间管理效果差异的很好手段。但是，这个模式是不全面的，它过分强调外部环境因素对管理和组织行为的影响，而忽略了管理的内部因素。

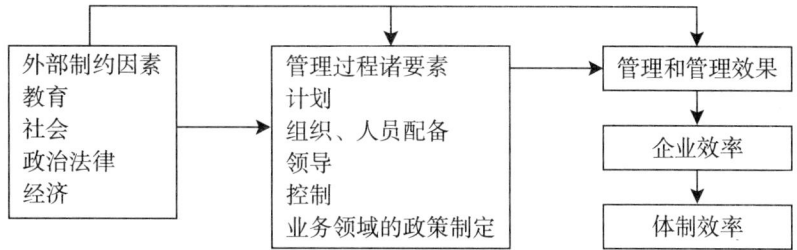

图3　法默—里奇曼模式

图 4 是由尼根西（A.R. Negandhi）和埃斯塔芬（B.D.Estafen）于 1965 年 12 月提出的。他们强调了管理哲学的重要性，他们认为管理哲学和环境是自变量，中间变量是管理实践，从属变量是管理效果。这里的管理哲学是指企业管理人员对企业内外相关因素所持有的明确或者隐含的态度。该模式考虑到了企业内部的管理哲学的作用，但对企业的其他因素并没有涉及。

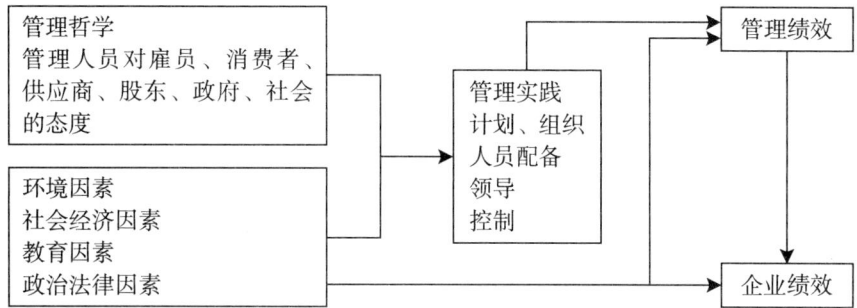

图4　尼根西—埃斯塔芬模式

图 5 是美国著名管理学家孔茨（Horald Koontze）1969 年 12 月在其名著《管理学》第 6 版中提出的。在该模式中，孔茨把管理科学原理和管理实务分开，并明确指出研究比较管理的目的不仅在于研究管理科学的普遍性和特殊性，更重要的是研究管理知识的移植问题；在研究范围上，该

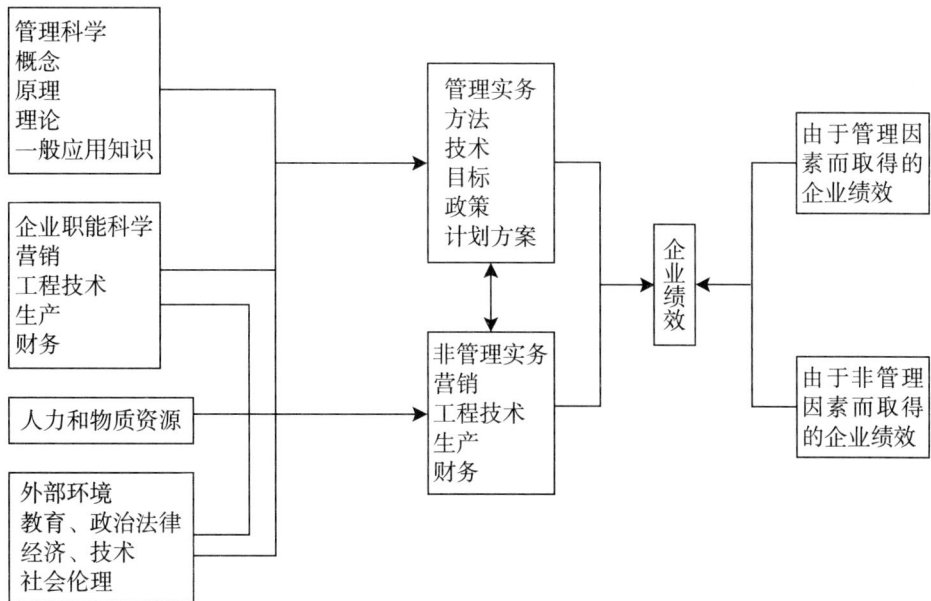

图5　孔茨模式

模式把企业活动分为管理实务和非管理实务，明确提出企业的绩效应该包括由管理因素取得的绩效和非管理因素取得的绩效两部分组成。这些划分对于明确比较管理的研究对象和具体比较指标具有重要的指导作用。但是，孔茨并没有给出具体的区分方法和具体比较指标。

综观上述诸模式，可以看出，比较管理理论模式旨在表明管理绩效决定于哪些因素，进而指导比较管理研究的比较对象应该是什么。从总体上看，影响管理绩效的因素有很多，如果是针对企业管理绩效，企业组织和企业环境是相互作用、相互影响的，最终影响管理绩效和企业绩效。如图 6 所示，是本文提出的一个更为综合的比较管理理论模式。

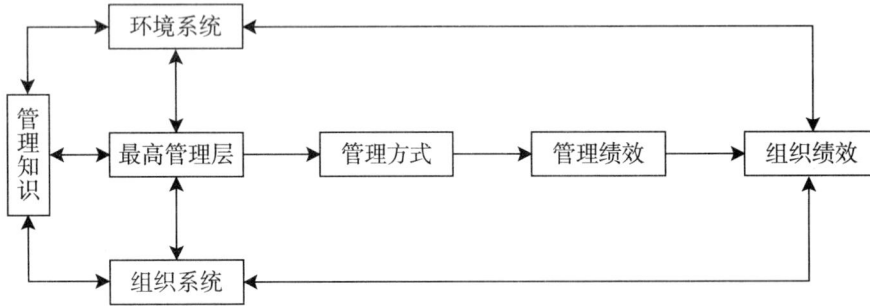

图 6　一个更为综合的比较管理理论模式

该模式综合了上述几个比较管理模式的观点，以系统和权变管理为分析问题的基本方法，并假定组织的最高管理层是组织能动主体，对企业外部环境、内部条件和管理知识具有整合能力。这个更为综合的比较管理理论模式具有以下几个特点：

第一，本模式引入一个核心概念——管理方式，并认为比较管理研究的对象是各类组织的管理方式。虽然管理方式一词常常被使用，但还缺少严格的界定。这里所谓的管理方式是指在某种特定环境和组织内部条件下，组织管理部门和人员履行其管理职能的方式，也可以理解为管理系统的运行方式，包括执行管理职能的观念、价值标准、方法、分析技术等内容。任何组织在任何环境下，管理部门都必须以某种方式来执行其管理职能，只是在不同的环境下执行管理职能的方法、观念、技术不同。这说明管理方式是可比的。每个组织都有自己的管理方式，一个组织的管理方式与另一个组织的管理方式不会完全相同。舍小异，求大同，一个国家的企业会有一个国家企业的管理方式，这就是所谓的美国管理方式、日本管理方式等。从图 6 可以看出，管理方式具有承上启下的作用，一方面，管理方式是最高管理层基于自己的价值观体系、组织目标和整合能力，综合考虑到组织系统、环境系统以及管理知识存量的影响后的理性选择，并经组织上下长期协调磨合后形成的；另一方面，管理方式决定管理绩效，进而影响组织绩效。因此，基于此模式，比较管理研究的研究对象就是管理方式，这正如比较经济学的研究对象是比较经济体制一样。一般认为，比较管理学研究对象是管理理论及过程、管理思想，或者任何值得注意的管理现象，显然这种观点不具有科学性，会导致大量非积累性的研究成果的产生，从而不利于比较管理学学科的发展。而本模式提出比较管理研究对象是管理方式，这对比较管理学的发展具有重要意义。

第二，由于管理知识的移植和创新是组织建立有效管理方式的途径，因此，本模式把管理知识单独列出，并认为比较管理学的研究的目的在于探索关于管理知识移植和创新的规律，具体研究在特定环境和组织系统中产生的有效的管理知识能否和如何移植到其他环境和组织系统中，以及移植后如何创新从而进一步形成有效的管理方式等问题。一般认为，从移植角度看，管理知识应该包括三类：一是与情境无关的管理知识，这类管理知识适用于任何社会、文化和政治背景，是一种通用的管理知识，具有很好的移植性；二是情境嵌入型管理知识，这类管理知识将情境作

为自变量或调节变量，移植这类管理知识必须同时将相应的情境一同移植，这类管理知识移植的困难性相对大一些，必须考虑"嵌入"这类管理知识的情境因素（变量）是否能够移植；三是情境依赖型的管理知识，这类管理知识只适用于产生这类知识的情境，属本土化的管理知识，很难移植到新的情境中。比较管理研究的目的就在于分析哪些管理知识是情境无关的，哪些是情境嵌入的，哪些是情境依赖的，从而形成管理知识是否可以移植、如何移植、移植后如何创新管理方式的有关研究结论。

第三，这个比较管理模式拓展了比较管理研究范围，不仅是针对企业组织的管理进行比较研究，而且还包括各类组织的管理比较研究。最为经常的是三类比较管理研究：第一类属于跨区域尤其是跨国界或者跨文化的比较研究，这类比较管理研究最直接的应用领域是国际企业管理，我国这类研究的目的大多数在于"洋为中用"；第二类属于跨组织类型的比较研究，如企业、政府与非营利组织（NPO）之间管理的比较研究，这类比较管理研究的目的大体可以用"他山之石"来描述；第三类比较管理研究是跨时间比较研究，这包括案例研究、历史分析等，其研究目的在一定程度上可以用"古为今用"来描述。

如果说一门学科的理论体系是该学科研究对象、研究方法、研究范围和目的的一系列相关命题组织的，我们可以将比较管理学的学科理论表述为：比较管理学的对象是管理方式，其研究范围可以是跨地区、跨文化、跨组织类型、跨时间的组织管理方式；比较管理学的研究方法是比较研究方法，比较研究方法需要相应的理论模式的指导；比较管理学研究的最终目标是形成有关管理知识移植的相关命题，这些命题形成管理移植理论。这样，"比较管理理论模式—比较研究方法—管理移植理论"形成了比较管理学的学科理论体系。而且，这也是比较管理学的知识积累和发展过程，以理论模式指导比较研究，通过比较研究证实或者证伪相应的管理知识移植相关命题，这样大大小小无数个比较管理研究重复着这个过程，从而不断推进管理知识移植和创新，促进了有效的管理方式建立，比较管理学也就不断地发展。

三、现阶段我国开展比较管理研究的重要意义

应该说，我国理论界对比较管理学的关注，相对于其他管理学分支而言，是比较超前的。20世纪80年代，我国就有比较管理学的教材，[①]尤其是在80年代，我国为了研究学习移植国外先进的企业管理方式，提高企业管理现代化水平，对日美管理异同和特点的研究给予了充分的关注，对当时国际管理学术界流行的《日本的管理艺术》、《Z理论——美国企业如何迎接日本企业的调整》、《日本和西方管理的比价》、《寻求优势》、《企业文化》等著作进行了及时的翻译介绍和引入，甚至还存在"是学习移植日本的管理方式还是美国的管理方式"之争。尤其是，进入20世纪90年代以后，随着我国外资企业的大量进入，在跨国经营和国际企业管理领域中出现了大量的研究成果，这客观上丰富了比较管理理论的应用成果。但是，总体而言，我国比较管理学研究并没有自己突破性的贡献，基本上处于引进应用阶段，这在一定程度上与我国整体上还没有形成自己的管理方式和管理理论有关。当管理学界还没有给出一个大家可以接受的"中国管理方式"描述，我们就无法将中国企业管理方式与美国、日本等国的企业管理方式进行系统的比较研究。

现阶段我国开展比较管理研究、推进比较管理学在我国的发展具有重要意义。经过改革开放以来的30年中国经济的快速发展，中国创造了"中国经验"，中国已经步入工业化中期的后半阶段，在这种背景下，管理学界需要回答是否存在或形成"中国管理方式"，需要寻求中国经济快速发展的企业管理基础是什么，需要探寻"'中国经验'的管理内涵"，如上所述，在这方面比较管

---

① 杨海涛：《比较管理学导论》，江西人民出版社1988年版。

理学提供有效的工具正是大有用武之地。

从理论上看，比较管理学最初产生的背景就是要揭示管理因素对一个国家工业化和经济发展的贡献和影响。哈宾森与迈耶斯在《工业世界中的管理：国际分析》一书中认为，管理者是工业化过程中的催化剂，是促进工业化进程的组织和机构的创作者和控制者，进行比较管理研究，要从国际视角比较分析工业化进程中管理者的活动、任务和管理者角色本身，进一步探求管理哲学、理论和原则在不同国家工业化进程中的通用性。从上述比较管理学的理论模式和比较管理学的学科理论体系内容也可以看出，构建比较管理理论模式，对中国管理方式进行比较研究，探讨我国管理知识移植和创新的规律，将成为未来比较管理学发展的一个重要趋势。

从历史经验看，一个大国实现工业化和经济发展的过程，必然是以自己企业管理创新与发展为基础的。日本在第二次世界大战以后，推进了快速的工业化进程，在 20 世纪七八十年代跨入了发达国家的行列。而日本管理方式的形成，也正是 20 世纪 80 年代伴随着一系列比较管理研究成果被世界管理学界认可的。日本的看板管理、全面质量管理、零库存管理、企业文化（Z 理论）、一个流的生产方式等，都是在 80 年代以第二次世界大战后日本快速工业化进程和经济发展为背景的。

从我国工业化进程看，经过多年的经济高速发展，现在中国已经进入到工业化中期的后半阶段，而且，中国工业化进程的区域差别比较大，一些地区已经跨入发达地区的行列，如果我们不考虑美元币值的变化，上海在 2000 年、北京和天津在 2004 年和 2006 年都已经达到了日本 20 世纪 80 年代、"亚洲四小龙" 20 世纪 90 年代的发展水平，进入发达地区行列。到 2007 年，上海、北京已经进入后工业化社会，天津、广东处于工业化后期的后半阶段，浙江、江苏、山东进入工业化后期的前半阶段。在这种背景下，研究工业化进程中的企业管理创新与发展，再从国际视角分析中国经济快速发展的经验背后的管理内涵，研究中国管理方式或者"中国式管理"，研究中国管理知识的移植和创新问题，时机已经成熟。

从我国的企业发展情况看，一方面，这些年来，伴随着经济的发展，我国的企业管理不断创新，已经产生了很多好的管理实践经验。如表 1 所示，从我国国家级企业管理现代化创新成果奖获奖项目数量中可以看出，自第一届 1990 年开始，到 2008 年第十五届，我国国家级企业管理现代化创新成果项目总数达到 1274 项，其中一等奖 276 项，二等奖 943 项，三等奖 55 项。总体来看，管理现代化创新成果数量呈逐年递增的趋势。这不仅说明我国企业管理创新日益得到重视，而且从某种意义上说，大量的企业管理创新成果，为我们研究我国企业管理发展现状、研究中国管理方式提供了相应的现实基础。另一方面，随着我国企业的发展和壮大，我国大量企业开始实施"走出去"战略，中国管理方式的国际适用性和可移植性如何，在国外的中国企业如何建立适合当地国情的管理方式，这为比较管理学的发展提出了新的研究课题。

表 1　历届国家级企业管理现代化创新成果奖

届	一	二	三	四	五	六	七	八	九	十	十一	十二	十三	十四	十五	合计
年份	1990	1992	1994	1996	1998	1999	2000	2001	2002	2003	2004	2005	2006	2007	2008	
成果数	28	24	39	43	48	45	61	73	83	117	124	126	159	149	155	1274
一等奖数	4	2	6	7	7	9	13+2	19	25	24	32	30	34	34	28	276
二等奖数	26	22	33	36	41	32	36	50	53	82	84	88	120	115	127	943
三等奖数	0	0	0	0	0	4	10	4	5	11	8	8	5	0	0	55

资料来源：根据中国企业联合会网站资料整理。

从我国管理学发展看，改革开放以来，我国管理学取得了巨大的发展，管理学术研究、管理学教育也呈现出前所未有的繁荣状态。迄今为止，管理学已经发展成为具有众多分支学科领域、

庞大的知识体系的学科。1996年，国家自然科学基金委员会管理科学部成立，管理科学取得了与数学、物理、化学等自然科学一样的学科地位；1998年，国务院学位委员会首次将管理学作为一级学科列入学科专业目录，1999年我国首次授予管理学学位。迄今为止，我国的管理学研究已经取得了长足的发展，尤其是已经培养了一大批管理学的专业研究队伍，他们分布在科研机构、高等院校、政府机构和企业中，这些研究人员都具有很好的学术背景和研究能力。这实际上已经为我国通过比较管理研究我国的管理方式问题提供了很好的研究条件。

总之，从国际和历史视角来研究和探讨中国管理方式，已经成为我们中国的管理学家义不容辞的职责。什么是中国式管理？中国是否具有自己的独立的管理方式？与国外相比，我们中国对管理学和管理知识大厦有着什么样的贡献？在这样的问题上，比较管理大有作为，从这个意义上说，在中国，比较管理学的春天的确来到了。

〔参考文献〕

[1] 陈佳贵、黄群慧等. 中国工业化进程报告 [M]. 北京：社会科学文献出版社，2007

[2] 黄群慧. 比较管理学学科理论体系构思 [J]. 社会科学，1993（2）

[3] 黄群慧. 比较管理理论模式研究 [J]. 外国经济与管理，1991（1）

[4] 闫进宏. 比较管理和跨文化管理研究方法述要 [J]. 学术研究，2008（5）

[5] 杨海涛. 比较管理学导论 [M]. 南昌：江西人民出版社，1988

[6] 袁治平. 多重比较管理研究方法论及其应用 [J]. 西安交通大学学报，1997（6）

[7] A.R. Negandi and S.B. Prasad. *Comparative Management* [M]. Appleton Century Crofts，1971

[8] Richman，B.A and Farmer，R.N. *Comparative Management and Economic Progress* [M]. Richard.D.Irwing，1965

The Spring of Comparative Management：Methods of Research，Theoretical Modes and Its Practical Significance for China

HUANG Qun-hui

(Bureau of Scientific Research Management of Chinese Academy of Social Science/General Office of Academic Divisions，Beijing，100732，China)

Abstract：Starting from a comparative research method, I make out the principle of research methodology of comparative management, then put out a new and more comprehensive theoretical mode of Comparative Management, and try to give a new theoretical base for the its research and development. Based on those understandings, in this paper, I believe that it has more important significance to make research of Comparative Management and promote its development. The economy of China, through 30 years' rapid development since the reform and opening up, has created a "China experience", and has entered the second half of the mid-industrialization stage. In this context, management scholars need to answer whether or not existing or formatting the Chinese management style, hunt for the management base for the rapid growth of Chinese economy, and search for the management connotation of the "China experience". Comparative Management has provided effective tools and has great potentials of development, the spring of Chinese Comparative Management is coming.

Key Words：Comparative Manegement；Comparative Research Methods；Management Style；Chinese -style Management；Management Transplantation

2009 年 10 月
第 2 期

比 较 管 理
Comparative Management

Oct., 2009
No. 2

【管理范式与方法】

管理学方法论的辨析

罗　珉

（西南财经大学企业管理研究所，四川　成都　610074 ）

[摘　要] 本文认为，管理学方法论的多样性一方面是由管理学探究对象——组织及其管理活动本身的复杂多样性决定的，另一方面也受到各种文化、知识传统的影响，因而每一种方法论都不能自诩把握了整个组织及其管理的真相或全貌，更不应该将特定的视角普遍化为全知全能的视角。

[关键词] 管理学；方法论；反思与批判；多元化方法论

管理学方法论（Management Methodology）属于基础工具理论研究的范畴，而基础工具理论研究的深度，今天已经成为衡量一门科学成熟与否的标志。管理学方法论主要是从科学哲学角度探讨与学科体系和基本假设有关的一般原理问题，即指导管理研究的原则、逻辑基础以及学科的研究程序和研究方法等问题。管理学方法论是以管理学为研究对象的学科，所以它既有"元管理学"（Metamanagement）的性质，又具有科学哲学的性质，它属于与本体论（Ontology）、认识论（Epistemology）和语言论相联系的一个独立学科。管理学方法论与管理学之间的关系是互相关联又互相区别、互相作用又互相促进的。它们之间的互相联系和互相作用表现在：管理学方法论为管理学提供一般原理和概念构架，而管理学也为管理学方法论提供概念、方法和材料。它们之间的区别是：管理学所强调的是对特殊现象的观察，根据事物起作用的方式即根据自然规律和人类行为规律对它们进行分类；而管理学方法论所强调的是一般研究法则和方法论。

今天，管理学这一人类智慧结晶的产物，已经深深地镌刻和内化于我们现实的社会生活之中。然而，在基础工具理论研究方面，管理学"与大多数其他学科相比，管理学只能算是刚刚踏上历史舞台"。可以这样说，从 20 世纪下半叶开始，管理学基础工具理论研究才进入起步阶段。

在管理学领域中，之所以存在不同种类或学派的管理理论，都是与建构管理理论的思维方式或方法论有关。实际上，这些方法论的数量繁多，都是以特定的视角和层次看待和分析管理问题。作为管理学重要组成部分的工具性理论——方法论是管理最基本的理论问题，它包括方法论或者说是各种理论的研究方法。由于方法论在管理学理论体系中占有极为重要的作用，并且在近几十年间发展迅速，因而对它进行专门性的研究具有重要的理论意义。

一、管理理论研究的方法论分类

在追溯各种管理理论流派的发展历史时，人们很快就会碰到这样一个事实：各种管理理论流

[作者简介] 罗珉，1954 年生，男，四川成都人，西南财经大学企业管理研究所所长，教授，博士研究生导师。

派的代表人物不只是把兴趣集中于单独的理论或孤立的局部问题，相反，他们所关心的是相当广泛而复杂的问题。在各种不同的管理理论流派中，研究问题的侧重点有所不同，研究方法或方法论也有所不同，对管理的含义和理解也不尽相同。

因此，进行理论研究的方法论不同，就构成了各种不同的管理理论流派的天然尺度（The Natural Criteria）或评判单位（The Unit of Judgment）。这些不同管理流派常常围绕着某些管理问题，还没有做详细解释就先说出来了，即是由在特定的主导思想下的方法论表现出来的。因此，我们可以说，方法论是各种管理理论流派的天然尺度或评判单位。

英国组织理论学家布赖尔和摩根（Burrell and Morgan，1979：1）认为："所有的组织理论皆根植于科学哲学与社会科学理论之上。"依此假定，管理学方法论主要有两个维度：第一个维度代表着管理学本质属性的连续体，是有关管理学本质的假定，并包括本体论、认识论、人性论与方法论的相关问题。上述"四论"的问题皆能以从客观到主观两种表达方式回答。第二个维度代表着社会（组织）本质属性的连续体。这个维度反映了有关社会（组织）本质的假定和社会学中所探讨的主要论题（秩序与冲突的争论）的基本区别。

从管理学本质属性的连续体来看，可以分为从客观到主观两种表达方式，即对管理学本质属性的解答归类后形成了"主观与客观表达方式：从以强调人类事物主观本质的德国唯心论到以运用自然科学研究程序于人类行为分析的社会学实证论"。主观表达方式是"一种认识的方法，认为人可以创造、修正并诠释世界而使其发现自我"。而客观表达方式是寻找"解释并掌控所观察到的实体的普通法则"（Burrell and Morgan，1979：3）。从社会（组织）本质属性的连续体来看，可以分为从"稳定的管理学"到"急剧变革的管理学"的两种表达方式。前者强调作为整个人类体系基础的秩序，后者则为社会的激进变迁寻求解释。

这两根轴线汇合在一起，就构成了四个不同的象限。管理学方法论就可以分为职能主义方法论（Functionalist Methodology）、诠释型方法论（Interpretive Methodology）、激进的人本主义方法论（Radical Humanist Methodology）和激进的结构主义方法论（Radical Structuralist Methodology）（Burrell and Morgan，1979：3）。

社会（组织）本质属性

科学本质属性		稳定的社会科学	急剧变革的社会科学
	客观	职能主义方法论（Functionalist Methodology）	激进的结构主义方法论（Radical Structuralist Methodology）
	主观	诠释型方法论（Interpretive Methodology）	激进的人本主义方法论（Radical Humanism Methodology）

图1　方法论分类图

（一）职能主义方法论

职能主义方法论也称为实证主义方法论（Positivist Methodology），它认为管理学是一门经验科学（Experiential Science），必须观测现实世界以弄清这些概括、推断、臆测是否符合事实。职能主义方法论主张，管理学理论要依靠可以由实证检验的信息，使不同的人在不同的地点和不同的时间运用同样的方法可以得出同样的结论，即管理学应具备可重复性（Replicability）的特点，这样管理学才具备可推广的外部效度（External Validation）。所谓的外部效度，是指管理学研究者论证组织及其管理世界各变量之间关系的可推广性，也就是适用于其他对象、情境、时间和空间以及观测方式和研究方法的程度，或者可以看成是研究人员进行研究之后，希望能对同类事物加以

有效解释、预测与控制，即研究结果能推广到某种总体的有效程度。

职能主义方法论有两个鲜明的特点：一是非批判性（Non-critical），因为人们无法质疑正常的假设条件和合乎逻辑的答案；二是将组织及其管理世界看成是一种可以脱离生活在其中的个体生命的具体实在（Realities），并且深信理论有能力对组织及其管理世界进行重构。

这里，我们清楚地看到，职能主义方法论信奉着这样一种假设（Hypothesis），即组织及其管理世界是客观的、实在的和个体的，而管理学家只有独立于这个世界，才能如实地记录和积累有关组织及其管理世界的各种事实。因此，作为主体的研究者和作为客体的组织及其管理现象应当是分离的，这样才能使研究者保持客观、中立的立场，使研究的结果具有客观真理应当具有的客观性，具有假定的普遍主义（Presumed Universalism）的意义。

这种方法论主张，万物皆有职能或功能，都要指向于某种终极关怀。所有事物都是有条不紊的，其组织及其管理的秩序应当首先得到认同。管理学家的责任仅仅只是去发现指导组织及其管理世界结构内部的规律。

从组织理论的视角看，职能主义方法论一再追问的是，如果组织及其管理的存在是一个既定的事实，那么，怎样才能提高和改善组织及其管理的效率与效能呢？因此，职能主义方法论始终把努力的目光放在组织及其管理的效率与效能上，无论是马克斯·韦伯的科层制对组织效率与效能的研究，还是新制度经济学所热衷的交易成本模型，都把重点放在组织自身的效率与效能上，而把组织与环境、组织与组织内外复杂的社会关系等复杂的社会现象抽象掉，或者是将其简化为一组可控的约束条件。

严格地说，在职能主义方法论中并不存在一个观点统一、结构缜密的完整理论体系。从某种意义上说，职能主义方法论是一个学派林立、观点并不集中的理论集合群。但是，这些表面看似没有什么共同之处的方法论，却在很多方面"共享着相同的职能主义假设"（Functionalist Hypothesis）。这些假设归纳起来，可以说是源于培根的经验哲学和牛顿、伽利略的自然科学方法的实证主义、本体论与方法论的自然主义、认识论的经验主义、行为主义、逻辑实证主义和一般系统理论。现行的组织及其管理理论，绝大多数都属于职能主义方法论。威廉·福斯特（Foster，1986：118）认为："绝大多数的西方传统组织理论都能毋庸置疑地划归到职能主义方法论之内。"

（二）激进的结构主义方法论

激进的结构主义方法论也称为规范方法论（Normative Methodology），它强调以客观性（Objectivity）、规范性（Normalization）和概括性（Generalization）为特征的获取新知识的方法。规范方法论的研究目标是回答"应该怎样"或"应然"（Ought To）问题，力求构建一种规范的理论体系和概念架构（Conceptual Framework）。

从这个意义上讲，激进的结构主义方法论同职能主义方法论分享了某些相同的假设，特别是组织结构是"外在的"、可以研究的这一点上，它们相当一致。但在宣称这些结构具有物质利益并成为了统治力量这一点上，又背离了职能主义方法论。激进的结构主义方法论主张，组织及其管理世界并非是秩序井然的、和谐融洽的，而是充满着利益的矛盾与斗争，正因为如此，该方法论往往把自己的研究方向定位于那些因制度原因而产生的种种管理问题上。

从管理学或组织理论的视角看，结构主义方法论与目的论（Teleology）有着相同的一面，这就是强调组织及其管理有其存在的自我价值，突出组织发展的目的性，强调战略选择对组织及其管理的效率与效能的影响，突出人的积极性与创造性，强调人在选择与利用组织、管理及其制度来服务于自己。在如何解释组织及其管理世界的事物和现象以及它们之间关系的问题上，目的论认为，某种观念的目的是预先规定事物、现象存在和发展以及它们之间关系的原因和根据。然而，

一个尴尬的事实是，组织的发展越来越像是一个自组织的主体，有着按照自身的逻辑运行的轨迹，原本作为人的手段设计出来的组织及其管理有逐渐脱离人的控制的趋势，甚至成为人的对立面。

因此，激进的结构主义方法论特点或框架强调的重点是重视现实生活中的客观局势，如特定生产模式下的组织的正式科层制结构、管理制度、决策模式和工作程序，而不是个人的主观感受和主观机制（如意识）。

从本体论的角度看，激进的结构主义方法论在某种意义上是一种唯实论（Realism）。唯实论认为，我们之所以可以在许多个别事物间看出它们在某个方面是一致的，理由很简单，那是因为客观上有"同样的一个东西"，同时出现在这许多事物身上，或同时被这许多事物所"展现"。唯实论者因此将客观世界中的事物区分成两类：一种是"整个儿"同时只能出现在一个空间区域的东西，叫做"殊相"（Particulars）或个别事物（Individuals）；另一种则是"整个儿"能够同时出现在许多空间区域的东西，叫做"共相"（Universal）。① 唯实论认为，组织及其管理世界中除个别的东西外，还存在着一般的规律性。在较为严格的唯实论者看来，一般先于个别，个别是由一般分化而来的。组织及其管理世界存在于个人的感知之外，它是由坚实的、有形的、相对不可改变的结构构成的真实世界。组织及其管理本身就是一种实在，它存在于个人之中。组织及其管理现象只能由抽象的、普遍的本质加以说明而不能归结为个人因素。因为组织及其管理中存在着集体意识、集体特征，它们具有外在性和强制性，必须把它当作一种客观事物。唯实论者重视整体研究，主张摒弃个人的主观因素，对组织及其管理现象作客观的描述。对管理学的研究者来说，唯实论最鲜明的特点是它无条件地支持本质论，其精髓就在于个人、群体、组织都可以被合法地认为它们有自己的真实性。

激进的结构主义方法论认为，从认识论的角度看，管理学研究之所以采取唯实论的立场，是因为管理学家希望通过研究与组织及其管理世界相关的规律性及彼此间的因果关系来解释组织及其管理世界中已经发生的事情，预测组织中将要发生的事情。

（三）诠释型方法论

诠释型方法论也被称为"后实证主义"方法论（Post-positivist Methodology），它是运用直觉判断和个人洞察力获取知识的思辨方法（Speculative Approach），它着重个人的主观感受，认为社会现象实际上为个人主观经验。

诠释型方法论强烈主张，组织及其管理世界与其说是一种客观存在，毋宁说是一种社会建构（Social Construction），是主观或共享主观（Inter Subjectivity）的产物，是一个为他人所共享的理念，所以不能用研究自然科学的方法来研究组织及其管理现实问题。

诠释型方法论强调，个体是实在的，而指引行为的是那些共同的决定和共识。组织及其管理世界的大多数事情就是不断地建构和解释意义。在该方法论看来，管理科学原本就是由导致社会建构的常识（General Knowledge）实际所组成，管理学家作为观察者的作用就在于试图理解常识概念和作为人类交往基石的那些内在假设。管理学研究者的身份不是观察者（Observer），也不是观察者身份的参与者（Participant-as-observer），更不是组织及其管理的立法者，而是积极的参与者或是以参与者身份出现的观察者（Observer-as-participant），是科学共同体中实践社群的组成部分。这种情况正如美国社会学家肯尼斯·贝利（Bailey，1994）所言："自然科学家一般不是他所正在研究的现象的参与者，而社会科学家则是。"

诠释型方法论批评了传统管理学不假思索地采取偏重于狭窄的归纳法的实证主义方式，他们

---

① "共相"是欧洲中世纪经院哲学的术语。在哲学领域中，共相意即普遍、一般或同一性概念。

主张直接调查个体的理解、他/她的行为和经历。从自己的经验出发来解释这个世界，从管理学者自己作为股东和行动主义者而不是被动的旁观者的立场，在复杂的动态的关系中不断地形成和再造我们的未来。在他们看来，组织及其管理世界是管理学者被迫与它产生联系的世界，管理学者被迫成为这个世界的一部分；管理学者应当适应并成为这个世界的一分子，从而形成一个不同于管理学社会建构论者所认识的理性的、客观化的语境世界。

从本体论的角度看，诠释型方法论在某种意义上是一种唯名论（Nominalism）。唯名论认为，现象是通过个人的感知而构成的，外部世界由人们心目中形成的主观创造而构成。诠释型方法论者相信，我们其实可以不诉诸"共相"而去解释组织及其管理的这些现象。既然我们可以这样做，唯名论者因此认为，基于哲学上所谓的"奥坎姆剃刀"（Ockam's Razor）原则——不要假设在解释上不必要的东西——我们便应该彻底放弃"有会分身的'共相'存在"这个想法。如何能够不诉诸共相，而又能够对这些现象做出令人满意的解释？关于这个挑战，不同的唯名论者有着不同的答案。

诠释型方法论认为，个体所处的组织及其管理的空间被重新发现，展现出的是"殊相"的特征，共相失去了意义，职能主义方法论和结构主义方法论的构成瓦解了，管理学方法论分崩离析为杂乱无章的单体（Singularities）。那正是职能主义方法论和结构主义方法论解体后的处境，唯实论的理念被唯名论批判摧毁了，理性和规律性在新发现的现象面前黯然失色。

诠释型方法论强调人的直觉、情感、创造力等个人的内心体验和意识，认为这比纯粹的感官世界重要得多。这就是说，我们通过感官获得的关于现实世界的信息最终仍然要受到内在意识的影响。1981年度诺贝尔生理学和医学奖（Les Prix Nobel in Physiology or Medicine 1981）获得者、神经科学家罗杰·斯佩里（Sperry，1991）在他的《寻找与科学共存的信仰》一文中，明确反对"科学根本不必依赖意识的头脑和精神的力量"的看法，他强调人的信仰是"生物圈的命运将取决于人类对价值优先次序的定位，而这种定位取决于关于人类生命及其意义的假定"。

从诠释型方法论的研究角度来看，它认为组织及其管理是研究者与实际操作者共同建构的行为空间，有关组织知识本身就是社会建构的产物。就这一点来说，诠释型方法论与职能主义方法论有很大的不同，传统的职能主义方法论认为，作为主体的研究者和作为客体的组织及其管理现象应当是分离的，这样才能使研究者保持客观、中立的立场，使研究的结果具有客观真理应当具有的客观性，具有普遍主义的意义。但在诠释型方法论者的眼里，管理学研究是语境驱动的，管理学研究者不再是组织及其管理实践的观察者和立法者，而是积极的参与者，是科学共同体中实践社群的组成部分（注意它与库恩的科学共同体有所不同，库恩的科学共同体是指具有同一研究兴趣的学者，一般不包括实际工作者）。

不管是在实际生活中，还是在认知逻辑上，管理学方法论都意味着实践社群的成员围绕着管理学特定学科或特定专业领域建立起来的共同信念、共同取向和共同的研究范围。这个实践社群通过一系列基于规则和案例的讨论，制度化或结构化地产生有关组织及其管理的知识，而研究者在决定哪种结构和哪种知识可能易于被采纳的过程中扮演了关键的角色。正如彼得·克拉克（Clark，2000）所说："研究者被看成观察者和立法者，还是被看成参与者和解说者是刻画管理研究不同的本体论（Ontology）和认识论（Epistemology）的根本标志。"

（四）激进的人本主义方法论

激进的人本主义方法论这种研究方法对研究人的行为有很大的作用，它已经成功地应用在其他许多社会科学和自然科学的各领域中，并且它提供了有关已经成为现成学科的人的行为的知识。

激进的人本主义方法论避开用职能主义和实证主义的方法来分析组织及其管理事实方面，与

诠释型方法论有许多共通之处。但在强调被创造的社会性结构也具有物质利益方面，却拓展了诠释型方法论。在激进的人本主义方法论看来，结构不是被重新创造的，而是一个历史性存在。正是这种历史存在导致了权力差异，并最终形成了一部分人对另一部分人的统治。也就是说，人被组织"异化"，组织反复通过规则、标准和习俗来复制人，是制度在同化人，而不是人在选择和利用制度来服务于人类自己。

事实上，许多管理学家在有关人性论（Humanism，来源于拉丁语 Humanus）的问题上有着不同的看法，特别是在人是自主行动还是被动行动问题上。有些管理学家认为个人可以创造组织及其管理世界，有些管理学家则把个人视为环境的产物。在管理学理论中，对这两个不同的假定，有些管理学家着重于个人转变中价值观的作用，有些管理学家则着重于影响个人行为的结构设计方式。

在我们看来，要对组织及其管理现象进行认识，需要我们转换思维观念：组织及其管理现象不是被认知的客体，而是管理学研究者以参与者身份的观察者（Observer-as-participant）共同建构的行为空间，有关组织及其管理知识本身就是社会建构的产物。这种情况正如 1977 年度诺贝尔化学奖得主伊利亚·普里高津和历史学家伊沙贝尔·斯唐热（Prigogine and Stengers，1984）所说的那样："自然界不能'从外面'来加以描述，不能好像是被一个旁观者来描述。描述是一种对话，是一种通信，而这种通信所受到的约束表明我们是被嵌入在物理世界中的宏观存在物。"

二、对现有管理学方法论的反思与批判

事实上，各种管理理论流派的方法论，都可以纳入布赖尔和摩根的方法论分类体系中。这如同法国后现代主义哲学家米歇尔·福柯（Foucault，1972）所说："学科构成了话语生产的一个控制体系，它通过同一性的作用来设置其边界，而在这种同一性中，规则被永久性地恢复了活动。"

不可否认，布赖尔和摩根的方法论分类体系，广泛地影响了组织及其管理问题的理论研究。加拿大著名教育管理学家托马斯·格林菲尔德（Greenfield，1993）评价道："在管理和组织研究这一领域，由于布赖尔和摩根的作用，方法论概念已变得有些流行起来。"许多管理学家在布赖尔和摩根理论的启示和推动之下，对管理理论流派进行了反思和批判，提出了许多新的极富创意的方法论主张。

应当看到，管理学如同其他学科一样，是建立在意见分歧、长期论战和各种不同观点共存基础之上的。探讨管理学方法论本身是一种科学探索，同时它又是寻求管理实践中遇到的实际问题的解决方案，因而具有自身价值。

威廉·福斯特（Foster，1986）认为，布赖尔和摩根区分激进的人本主义方法论和激进的结构主义方法论的依据并不充分。从某种意义上说，即使是这两者之间存在着差异，这种差异也没有得到明确的澄清。因此，威廉·福斯特主张用批判理论来修正、综合和取代这两种方法论。威廉·福斯特提出的方法论体系是以批判理论为主体的分析、探讨组织与管理理论的三大视角，即职能主义方法论、主观主义方法论和批判框架方法论。西罗特尼克和奥克斯（Sirotnik and Oakes，1986）等人则认为，职能主义、诠释主义和批判理论的方法论并不是分离的，它们应当整合在一起而成为一种实际的方法论，他们将自己的主张冠以"批判探究"（Critical Inquiry）。托马斯·格林菲尔德（Greenfield，1993）认为："布赖尔和摩根的概念在理解上有明显的强求一致的特性，它也落入了人所共知的 2×2 桌面但又不相关的笛卡儿尺度（Descartesian criteria）里。其结果就是，种种新的和令人激动的思想又会回归到一个框架之中；这种框架与那种安逸于熟悉结构的经验主义者的旨趣是完全一致的。"

然而，不少管理学家是从实用主义的角度（Positivist Perspective）来看待管理学方法论的，其核心思想就是各种概念的含义要从它们的结果中去寻找，思想的职能在于作为行动的指南，而真理要明显地根据信念的实际结果去验证。艾尔·巴比（Babbie，2006）认为，社会科学中的所谓"方法论"，无所谓对或错，都只是提供了观察人们社会生活的不同方式和思路。不同的方法论代表对社会和现实本质的不同看法。就本质而言，方法论本身是一种对理论"形而上"的抽象。在社会科学研究中，通常理论是指"一套相互联系的用来解释某类社会生活的命题"，而方法论则"提供一种观察社会生活的角度和方法，其往往基于对社会现实本质的一系列基本假定（Assumptions）"。美国著名管理学家、组织行为学家斯蒂芬·罗宾斯（Robbins，1985）指出，探讨管理学方法论"关键是要能够把每一种观点在什么条件下是正确的或错误的解释清楚"。美国著名管理学家、组织行为学的重要代表性人物本尼斯和奈纳斯（Bennis and Nanus，1985）指出，探讨管理学方法论"充满了尝试和错误，胜利和失败……这里没有简单的公式，没有严格的科学，没有能够直接告诉你成功秘诀的烹调书"。他们的结论是直接从经验中学习，方法论的制定者应该对现实进行再检验，因为在他们有信心着手把目标变为现实或者验证自己的观点之前，他们必须对自己目前的形势有一个清醒的认识。

或许我们可能发现，理性主义学派（Rationalist School）的管理学方法论或管理学哲学都用一套超历史的标准来理性地规定管理学，用简单的图式来重建管理学说史，希望找出一套超历史的规范作为科学方法。例如，管理科学学派的理性主义方法论用一些超历史的逻辑范畴来规定方法论要素，如观察、理论、事实、发现、论证等来建构管理学方法论，希望用一整套精确的、固定的逻辑方法来刻画管理学的发展史。按照他们的假定，管理学知识的各个要素——理论、观察、事实、论证原理都是超时间的实体，它们有着相同的完善程度，全都同样地易于理解，并且独立于产生它们的事件而相互联系。它们都奉行"事实自主性"这条原则，即组织及其管理事实的发现和描述独立于一切理论化程序。按照理性主义学派的说法，组织及其管理都是离散的实体和事件。

在我们看来，理性主义学派的管理学方法论的主要缺陷在于主张所谓"一致性条件"，即主张要求管理学提出的新假说必须同已得到充分确证的（Corroborative）现有理论相一致。美国加州大学柏克利分校（Berkeley）哲学教授和瑞士苏黎世联邦理工学院科学哲学教授、奥地利科学哲学家保罗·费耶阿本德（Feyerabend，1978：25）指出，这个条件必然导致理论的一元论，因为它迫使"实际工作的科学家将把经验上可能的替代理论撇开，专心致志于一个理论"。战略管理学家约翰—克里斯多夫·斯潘德（Spender，1996）从认识论的角度明确指出："非常清楚的是，我们领域中关于知识的流行观念主要是来自于逻辑实证主义者，如艾耶尔（Alfred Jules Ayer）[1]和亨普尔（Karl Gustav Hempel），[2]以及证伪主义者波普尔，但这样的认识论基础是不足以完成我们现在所要面对的目标的。"

三、发展管理学的多元化方法论

我们认为，组织及其管理是复杂、异质的历史过程，不能用这些精确的、固定的逻辑范畴来刻画，组织及其管理事实的描述不可能独立于理论。如果仅仅采用单一的管理学方法论，用纯客观立场来进行管理学研究，就只会使我们丧失必要的自觉性与批判性。强调管理学研究理性和事

---

① 阿尔弗雷德·艾耶尔（Alfred Jules Ayer，1910年生），英国当代哲学家，逻辑实证主义学派的主要代表人物。
② 卡尔·G.亨普尔（Karl Gustav Hempel），美国哲学家，逻辑实证主义学派的主要代表人物。

实自主性，"我们就会丧失自发性、创造性和责任感等有价值的东西，而这些才恰是人性的价值所在。如果全部实现那些应被视作和感觉成极度规律和精确的东西，每一事件的发生都是由其先前的环境决定的，那么不管我们实际上做什么，我们都不敢越雷池一步。那样，我们便不成其为负责任的力量。"管理学家阿什特利（Astley，1985）明确指出："管理学的语言变化是不可避免的，既然这反映了具有不同背景、价值观和哲学基础的研究者之间深层次的元理论（Metatheory）差异，没有一个理论能用中性的语言简单地描述经验事实，所有理论视野都要受到内在于特定世界观的偏见的污染。"后现代哲学家理查德·罗蒂（Richard M. Rorty）指出："是我们的信念和愿望形成了我们的真理标准……因为我们没有一个天钩可以把我们吊离我们自己的信念和愿望，而达到某个较高的'客观立场'。"保罗·费耶阿本德（Feyerabend，1978：60）认为："一个理论之所以可能和证据不一致，并非因为它不正确，而是因为证据是已被玷污了的。"而托马斯·库恩则把这种情况称为"观察渗透着理论"（Theory-laden of Observation）、"理论和经验的双向互动"，这说明管理学知识的产生是一种经验观察（Experiential Observation）和先验范式（Prior Paradigm）之间互动的双向过程。

事实上，信息在我们对客观关系的认识中扮演了极为重要的角色。要认识组织及其管理的实在，就必须注意到信息与组织及其管理的实在之间的密切关系。信息标志着组织及其管理的间接存在，由于信息始终是处于流动状态的，因而组织及其管理的存在方式和状态的显示也随信息变化而发生变化，信息表征着组织及其管理的特定物理构成、结构、功能、状态、行为、属性、演化趋势等方面的内容，这些内容的大部分都是以客观关系而不是以客观实体体现出来的。因此，我们的认识就是要转移到搜索那些我们还没有给予重视的关系信息方面，从而全面地把握和认识组织及其管理的特定关系。

在我们看来，管理理论可以同组织及其管理事实不完全一致，事实是不依赖人的意识而独立存在的，是客观的（Objective），但更为重要的是生成的（Generative）、演化的（Evolutionary）和涌现的（Emergent）；理论是一种意识形态（Ideology），是主观的（subjective）。理论与事实不一致，不是事实不独立，而是人们拥有的直接经验和看事实的视角不同所致，因而同样一个事实就变成了多个事实，于是就出现了管理理论的多样性（Multiplicity）。

可以这样说，管理学家视野中的组织及其管理事实是生成的、演化的和涌现的，而不是固定不变的。而管理学家作为观察者，也不是外在独立的观察者，而是处于内在过程中的观察者，或者说是参与者身份的观察者。这里，我们就看到，组织及其管理事实和观察者二者都是生成的、演化的和涌现的以及二者演化的相互作用，使观察者观察的事实并不完全等同于组织及其管理事实。因此，今天管理学理论中的实体已经不是泰罗科学管理时代的客观的实体（Objective Reality），而是视野中的实体（Perspectival Reality）。这也就是说，认识与实在的差距是永远存在的，而这正是管理理论不断进步的动力所在。

或许可以这样说，组织及其管理事实犹如万花筒中的东西，轻轻一动万花筒（如环境变化、制度调整或技术进步等原因），我们所看到的东西就发生了变化。这种情况可能并不完全是这个东西发生了变化，而是我们直接经验的差异和视角发生变化所致。这就如同盲人摸象一样，从不同的角度或视角所了解到的东西不一样，这样，理论就自然同事实存在差异了。正如库恩（Kuhn，1970）所说："当他们从相同的问题出发按相同的方向看时，看到的是不同的东西……两者都在看这个世界，而他们所看的东西没有改变。但是在某些领域里，他们看到了不同的东西，而且他们是在不同的相互关系中看这些东西的。"

从这个意义上讲，管理学方法论的转变是经验和视角的转变，属于不同方法论的管理学家拥有不相同的直接经验。因此，没有独立于方法论之外的中立观察事实。"与作为外部的观察者来观

察自然世界不一样，我们现在必须去理解我们人类自己的生命和活动作为存在于自然界中的一个因素是如何运作的。因此，我们理应发展一种更加兼收并蓄的协调的世界观，将自然界与人类世界包容在一起——这样的观点，它能整合，而非仅仅聚集我们的科学理解，同时它能与实践协调一致"。

这说明管理学应当与把组织及其管理看成是事实和价值、观察者与世界的二元论的彻底决裂，管理学家为这种决裂所付出的代价是不再享受把自己看成是超道德的、中立的知识专家，而必须在这个充满着价值和道德责任的世界上重新获得他们的位置，承担起一种居于主客体之间的充满尊重的、同情的和理解的观察任务。

这样的结论就告诉我们一个重要的信息，这就是我们不能通过异质的结果，来比较"看待"各种各具特色方法论的优劣。或许可以这样说，从不同的角度或视角所得到的方法论可能就是解开某种难题的专用工具，但它不能解决组织及其管理中的所有问题。

这就是说，我们的思维应当从实体性思维向关系思维转变，从物实在转向关系实在。组织及其管理世界是普遍联系的，一定层次的实体按照一定的方式联系起来就形成了一种特定的组织系统，从而确定了一种特定的相互关系。这种客观关系比客观实体有更复杂、更丰富的内容。因此，要求我们必须用一种关系思维来进行思考，这种思维突出客观实体是在关联性关系中存在的，从某种意义上说，客观关系的重要性超过了客观实体本身。

今天，我们无法期盼管理学能够给我们提供一系列强有力的"分析工具"（Analytical Tools），能够用一套较为简明的图像模型和数学结构帮助人们深入地分析纷繁错综的组织及其管理行为和现象。对于这一点，保罗·费耶阿本德（Feyerabend，1978：146）指出："科学是一个复杂的、异质的历史过程，其中既包含了高度复杂的系统，以及古老和僵化的思维形式，也包含了思想体系的含糊和不协调的预期。其中的一些成分可以以简洁的书面形式得到表述，另一些则是隐藏的，并且只有通过对照，通过与新的不寻常的观点加以比较才能得到认识。"因此，科学活动就不应当也不可能被完全纳入任何一种方法论的框架。当代法国著名社会学家皮埃尔·布迪厄（Pierre Bourdieu）等人指出："社会学/社会科学的真正成熟不是等待一个牛顿，而是揭示社会世界中各个场域的运行逻辑，使社会学/社会科学成为一门关于社会实践的科学。知识告诉我们，一门充满争议、饱含真正的冲突活力的科学，比起充斥着不温不火的共识的科学更发达、完善。在后一种科学场域内，占支配地位的是一些左右逢源的概念、含糊不清的纲领、息事宁人的论辩和曲意删改的著作编辑。一个真正的科学场域，其实应该是这样的空间：在这里，研究者们对各自所持异议的根据，对应用哪些方式或途径解决这些异议，能取得共识，除此以外，别无其他共识。"

多重视角能够使我们克服个人的片面性，从而有利于把握以前所忽视的东西。"一种多视角的社会理论从多个视角来观察社会。一个视角就是一种观察方法，一种分析特定现象的有利位置或视点。'视角'一词意味着每个人的视点或分析框架决不可能完全如实地反映现象，它总是有所取舍，总是不可避免地受到观察者本人现有的假设、理论、价值观及兴趣的中介。视角这一概念同时也意味着没有哪个人的视点能够充分地说明任何一个单一现象的丰富性与复杂性，更不用说去完全地说明一切社会现实的无穷的联系和方面了。"在德国哲学家弗里德里希·尼采看来，一个视角是一只眼睛、一种看事物的方式，一个人所拥有的视角越多，他能够看到的东西就越多，他对特定现象的理解和把握就越好。一个人要避免一叶障目、以偏概全，就应该学会"如何运用多重视角和解释所用的知识"。"人的每一次提升都是对更狭隘解释的克服；其力量的每一次加强和增加都打开了新的视野和意味着对新的地平线的信任。"

我们应该保持一种理智的谦虚，对不了解的东西保持沉默，并应该以一种开放的心态来看待与自己不同的乃至对立的方法论或视角。管理学的研究可以用不同的方法论以及不同的角度来进

行，并没有一个特定的对或者错的方法。重要的是能够采纳不同的看法，从多方位、多角度来看待和考虑管理问题，采用多元化的方法论。

四、结束语

从根本上说，管理学方法论是与构成管理理论的基本观念有关。这些基本观念可能包括：①关于研究对象的属性和作用过程的本体论视角（Ontological Perspective）；②关于怎样认识和把握研究对象的认识论方法论（Epistemological Methodology）观念；③研究者所选定的研究主题和理论的兴趣领域；④关于有关上述观念所影响决定的作为理论体系和研究活动出发点的研究主题所表现出来的基本意向、潜在知识假设和理论假定。

在我们看来，一种管理学方法论并不是另一种方法论的假想敌，管理学方法论之间更多的不是替代性的，而是互补性的，这是由作为某种管理学理论或学术传统下的每个研究者视角的有限性和知识储备的有限性决定的。要求每个研究者都从整体上把握组织及其管理世界是不现实的，也是不可能的。

我们很难用一种方法就能够分析组织及其管理世界的复杂性，每一种理论和方法都有自己难以克服的盲点，同时每一种理论和方法都能够为理解组织及其管理现象提供一把钥匙。我们没有理由用一种研究方法或方法论去贬斥另一种研究方法或方法论。方法本身就是多元的、可变的，它只是相对于具体的研究过程而存在。

我们认为，对管理学发展来说，那些富有特色的方法论甚至是反对意见，作为管理研究多元化的变动形式，是十分有用的。这些方法论或反对意见多半出现于各种管理理论流派的发展过程中，并在一次次的争论中辨明是非，从而起到推动管理理论和方法论发展的作用。反之，各管理理论流派之间如果没有"相互摩擦"，管理学也就失去了发展的动力，甚至导致一些理论流派和方法论在沉默中悄悄地走向它的终结。为此必须提倡：管理学研究应通过相互批评形成积极的思想竞争局面，竞争性的学术环境之于管理学的发展，犹如市场竞争之于经济的发展，不可或缺。

〔参考文献〕

[1] Stuart Crainer. *Ultimate Business Guru Book：50 Thinkers Who Made Management* [M]. 2nd Edition, London：Wiley，December 2002，6-7

[2] Gibson Burrell and Gareth Morgan. *Sociological Paradigms and Organizational Analysis* [M]. London：Heinemann，1979，1

[3] William P. Foster. *Paradigm and Promises：New Approaches to Educational Administration* [M]. Buffalo，New York：Prometheus Books，1986，118

[4] Linda L. Putnam and Michael E. Pacanowsky（Eds）. *Communication and Organizations：An Interpretive Approach* [M]. Beverly Hill，California：Sage Publications，1983

[5] Kenneth D. Bailey. *Methods of Social Research：Qualitative and Quantitative Approaches* [M]. 4th Edition，New York：Free Press，1994，48

[6] Roger W. Sperry. "Search of Beliefs to Live by Consistent with Science" [J]. *Journal of Religion & Science*，1991，26（2）：237-258

[7] Peter Clark. *Organizations in Action：Competition between Contexts* [M]. London and New York：Routledge，2000，301

[8] Ilya Prigogine and Isabelle Stengers. *Order Out of Chaos：Man's New Dialogue With Nature* [M]. New York：Bantam Books，1984，357

［9］Michel Founcault. *The Archaeology of Knowledge and the Discourse on Language* ［M］. New York：Pantheon，1972：224

［10］Thomas B. Greenfield. "Re-forming and Re-valuing Educational Administration：Whence and When Cometh Phoenix？". In *Greenfield on Educational Administration：Towards a Humane Science.* eds. Thomas B. Greenfield and Peter M.Ribbins ［C］. London Routledge，1993：177-178

［11］Kenneth A. Sirotnik and Jeannie Oakes. *Critical Perspectives on the Organization and Improvement of Schooling* ［M］. London：Routledge，1986

［12］Earl R. Babbie. *The Practice of Social Research：Guided Activities* ［M］.（11 th Edition）. Belmont，California：Wadsworth Publishing Company，2006：51

［13］Stephen P. Robbins. *Organizational Behavio* ［M］. 4ᵗʰ edition，Englewood Cliffs，New Jersey：Prentice-Hall，1989

［14］Warren G.Bennis and B. Nanus. *Leaders：The Strategy for Taking Charge* ［M］. New York：Harper and Row，1985

［15］Paul Karl Feyerabend. *Against Method：Outline of an Anarchistic Theory of Knowledge* ［M］. New York and London：Verso，1978

［16］John-Christopher Spender. "Making Knowledge the Basis of Dynamic Theory of the Firm" ［J］. *Strategic Management Journal*，Winter Special Issue，1996，17（WI）：45-62

［17］大卫·R. 格里芬（David Ray Griffin）等. 后现代精神：科学魅力的再现 ［M］.马季方译. 北京：中央编译出版社，1998

［18］Graham W. Astley. "Administrative Science as Socially Constructed Truth" ［J］. *Administrative Science Quarterly*，1985，30（4）：497-513

［19］理查德·M.罗蒂（Richard M. Rorty）. 后哲学文化 ［M］.上海：上海译文出版社，1992

［20］Thomas S.Kuhn. *The Structure of Scientific Revolutions* ［M］. 2ⁿᵈ Edition，Chicago，Illinois：The University of Chicago Press，1970：142

［21］Stephen Toulmin. "The Construal of Reality：Criticism in Modern and Post-modern Science". in *The Politics of Interpretation.* ed. W. J. T. Mitchell ［C］. Chicago，Illinois：The University of Chicago Press，1982：256

［22］皮埃尔·布迪厄、康华德. 实践与反思——反思社会学引导 ［M］.李猛、李康译，邓正来校. 北京：中央编译出版社，1998

［23］Steven Best and Douglas Kellner. *Postmodern Theory：Critical Interrogation* ［M］. New York：The Guilford Press，1991：339-340

［24］Fridrick Nietzche. *Twilight of the Idols* ［M］. New York：Penguin Books，1968

Research on Management Methodology

LUO Min

（Institute of Enterprise Management，Southwestern University of Economics and Finance，Chengdu，610074，China）

Abstract：The paper points out that the diversity of management methodology is determined by both the complexity of organization and its management activities and the culture and knowledge tradition. Therefore，no methodology can boast that it grasps the truth or the whole picture of organization and management，let alone generalize a specific perspective as omniscient and omni potential.

Key Words：Management；Methodology；Reflection and Criticism；Diversified Methodology

2009 年 10 月
第 2 期

比 较 管 理
Comparative Management

Oct., 2009
No. 2

【管理范式与方法】

全球经济危机形势下的企业发展

——2009 年中国首届比较管理研讨会观点综述

关 鑫

（辽宁大学工商管理学院，辽宁 沈阳 110036）

[摘 要] 中国首届比较管理研讨会期间，与会者就我国企业如何应对此次全球性经济危机、比较管理的研究范式等相关问题展开深度研讨。本文对此次研讨会的发起、主要议题及与会者的主要观点进行了概要介绍，并综述了当前经济形势与危机应对、比较管理的研究范式与方法、比较管理专题三大类问题。

[关键词] 经济危机；企业发展；比较管理；研究范式

由中国企业管理研究会、经济管理出版社和《比较管理》编辑部共同发起主办，由江西财经大学工商管理学院、江西财经大学产业集群与企业发展研究中心承办的"2009 全球经济危机形势下的企业发展暨中国首届比较管理研讨会"于 5 月 30 日在江西南昌隆重召开。

会上，国家发改委宏观经济研究院科研部主任吴晓华、中国企业管理研究会秘书长黄群慧、西南财经大学企业管理研究所所长罗珉分别就经济危机与我国宏观经济政策、比较管理的演进、问题与研究走向和管理学方法论作了精彩的主题报告。会议期间，学者们还就我国企业如何应对此次全球性经济危机、比较管理的研究范式及相关问题进行了研讨，他们的观点或论题大致可以分为当前经济形势与危机应对、比较管理的研究范式与方法、比较管理专题三大类。

一、当前经济形势与危机应对

（一）经济危机与我国宏观经济政策

吴晓华主任对我国当前经济形势及国家宏观经济政策作了全面的阐述。

首先，他扼要地介绍了当前全球经济危机背景下我国政府所采取的促进经济平稳较快增长的"一揽子计划"，其中主要包括：大规模增加政府投入，特别是在加大保障性住房建设、农村"水、电、路、气、房"等民生工程和基础建设以及铁路、公路、机场和水利等重大基础设施建设等方面，大范围实施调整振兴产业计划，大力加强科技支撑，以及大幅度提高社会保障水平等。

其次，他全面、客观地分析了当前中国的经济形势。例如，企业利润大幅下降，投资能力不足；企业经营环境并没得到根本改善；政府财政收支压力倍增，全年预算收入任务很难完成；行业产能过剩严重，难以在短期内解决；去库存化任务很艰巨。总体而言，当前经济形势可谓是喜

[作者简介] 关鑫，1981 年生，男，辽宁沈阳人，辽宁大学工商管理学院，博士研究生，《比较管理》杂志主编助理。

忧参半，经济复苏虽近犹远。

再次，他通过对近 30 年来中国经济走势细致深刻的分析，揭示中国经济发展一般规律和基本趋势。他通过对 1982~1988 年、1992~1998 年、2002~2008 年三个时期经济发展走势的比较分析，提出我国经济发展趋势的"二八定律"（即时逢 1982 年、1992 年、2002 年，经济开始快速增长，而时逢 1988 年、1998 年、2008 年，经济开始衰退）。同时，这次经济危机并没有改变我们对中国仍处于重要战略机遇期的基本判断。在此过程中，经济发展的趋势主要体现在以下几个方面：①产业结构高级化（消费结构向发展型转变，消费内容以住行为主）；②城市化快速推进；③科学进步加速化。国家提倡和鼓励自主创新，并科学制定新能源、新材料、新医药产业技术的"三新"战略；④资源配置全面市场化；⑤经济全球化不断深入；⑥国际政治关系多极化。

最后，他通过以上分析，指出宏观经济管理需要处理好以下十大关系，即实体经济与虚拟经济的关系、扩大内需与稳定外需的关系、供给管理与需求管理的关系、扩大内需与改善民生的关系、扩大投资与增加消费的关系、促进增长与深化改革的关系、促进增长与培育新增长点的关系、加强金融监管与鼓励金融创新的关系、资产价格管理与宏观经济管理的关系、资源环境管理与宏观经济管理的关系。

（二）德国政府应对危机的实践与启示

上海理工大学管理学院李好好教授等着重考察了德国应对危机的机制和做法，并结合欧美发达国家在大大小小的危机中积累的宝贵经验和教训，探讨其对我国政府的重要启示。其中包括：健康经济体是防御危机的根本；创造雄厚财力，提高应对危机实力；促进产业升级，减小危机冲击；大力发展内需，分散发展风险；注重地区性发展，提高抗危机能力；加强国际监督建设；制定正确的应对危机政策推出策略；避免和处理救市的负面影响。

此外，他们还分析了德国中小企业的特征及当前所面临的严峻形势，如信心危机、贷款困难或出口市场急剧萎缩等，在此基础上，系统地介绍了德国政府在援助中小企业方面的原则和具体措施，并指出这些做法对我国政府的重要启示。例如，援助中小企业应该加强其自生能力，而不是削弱其自生能力；加强政府与企业的沟通，提振战胜金融危机的信心；尽可能通过立法来实施对中小企业的支持，避免政府的援助措施异化为对中小企业经营的过度干预；加速税制改革，减轻中小企业的负担；积极支持中小企业的技术创新和人才培养，实现转危为机。

（三）我国企业应对金融危机的策略

华中科技大学经济学院刘海云教授等将中国玩具企业嵌入全球价值链的国际创业战略分为专注于低成本制造、专注于差异化研发设计和专注于培育自有品牌开发利基市场三种。他们指出，这三种国际创业战略影响了全球玩具产业价值链治理和利益分配，使得企业面临不同的资源和能力约束，从而影响了玩具企业参与行为的长期化或短期化，直接导致了玩具召回和企业倒闭。因此，玩具企业的出路不在于主观的产业升级，而在于结合国际市场创业机会的变化而进行国际创业战略调整。基于此，他们建议政府等外部力量在应对玩具企业的困境时应有所作为，并在短、中、长期分别采取"以保障就业作为优先目标"、"鼓励自主创新、开发利基品牌和拓展国际市场"和"打造中国品牌的玩具和大力开发国内玩具市场"对策。

二、比较管理的研究范式与方法

（一）比较管理的研究方法与理论模式

中国社会科学院科研局副局长黄群慧认为，比较管理学是建立在比较分析基础上对管理现象

进行研究的管理学的一个分支。它之所以采用比较分析的方法，旨在分析不同国家间的经济、政治、文化、社会等环境差异情况对管理理论和实践的影响，并探索管理发展的模式和管理知识在不同国家的适用性。由于管理知识的移植和创新是组织建立有效管理方式的途径，因此，比较管理学的研究内容在于探索关于管理知识移植和创新的规律，并具体研究在特定环境和组织系统中产生的有效的管理知识能否和如何移植到其他环境和组织系统中，以及移植后如何创新等问题。

比较研究方法可理解为是人文社会科学领域中的"受控实验方法"。比较管理理论模式的内容是有关比较管理的研究目的、对象、特性指标等有关命题的系统组合，旨在作为比较研究的指导理论。其对象是管理方式，其研究范围往往是跨国度、跨地区的，也可是任何两个组织（企业之间、企业与政府或非政府组织之间）的管理方式，还可以是同一类组织的跨时期比较（如具体的案例研究和历史分析），旨在通过比较方法寻求建立与环境和组织系统相适应的有效管理方式。

（二）管理理论范式的比较分析

罗珉教授强调，管理理论范式力图将所有领域的组织及其管理问题都纳入到范式考察的视野中，为了推动管理理论范式的发展，管理学必须在尽可能广泛的范围内开展对管理学范式的比较分析研究。从某种意义上说，比较分析是管理理论研究的最低形式，它是一套格子架和一个个的抽屉或文件柜，用以储存各种解决问题的方法与手段或研究问题的技术路径。

他分别通过对科学主义范式和人本主义范式的比较分析、多方位和多角度的管理理论范式的比较分析、不同作用标志的管理理论范式的比较分析以及管理理论范式组成部分的比较分析，掷地有声地阐明，对管理学发展来说，比较分析那些富有特色的管理理论范式甚至是反对意见，是十分有用的。这些管理理论范式或反对意见多半出现于各种管理理论流派的发展过程中，并在一次次的争论中辨明是非，从而起到推动管理理论范式发展的作用。反之，各管理理论流派之间如果没有"相互摩擦"，管理学也就失去了发展的动力，甚至导致一些理论流派和管理理论范式在沉默中悄悄地走向它的终结。为此，必须大力提倡"管理学研究应通过相互批评形成积极的思想竞争局面"，竞争性的学术环境之于管理学的发展，犹如市场竞争之于经济的发展，不可或缺。

（三）管理学方法论的辨析

罗珉教授遵从布赖尔和摩根（Burrell & Morgan，1979）的方法论分类方法，从科学本质属性（主观与客观）和社会（组织）本质属性（稳定的社会科学与急剧变革的社会科学）将管理学方法论分为职能主义方法论、诠释型方法论、激进的人本主义方法论和激进的结构主义方法论四种。并且，在全面系统地比较了四种方法的基本内涵、假设前提、主要特点及缺失或局限基础上，对现有管理学方法论进行深刻反思与批判，进而提出发展管理学的多元化方法论的主张。

他指出，管理学方法论的多样性一方面是由管理学探究对象——组织及其管理活动本身的复杂多样性决定的；另一方面也受到各种文化、知识传统的影响，因而每一种方法论都不能自诩把握了整个组织及其管理的真相或全貌，更不应该将特定的视角普遍化为全知全能的视角。一般而言，研究者很难仅用一种方法就能够透彻地分析组织及其管理世界的复杂性，每一种理论和方法都有自己难以克服的盲点，同时每一种理论和方法都能够为理解组织及其管理现象提供一把钥匙。因此，没有理由用一种研究方法或方法论去贬斥另一种研究方法或方法论。方法本身就是多元的、可变的，它只是相对于具体的研究过程而存在。

三、比较管理专题

（一）文化与管理方式比较

清华大学人文社会科学学院罗家德教授等指出，社会网理论的理想即在沟通个体—集体以及结构—行动的二分法，镶嵌于人际网络中的经济行动是超越于二元对立的，是二元间的动态互动。中国是一个"人情社会"或"关系社会"，所以在管理实践中就已超越了这样的二元对立。基于此，他们提出了一个网络观点：①中国人完成个人目标需要透过人脉，所以需要展现"和"的特质。②中国人的人脉建立是长期性思考的，在长期中不确定性太高，所以会以服从社会规范取代理性算计，但行为动机却不是集体目标而是个人长期利益。所以，中国人会有"集体主义"的行为表征，但却不符合集体主义的定义。③中国人在"家"之中，就是真正的集体主义，所以当他对一个组织有归属感时，也会展现集体主义倾向。在他们看来，中国人是关系导向的行为方式，因此，要遵循"均分"与"人伦"法则，要有长期性的思考，这样才能建立人脉，累积资源。中国组织中之所以善用转包这样的激励方式，之所以常有派系，之所以需要仁慈领导，组织结构之所以是网络式的，都与中国人这种建立人脉的关系导向有关。

南京工业大学经济管理学院赵顺龙教授等指出，多数关于东亚企业文化的比较研究在积极引进西方学术理念的同时，却疏于对东亚文化本身的梳理，往往把东亚文化笼统地看做"儒家文化"，并根据文献或想象描述其行为特征。他们认为，这种描述不仅过于粗糙，而且在缺失对文化形成的本土环境历史分析的情况下，必然会导致对东亚企业行为的错误描述，难以保证研究结论的价值。因此，他们通过对东亚企业文化比较研究中被经常赖以为基础的几点"常识"的分析，说明这些"常识"是多么地不可靠，进而说明在开放心态基础上广泛地吸收各相关学科尤其是历史研究的成果，补上对东亚特别是对中国文化本身深刻理解这一课，以及重新为东亚企业文化比较研究寻求坚实的"常识"基础的重要性和紧迫性。

浙江大学管理学院宝贡敏教授等通过对面子和自己人的相关理论进行了回顾，提出"面子预期"及"自己人感知"的概念，并就二者对组织成员合作倾向的影响关系进行了缜密的论述，相应地提出两组假设，并构建了一个综合性的模型框架。他们的模型框架可以表述为，用"自己人感知"概念来表示组织成员感知他人在其心理关系格局中认同的程度，"自己人感知"是一个连续变量，纯粹自己人和纯粹外人分别是这一连续变量的两端，自己人感知对组织成员的面子预期和合作倾向间的关系起到调节作用。

西北大学公共管理学院刘文瑞教授对威廉·大内提出的 Z 理论进行了精彩品读。他指出，Z 理论实际上就是对日本和美国的管理学或管理模式进行的比较研究。大内把日本式管理概括为终身雇佣制、长期评价与升职体系、非专门化的职业发展模式等特点，并同美国式管理对照，概括出了与日本式管理类似的 Z 理论。但 Z 理论来自美国而非来自日本，日式终身雇佣以企业等级制为条件，Z 理论也不等于权变理论。他还强调，同日本学者大前研一侧重于实践相比，大内侧重于理论构建；同美国学者麦格雷戈强调人性相比，大内侧重于氏族式组织。尽管中国不具备移植日本式管理的条件，但 Z 理论对中国的管理学理论建设的推进有重要作用。

日本神户大学研究生院国际合作研究科骏河辉和教授利用 20 世纪 90 年代后期日本频繁发生的裁员数据，实证研究了实施裁员对后来正式员工的变化有何影响，裁员以及薪酬体系的变化对雇佣不足有何影响，以及在实施加班限制、调换岗位、外派、劝退等调整雇佣手段中是否存在着滞后现象。他根据推测得出以下结果：前期所采取的劝退手段，抑制了这一时期雇佣的增加，呈现出大量削减雇佣的倾向；劝退的实施在全体正式雇佣者及三四十岁的正式雇佣者中还残留着雇

佣过剩的感觉，却使雇佣者感到自己仍被雇佣；从加班限制到外派，从调换岗位到外派，可见这一实施中存在滞后结构，而在实施劝退中却没有表现出具有滞后的雇佣调整手段。

电子科技大学经济与管理学院井润田教授回顾了管制理论的不同学派，然后借助跨文化理论框架对一项关于新企业创立时政府管制的前期研究重新进行分析，进而揭示出文化观念对于管制行为的重要影响。他们建议：①慎重对待文化比较的理论基础，采用多样化的数据渠道对结论进行交叉验证；②将文化作为内生变量，分析其形成机制和动态性特征；③重视"情境嵌入"的本土化研究，对跨文化研究结论进行更深层次的理论解释。

西南财经大学工商管理学院甘元霞老师比较分析了以 Michael Earl 为代表的西方管理学者和以野中郁次郎为代表的东方管理学者对知识管理理论的研究。她一方面从研究重点、目标、单位、关键成功因素、IT 的贡献和哲学观六个维度对西方知识管理中的系统学派、制图学派、工程学派、商用学派、组织学派、空间学派和战略学派进行梳理；另一方面从组织的意图、组织成员拥有自主权、能刺激组织与外在环境互动的波动与创造性混沌、组织活动的信息公开化以及组织内必要的多样化五种有助于组织知识创造的情境因素对东方知识管理学派（或称为"情境学派"）进行剖析，进而比较东西方知识管理理论流派在研究对象、研究视角、理论维度等方面存在的较大差异。

（二）公司治理模式比较

南开大学日本研究院莽景石教授以第二次世界大战后日本企业制度及其相应的公司治理结构的演化为研究对象，着重分析了这一演化过程与政府行为、市场演进之间的关系。他指出，第二次世界大战后日本企业制度以及相应的公司治理结构起源于美国占领军依据美国模式而进行的制度设计，但在其后的市场化、本土化的适应性演化过程中，发生了对美国模式的"偏离"，而在日本陷入长期萧条以来的新一轮体制变革中，似乎又发生了对美国模式的"回归"，前者已经为经验事实所证明，而后者则是不确定性的。

中山大学管理学院李新春教授等结合委托代理理论和组织管理理论，对家族所有权和管理权的收益和成本进行综述，对家族企业的所有权结构产生或消除的代理成本进行解析，对中国家族企业和德国家族企业的治理结构进行比较分析，并从制度的角度对它们之间的区别做出解释。他们发现，德国家族企业治理模式更加正式、规范和科学，代理成本较低，企业价值较高。而中国家族企业治理中人治的成分较多，小股东权益被侵犯，代理成本较高。正式制度的不完善和非正式制度的影响使中国家族企业更多地集中控制权，采用传统的家族式管理。因此，要使中国家族企业摆脱人治色彩浓厚的家族化治理，进入现代公司治理结构，需要建立和完善配套的正式制度体系，同时正式制度的建立也能使一些非正式规则逐渐改变。

辽宁大学工商管理学院高闯教授等将信息体制看成是企业间治理合约的某种表达形式，进而运用信息体制表述企业集群的治理结构，并建立起一个企业集群治理结构的一般模型。他们利用这一模型，将企业集群中不同层级企业之间的治理结构表达为 HD [IA（t）] - IE、[IA（t）] - IA（t）、IA-IE 和 IA-IA（t）四种基本模式，并通过逐层递推的方式，在四种基本模式的基础上又衍生出更多、更为具体的一般模式。在此基础上，他们对外部主导型治理模式（两类四种）和内部主导型治理模式（四种）的具体形式及其基本特征进行了细致比较和详尽分析，揭示出企业集群治理结构的一般性演化规律，并发现企业集群治理结构的演化与信息体制的演化是紧密联系在一起的。

山东工商大学经济学院刘冰教授借助比较制度分析视角，分析了基于组织信息体制分类标准下不同公司治理模式（功能层级制模式、参与层级制模式、水平层级制模式和第三方中介式企业集群模式）的概要特征。他指出，组织信息体制与制度环境交互作用影响着各国公司治理合约的选择结果和演进方向。在技术不断进化和制度不断演化的情况下，组织信息体制和制度环境也必然发生改变，进而影响到公司治理模式的变革。因此，必须准确评估技术进化和制度环境演进对

公司治理可能产生的影响，不断调整公司治理机制，以适应整体性制度安排变化的内在需要。

山东大学管理学院徐向艺教授等从经济学与法学的视角出发，分析了单边治理理论与利益相关者共同治理理论的合理性与局限性。他们认为，核心利益相关者治理理论是对上述两种观点的整合与修正，是公司治理理论发展的新趋势。从资本市场成熟程度、法律环境与路径依赖等方面来看，中国公司治理实践的发展与完善应以核心利益相关者治理理论为指导，并且不断强化股东、管理者、员工以及主要债权人等核心利益相关者的治理功能。

（三）市场营销理论比较

东华大学旭日工商管理学院孙明贵教授等通过对比较营销产生的制度基础、研究现状和发展方向的细致梳理与系统分析，着重指出，比较营销研究是随着国际营销的发展、专门从事各国间营销系统和环境等异同性比较的营销分支，差异性分析是其研究重点。他们还注意到，现有的比较营销研究主要涉及营销制度与活动、环境条件、消费者行为、比较营销的方法论以及概念框架等领域，其研究进展滞后于社会发展，今后可以在各国市场、环境和营销系统的比较分析方面展开进一步的研究。

中山大学管理学院于洪彦教授对美国营销学会（AMA）所公布的营销定义的动态变化［经历了由提供商品与服务（1935）到满足顾客需要（1985），再到共同创造价值（2004），最后是营销的社会责任（2007）］进行了较为全面系统的比较。通过深入探讨每一定义的提出背景、基本内涵、主要特点，清晰地勾勒出了市场营销概念的发展脉络。他强调，由于美国营销学会的构成是由学术界的营销学者与实务界的营销专家所组成，它所公布的营销定义既代表了营销理论方面的发展，也反映了营销实务的根本性变化。因此，比较与分析不同时期的营销定义，对于认识营销的实质、理解营销理论及把握营销未来发展都具有重要的理论意义与实践意义。

江西财经大学工商管理学院李建军老师指出，市场营销理论框架的模糊（如过于专注于市场营销的全过程、混淆了营销基本理论和营销管理理论之间的界限、对营销基础理论中的营销哲学论述不足等）不仅影响市场营销学的理论发展，而且对市场营销实践指导也会发生偏差。他从考察国内外市场营销理论的基本框架入手，在对现有的市场营销理论框架的局限性进行分析的基础上，提出了以"交换障碍的克服"为核心的"三位一体"（三位即营销基础理论、营销基本理论和营销管理理论）的市场营销理论新框架。

可以说，此次研讨会的成功举办，为比较管理的研究提供了一个学术交流平台，使最新的研究成果和实践经验得以汇集。同时，也为我国比较管理研究的兴起和蓬勃发展，以及理论体系的建立和不断完善，创造了一个新的契机。

Development of Enterprise in the Situation of Global Economic Crisis: Review on 2009 China First Seminar of Comparative Management

GUAN Xin

(Business School of Liaoning University, Shenyang, 110036, China)

Abstract: During China First Seminar of Comparative Management, the participants have deeply talked about the problems such as how Chinese enterprise cope with this global economic crisis, and researching paradigm of comparative management, and so on. In this paper, we will make a brief introduce of the seminar, which contains the main agenda and the main viewpoints. We also review there topics such as the current economic situation and how to cope with the crisis, researching paradigm and methods of comparative management, and the special fields of comparative management.

Key Words: Economic Crisis; Enterprise Development; Comparative Management; Paradigm of Research

《比较管理》征稿启事

比较分析历来是管理学研究的重要方法。然而，从泰罗创立科学管理至今，比较管理分析范式的学术著作和经典文章几如凤毛麟角。比较管理分析的理论范式亟待建立。特别是，在全球经济正在走向衰退的今天，从比较分析的视角高屋建瓴地研究不同国家的企业管理问题，为促进经济增长和企业家决策提供理论支持，显得更加必要和紧迫。《比较管理》作为一本专业特征鲜明的学术期刊，在这样的时代背景下应运而生。

《比较管理》以刊登原创性的理论构建文章、实证研究（包括数理分析和案例研究两类）文章、学术思想评论文章及理论综述文章为主，并特别强调文章内容的前瞻性、学术性和现实性。《比较管理》的办刊宗旨是为从事比较管理研究的理论工作者、广大高校师生以及企业管理精英搭建起一个良好的互动交流与学习平台，并积极致力于持续提升我国管理理论的研究实力，大力推动我国管理学理论与实践的进步。

《比较管理》现向广大读者征集稿件，具体要求如下：

一、论文的选题范围（论文选题可参照以下四方面，但不局限于此）

（1）经济衰退与企业管理方式；（2）比较管理理论、范式与方法；（3）比较管理实践；（4）各类专题比较。

二、论文的学术规范

所有作者必须严格遵守学术精神，保证提交论文的原创性，杜绝一切抄袭行为和一稿多投行为。《比较管理》极为强调论文的思想性，同时兼重研究的规范性。所提交的论文应从比较研究的视角、用比较分析的方法去解释企业管理问题。此外，行文应采用规范的经济学和管理学语言，务求简洁、准确，而且鼓励采用实证研究方法。

三、字数要求

本刊对文章的长度有一定要求，一般每篇论文字数至少应在一万字左右，理论综述性论文可酌情控制在两万字左右。

四、版权声明

稿件一经《比较管理》刊用，其出版权即归本刊所有，作者若需要转载或在出版物中使用，应书面征得《比较管理》编辑部的授权。作者享有著作权。

五、投稿方式

征文采取网上投稿方式，请将来稿发至 bijiaoguanlibjb@163.com，并注明"《比较管理》征文，关鑫收"即可。

我们真诚地欢迎比较管理领域内各类论文投稿！

《比较管理》编辑部

《战略管理》征稿启事

《战略管理》（JOURNAL OF STRATEGIC MANAGEMENT）是在海内外知名专家、教授的参与和支持下，由经济管理出版社出版的国内第一本专门刊载企业战略管理研究最新成果的专业性学术刊物。

1.《战略管理》的办刊宗旨

刊物致力于推动企业战略管理理论，特别是中国企业所面临的战略问题的高层次研究。其使命是：通过凝聚海内外战略管理研究力量，在企业战略管理领域中推出一批理论领先、方法规范，具有重要理论贡献和实践意义的学术论文，以促进企业战略管理研究的发展，特别是中国本土战略管理学派的发展。刊物提倡学术面前人人平等，鼓励学术争鸣，倡导多元文化并存，反对学术霸权，优先发表原创性的、见解独立的研究成果。

因此，不管是定性的还是定量的论文，我们都要对其进行以下方面检验：文章是否聚焦于企业战略管理研究；文章所提出的问题是否具有重要的理论和实践意义；文章的研究方法是否得当，证据能否支持文章核心命题；文章的结论是否具有独特性和启发性，是否具有说服力；等等。

2. 稿件的范围与类型

刊物追求原创性、理论化和多样性。刊物的目标读者群为从事战略管理问题研究和教学的科研人员、教师、研究生，以及企业界的相关人士。刊物开设的一级栏目包括：主编寄语、理论综述、学术评论、战略思维研究、企业环境研究、战略制定研究、战略实施研究、战略创新和变革研究、跨文化战略比较研究等；二级栏目主要包括：环境变动、产业演化、战略使命、战略意图、竞争能力、业务战略、多元化战略、并购与重组战略、国际化战略、战略联盟、公司治理、战略领导力、组织结构和控制、战略创新、组织变革等。

3. 稿件的格式与处理程序

稿件字数不得低于 8 千字，一般不超过 12 千字，中英文均可。稿件应提供中英文题目和摘要、作者简介、通信地址（包括电子邮件、联系电话等）以及参考文献。文稿表达要简明扼要，所列参考文献不宜过多，要用有代表性和权威性的资料。稿件的具体格式要求请参考"战略管理杂志网络"的投稿指南。

本刊对于所有稿件，包括特约论文都采用双匿名审稿制。我们会在接到邮件后及时提供反馈，并在文稿收到后 12 周内做出稿件处理决定。无论稿件是否被录用，刊物都将向作者提出反馈意见，以期促进学习交流，提高研究水平。

为便于稿件审阅和处理，刊物只接受电子版文稿，WORD 图表应另附在文章后。

电子邮件：NJUZXH@YAHOO.COM.CN，SGP110913@163.COM

联 系 人：申桂萍　张永美

联系电话：（010）63320521

《战略管理》编辑部

2008 年 12 月 10 日

图书在版编目（CIP）数据

比较管理. 第 2 期/高闯主编. —北京：经济管理出版社，2009.10

ISBN 978-7-5096-0773-2

Ⅰ. 比… Ⅱ. 高… Ⅲ. 比较管理学 Ⅳ. C93-03

中国版本图书馆 CIP 数据核字（2009）第 178783 号

出版发行：**经济管理出版社**

北京市海淀区北蜂窝 8 号中雅大厦 11 层

电话：(010)51915602　　　　邮编：100038

印刷：徐水宏远印刷有限公司　　　　经销：新华书店

组稿编辑：关　鑫　　　　责任编辑：张永美

技术编辑：杨国强　　　　责任校对：超　凡

880mm×1230mm/16　　　　8.25 印张　　　　238 千字

2009 年 10 月第 1 版　　　　2009 年 10 月第 1 次印刷

定价：20.00 元

书号：ISBN 978-7-5096-0773-2